アニメ地域学

Animation Regionology

奥野 一生

目次

表　目次

分布図　目次

地形図　目次

写真　目次　(写真はすべて筆者撮影)

【1】 はじめに

　アニメ（アニメーション）は、今や日本を代表する、世界に誇る有名コンテンツです。現在、日本のアニメ作品は、日本国内で出版・放映されているものだけでも、極めて数が多い。当然、現在のみならず過去の作品も、日本国内のみならず世界各地で、日本語原版は勿論、現地の言語に翻訳や字幕翻訳・吹き替えで、出版や放映が繰り返し行われています。その結果、日本アニメの魅力は日本国内にとどまらず、世界各地に向けて大きく発信され、その波及効果たるや極めて絶大で、日本に興味を持った契機や日本語を学ぶきっかけが「日本のアニメを見て」ということが非常に多い状況を生み出しています。勿論、世界の国々でもアニメ自体は制作されていますが、その内容の幅広さや深さ、表現の美しさ・繊細さ、ストーリー性・技術性などにおいて、日本のアニメ作品は諸外国作品の追随を許さない状況です。その結果、世界的に権威がある、アングレーム国際漫画祭やウィル・アイズナー漫画業界賞で、日本の漫画家の方々と作品が、繰り返し受賞するという、世界的な評価を得ています。すなわち、ソフト・ハードともに、日本のアニメは、明確に世界のトップランナーです。この偉業は、いうまでもなく、「漫画」から「アニメ」へと呼称の主体変化とともに、漫画・アニメ関係者の長年にわたる地道な努力の賜物、優れた発想・「ひらめき」、たゆまぬ技術の進歩と制作への積極的な応用の結果であり、まずは深く敬意を表したい。

　アニメによる経済的波及効果も、当然、大きく、アニメ作者・制作者・制作会社、出版会社・配給会社・放映会社、そして関連グッズ制作会社・販売会社などのアニメ関連産業は、日本を代表する一大産業となっています。アニメに直接的に関連する産業のみならず、間接的に関連する産業に与える影響も、当然、大きく、アニメ作品の舞台となった場所や作者の出身地・居住地などは、特に「聖地」と称され、日本国内はもとより、外国から日本に来訪する大きな要因となり、インバウンドツーリズムなど、観光業に大きく寄与しています。「聖地」の土産物店では、アニメ関連グッズが売り上げに大きく貢献し、「聖地」を走る鉄道列車やバスにアニメラッ

ピングが施されて人気となり、需要に対応して「聖地」巡礼モデルコースを現地タクシー会社が企画する、「聖地」に近い宿泊施設がアニメコスプレのために、着替え部屋提供と送迎実施サービスを実施して宿泊客が急増するといった事例も発生しています。したがって、観光業と関係が極めて深く、「アニメツーリズム」と称される観光行動として、重要な観光学の研究対象となっており、観光学必須の研究対象であり、観光学科目として取り上げるべき重要な分野です。

　来訪行動だけにとどまらず、さらに深く「聖地」を注視すると、作品の舞台や作者の出身地・居住地を訪れる人々が増加したことを契機として、パネル・のぼり旗の設置やラッピングといった、一時的な対応にとどまらず、「アニメ」を具現化するキャラクターのオブジェ等の恒久的な設置といった地域の対応によって、作品や作者をより深く理解し、体現することにつながっています。すなわち、まずは、作者出身地・居住地・作品舞台といった「地域」が、「アニメ」作品を生み出す重要な要因となっていることが、聖地来訪によって気づかされます。また、世に出た「アニメ」作品を見た人々が聖地である「地域」を訪れる、それが一度訪れるだけでなく、リピーターとして繰り返し来訪してさらに「地域」と深くかかわる事例が発生しています。それに対して、「地域」がそれに応えて作者・作品の「記念館」「モニュメント」を設置することに発展し、その「記念館」「モニュメント」に多くの幅広い人々が訪れて、さらなる作者・作品と人々の交流が拡大・深化することとなります。さらには、「記念館」において、技術の進歩によるアニメ主人公やアニメ舞台に没入できるアトラクションの設置や、「モニュメント」においては縮小銅製から実物大ＦＲＰ（Fiber Reinforced Plastics：繊維強化プラスチック）製となって、自分がアニメの世界に入ったような写真撮影が実現でき、社会現象となっているＳＮＳによる拡散で、絶大な宣伝告知効果を生み出しています。この「アニメ」による集客力から、さらなる「モニュメント」設置が継続、「聖地中の聖地」となる「アニメの町」が出現、名探偵コナンの鳥取県北栄町が典型例です。本書で示した最新施設の「ジブリパーク」は、アニメ作品の象徴的シーンや代表的キャラクターと共に写真撮影ができるコーナーが人気で、まさし

く、ジブリアニメの世界に入ったと「実感」できる典型的「アニメパーク」です。

　勿論、「アニメ聖地」同士の競争・競合もあり、常なる進化が求められるのは、いずれの世界でも当然です。東京都葛飾区では区内に、富山県・鳥取県・福岡県・埼玉県では県内に、東北では宮城県と福島県に、九州では大分県と熊本県に、それぞれに両巨頭ともいうべき有名作家・監督の「聖地」が存在し、空港では東の福島ウルトラマン空港と西の鳥取砂丘コナン空港、鉄道では東の大井川鐵道きかんしゃトーマス号と西の岡山電気軌道チャギントンリアル電車（ウィルソン・ブルースター号）、ＪＲ四国の特急「南風」や「しおかぜ」のアンパンマン列車、駅では京成電鉄四ツ木駅の「キャプテン翼」と小田急電鉄登戸駅の「ドラえもん」、他に小田急電鉄祖師ヶ谷大蔵駅の「ウルトラマン」、ＪＲ山陰線由良駅の「コナン駅」、境港線の「ゲゲゲの鬼太郎駅」等、それぞれ、施設・設備・装飾の追加が継続、進展を続けています。「アニメ聖地」は、民間業者だけではなく、地域振興のために、地元自治体が関わっていることが多いため、生き残りに、この全国的な進展状況への留意も必要です。さらには、「アニメ聖地」地域へ、「Ｏターン」（定住しないが、繰り返し来訪する）から「Ｉターン」（都会から出身地ではない地方に移住する）につながった事例もあり、人口増加が僅かながらではあるが、期待できる側面があることも見逃せません。

　このように、「アニメ」と「地域」は、第一段階の「作者・作品の誕生」期、第二段階の「聖地訪問」期、第三段階の「地域交流」期、第四段階の「象徴設置」期、第五段階の「象徴訪問」期、第六段階の「交流深化」期、第七段階の「象徴深化」期、第八段階の「定住実現」期と、段階的に、時には数段階一気に、「アニメ」と「地域」の相互作用が大きく成立・展開しています。その結果、「アニメ」は「空想」の存在から、「地域」によって「現実」の存在となり、「抽象」から「具象」・「具現」の存在へと発展して、「アニメ」の世界を「地域」の情景で体現できることとなりました。すでに、「アニメ」は、もはや「地域」無くして語れない存在の段階となったのです。勿論、「日本」全体という「地域」が、「アニメ」に欠かせない存在ということも指摘されるべきです。すなわち、拙著『自然地

域学』（竹林館）で示したように、四季の変化で代表される多様な気候環境、優美な火山や多島海で代表される多様な地形環境、それらを基礎とした多様な色彩を含む自然環境、海洋国家による古くからの海外交流により発達した歴史的文化環境など、「日本」の「地域」環境が「アニメ」に大きな影響を与えていることも、しっかりと認識しておきたい。ここにも、「アニメ地域学」研究の重要な視点があると指摘できます。

　筆者は、拙著『観光地域学』（竹林館〈2018年（平成30年）発行〉）において、従来の観光が、「光を観る」、すなわち「光」である現実の非日常が有力な観光資源となっていたことを指摘しました。さらに、今日では、非現実（空想）で非日常ともいえる「アニメの聖地」が有力な観光資源であり、記念館やモニュメント等が設置され、「アニメ観光地」となっている多くの事例を紹介しました。「アニメの聖地」は、大きく、作品の舞台となった場所と作者の出身地や居住地となった地域が代表例で、その両方が重複した典型例が、郊外都市である埼玉県春日部市を舞台とした「クレヨンしんちゃん」と同じく郊外都市である東京都調布市や地方都市である鳥取県境港市を舞台とした「ゲゲゲの鬼太郎」、大都市内である福岡県福岡市西新や東京都世田谷区を舞台とした「サザエさん」、同じく大都市内の東京都葛飾区を舞台とした「こちら亀有公園前派出所」「キャプテン翼」、地方都市である静岡県清水を舞台とした「ちびまる子ちゃん」、地方都市である秋田県横手市を舞台とした「釣りキチ三平」、地方町である北海道浜中町を舞台とした「ルパン三世　霧のエリューシヴ」の各作品です。また、「鉄腕アトム」は、作者の居住地である兵庫県宝塚の情景が、「進撃の巨人」は、作者の出身地である大分県日田の情景が、作品誕生に大きく影響したとされます。これらで計10作品・作者となり、本書で取り上げた88カ所の1割以上に相当します。目次でも示したように、作品の舞台もしくは作者の出身地・居住地のいずれかであれば、本書で取り上げた半分以上となります。複数の有名漫画家を輩出し、キャラクター像や記念館が設置・開設されている都県の事例としては、秋本治氏と高橋洋一氏（東京都葛飾区）、水島新司氏と高橋留美子氏（新潟県）、藤子不二雄Ⓐ氏と藤子・F・不二雄氏（富山県）、青山剛昌氏と水木しげる氏（鳥取県）、やなせたかし氏と横

山隆一氏（高知県）、長谷川町子氏と松本零士氏（福岡県）、麻生豊氏と諫山創氏（大分県）、尾田栄一郎氏と那須良輔氏（熊本県）があり、それらの区や県は「漫画」「アニメ」王国と称されます。東京都豊島区は、多くの漫画家が居住した「トキワ荘」があったことから、「マンガの聖地としま！」と、東京都練馬区は、東映動画の所在から、「日本アニメーション発祥の地」とされます。このように作品の舞台や作者の出身地、さらには作品の制作地・作者の居住地といった、「地域」が「アニメ」を生み出し、「アニメ」ゆかりの「地域」に人々が訪れる、そこから、「アニメ」と「地域」の相互関係を考察することの重要性が指摘されることとなりました。そこにも、「アニメ地域学」を研究対象として取り上げる存在意義があるといえます。

　アニメは、従来は「漫画」と表現され、「学問」と対極におかれ、「アニメ研究など、到底、学問研究の対象とならない」「アニメを見るなど、学習・勉強と相反するもの」などの指摘も多くありました。勿論、そのような側面の可能性を否定はしませんが、前述したように、その影響力の絶大さを前にすれば、いつまでも「学問」の研究対象としないということができないのは、自明の理です。しかしながら、どのように研究するのか、ストーリーや技術面、特定の個別事例研究は出てきているものの、包括的かつ地域的に、全体像を取り上げるとなると、いかがだろうかという状況が現状です。大学での授業科目名として、どれだけあるのだろうかということが、それを象徴しています。例えば、経済効果の大きさから「アニメ経済学」、地域振興から「アニメ政策学」、著作権から「アニメ法律学」、アニメ活用の企業経営から「アニメ経営学」、アニメ発展の経緯から「アニメ歴史学」、作品誕生の自然・人文社会的背景から「アニメ地理学」、作品の人間関係から「アニメ心理学」、作者・作品のストーリーから「アニメ社会学」、これらを地域との関係から総合・包括的に取り上げる「アニメ地域学」といった、学問的展開が考えられ、広範囲の取り組みが期待されます。それに対して、現状は、包括的な研究が比較的少ない状況であるといえます。その要因は、前述した「研究対象とはしてこなかった」「研究者が距離をおいてきた」こともありますが、広範囲のフィールドワーク、過去からの年季の入った取り組み、それなくして、現代のアニメ研究は成

り立たないことが大きく、その認識が重要です。興味深い研究テーマとして、比較的「若手」の取り組みはありますが、事例研究など「狭い」と、全体像が見えてこず、その結果、包括的な方向性も見いだせない、「事例的研究段階」にとどまり、それでは再び、「学問研究の対象」としての真価が問われかねないこととなります。アニメ研究は取り組みやすいが、奥が極めて深いフィールド（分野）です。実りある研究には、数多くの事例（二桁以上は必須）を取り上げることは当然として、長年の研究年数（二桁以上は必須）も必要です。

　本書のテーマは、書名のとおり、「アニメ」と「地域」の相互関係です。その事例として、本書では、極めて数多い「アニメ聖地」の中から、作品の舞台や作者の出身地・居住地等で来訪者があるといった段階ではなく、また、地域での取り組みが、パネル・のぼり旗やラッピングといった一時的な段階ではなく、恒常的な設置施設等で明確に確認できる場所を厳選しました。すなわち、本書で取り上げたアニメ地域の選定方法は、アニメ作者や監督の出身地及び居住地・ゆかりの地・アニメの舞台を中心に、アニメ制作や発信地といったアニメ関連の地、さらにはアニメによる地域振興に取り組む地で、具体的には、アニメミュージアムや作者・作品の記念館、そして銅像・石像・ＦＲＰ像などのモニュメントが設置されている場所、通り・ストリート等を中心に取り上げました。アニメが、日本を代表するコンテンツであるならば、学問研究においても、アニメ地域の歴史的進展と空間的展開、アニメの意義、アニメと地域の相互作用、これらを体系的に研究することが求められます。また、近年、アニメによる地域振興とツーリズムが盛んとなっています。その研究は、事例研究が中心で、包括的な研究は少ない。そこで、まずは、総論で全国的な時空間展開を取り上げ、次いで各論で個々の作品や作者、地域の背景や変遷を紹介、今後の研究の端緒となるとともに、さらなる発展を期待したものです。本書の副題でも示したように、アニメツーリズムのテキスト活用とともに、ガイドブックとして、鉄道情報を含む地域情報と新・旧地形図を多く掲載、研究とともに、現地を訪れて「アニメ聖地巡礼」を楽しみ、「アニメの世界」を存分に堪能していただきたい。

【2】 アニメ地域学総論

（1） アニメ地域の展開

① 1966 〜 1987 年草創期

　1966 年（昭和 41 年）11 月に、埼玉県大宮市（現・さいたま市）に大宮市立漫画会館（現・さいたま市立漫画会館）が開館しました。日本近代漫画の祖と称される北澤楽天氏の作品や居宅が、1959 年（昭和 34 年）に、当時の大宮市に寄贈されたことを契機として開館しました。作者居住地に開館した日本初の公立美術館であり、マンガ・アニメミュージアムの元祖で、日本近代漫画の祖と称される人物にふさわしいといえます。

　1978 年（昭和 53 年）11 月に、東京都新宿区早稲田鶴巻町に、現代マンガ図書館が開館しました。日本初のマンガ図書館と称され、内記稔夫氏が貸本業で購入・蒐集した漫画本を中心に、公開されたものです。

　1979 年（昭和 54 年）9 月に、兵庫県神戸市中央区相生町の「ファミリア」本社前（現在は移転）に、御影石製のスヌーピー像が、メリケンロードを作る会によって設置されました。高さ約 1.2 ｍで、初のアニメキャラクター像です。通りに設置された点でも画期的で、先駆的文化の港町神戸らしいともいえます。

　1983 年（昭和 58 年）5 月に、埼玉県飯能市の能仁寺ニコニコ池ほとりに、鉄腕アトム像が設置されました。鉄腕アトムの作者である手塚治虫氏が、一時、居住地として飯能市を候補としたことが契機で、居住は実現しなかったものの、像の設置は依頼して実現しました。日本アニメ初のキャラクター像で、日本アニメの原点、最初の像にふさわしいといえます。

　1984 年（昭和 59 年）5 月に、大阪府吹田市千里万博公園に、大阪府立国際児童文学館（現・大阪府立中央図書館国際児童文学館）が開館しました。児童文学作品として、「漫画」も多く収集、公開されました。場所は、1970 年（昭和 45 年）に開催された日本万国博覧会の跡地です。同種の施設では、日本最大の規模でした。

　1985 年（昭和 60 年）11 月に、東京都世田谷区桜新町に、長谷川美術館（現・長谷川町子美術館）が開館しました。「サザエさん」で有名な長谷川町

子氏の居住地で、収集した美術品が中心ですが、「サザエさん」関連のコーナーもあり、作者居住地に開館した日本初の個人による私立マンガ・アニメミュージアムで、日本初の女性プロ漫画家にふさわしいといえます。開館後、地元の桜新町商店会（現・桜新町商店振興組合）は、東急電鉄田園都市線桜新町駅から長谷川美術館まで、「サザエさん通り」と命名することを美術館に承認を要請、1987年（昭和62年）7月に命名されました。マンガ・アニメ名が通り名となった最初です。桜新町商店会は1955年（昭和30年）に集団就職を受け入れるという先駆的な取り組みで知られ、さらに、アニメを活用した商店街振興の元祖、最初の事例です。

　以上の1966〜1987年の6事例は、ミュージアム・図書館・キャラクター像・通り名など、すべて最初の事例で、個別の作品も時代を代表するもので、「草創期」にふさわしいといえます。ただ、時代は昭和期、まだ、現市区で、埼玉県さいたま市や飯能市、東京都新宿区（当時）・世田谷区、大阪府吹田市（当時）、兵庫県神戸市と6地域で、関東圏4地域と関西圏2地域の極めて限られた場所のみでした。

② 1988〜1999 年拡大期

　1988年（昭和63年）に、鳥取県境港市の境港市役所内に、「街づくりプロジェクト委員会」が設置されました。同年に、岡山県川上町（現・高梁市）は、「マンガによる地域活性化推進要綱」を制定しました。

　1989年（平成元年）に、鳥取県境港市は、「水木しげるロード」整備を決議、同年11月に、岡山県川上町（現・高梁市）は、「川上町立川上町郷土資料館」（現・高梁市川上郷土資料館）に「ふれあい漫画館」を開設しました。1994年（平成6年）に「吉備川上ふれあい漫画美術館」が開館、特定の作者や作品とかかわりがない、地方町の地域活性化を目的とした先駆例です。鳥取県と岡山県の中国地方でこのような先駆例が計画・誕生したのは興味深いところです。中国地方が、瀬戸内海沿岸における工業化の進展に伴って、比較的早くに過疎化が進行し、「街づくり」「地域活性化」の取り組みの必要性が早期に発生した影響とも考えられます。

　1992年（平成4年）に、鳥取県境港市の商店街「水木しげるロード」に、

ゲゲゲの鬼太郎の６体のブロンズ像が設置されました。通りに沿っての複数のブロンズ像設置は日本初で画期的であり、地元作家・作品の活用による地方都市商店街振興の先駆的事例で、平成期の幕開けにふさわしい。

1992年（平成４年）８月に、富山県氷見市に「忍者ハットリくんからくり時計」が設置されました。氷見市は、忍者ハットリくんの作者である藤子不二雄Ⓐ氏の出身地で生家は光前寺、光前寺に近い比美商店街では「忍者ハットリくん」像を設置して、「ハットリくんロード」と命名されました。ＦＲＰ製のモニュメント設置例としては、先駆的です。

1992年（平成４年）11月に、熊本県湯前町に「湯前まんが美術館」が開館しました。戦後、40年にわたって毎日新聞に政治漫画を連載の那須良輔氏の記念館です。1989年（平成元年）２月に逝去、作品を故郷で所蔵・展示するために開館したもので、地元出身者を顕彰する施設であり、公立のマンガ・アニメミュージアムでは、前述の北澤楽天氏に次ぐ施設ですが、九州地方の地方町に開設された点で、極めて興味深い。

1993年（平成５年）７月、鳥取県境港市の商店街に、「ゲゲゲの鬼太郎」の17体のブロンズ像が追加されて、計23体が200ｍの距離に設置、作家名の通り名「水木しげるロード」が開設されました。

1993年（平成５年）に、東京都文京区駒込に、フレーベル館が本社を移転、その後、玄関にアンパンマン銅像が設置されました。造形は前述の鉄腕アトム像に近い雰囲気です。アニメ関連企業では、神戸のスヌーピー像に次ぐ設置です。

1994年（平成６年）４月に、兵庫県宝塚市に「宝塚市立手塚治虫記念館」が開館しました。鉄腕アトム像に次ぐ、手塚治虫氏の公立の施設で、アニメの巨匠にふさわしいといえます。記念館前には、火の鳥像が設置されています。

1994年（平成６年）７月に、富山県高岡市の「万葉の杜」に「ドラえもんの散歩道」像が設置されました。ドラえもん・のび太・ドラミ・しずかちゃん・ジャイアン・スネ夫、それぞれ２体、計12体です。高岡市は藤子・Ｆ・不二雄氏の出身地で、藤子不二雄Ⓐ氏の氷見市に次ぎ、藤子不二雄両氏の施設が富山県内に揃いました。

　1994年（平成6年）4月に、岡山県高梁市に、「吉備川上ふれあい漫画美術館」が開館、「川上町立川上町郷土資料館」（現・高梁市川上郷土資料館）の「ふれあい漫画館」を、「ふれあい漫画美術館」としたものです。

　1995年（平成7年）10月に、秋田県増田町（現・横手市）に「増田まんが美術館」が開館しました。地元出身の矢口高雄氏の記念館で、作品の舞台でもあり、東北地方初のマンガ・アニメミュージアムです。

　1996年（平成8年）に、鳥取県境港市の「水木しげるロード」の800mの距離に設置されたブロンズ像は計80体となりました。

　1996年（平成8年）3月に、富山県氷見市に、「サカナ紳士録」像8種16体を設置、前述の「ハットリくんロード」が充実することとなりました。当初からカラフルなFRP製で、通りに並ぶさまは壮観です。

　1996年（平成8年）7月に、高知県香北町（現・香美市）に「やなせ・たかしアンパンマンミュージアム」が開館しました。地元出身のやなせたかし氏の記念館で、四国地方初のマンガ・アニメミュージアムです。

　1996年（平成8年）10月に、東京都調布市の天神通り商店街に、「ゲゲゲの鬼太郎」像7体が設置されました。1993年（平成5年）7月の境港市「水木しげるロード」開設を受けて、調布市天神通りにも「ゲゲゲの鬼太郎」像設置を依頼・実現、「鬼太郎通り」と称されるようになりました。境港市の「水木しげるロード」が一貫してブロンズ像設置に対して、調布市は当初からカラフルなFRP製を継続して採用・設置しています。

　1997年（平成9年）7月に、神奈川県大和市のドカベンスタジアムに、ドカベンのブロンズ像が設置されました。作者・作品の地とかかわりがなく、球場の愛称からで、有名アニメ活用のスタジアム振興策です。

　1997年（平成9年）9月に、大分県佐伯市宇目のととろバス停に、ネコバスパネルが設置されているのが見つかりました。地名つながりで設置されたと思われ、有名アニメ活用の過疎地域振興策ともとれます。

　1997年（平成9年）11月に、東京都葛飾区柴又に、「葛飾柴又寅さん記念館」が開館しました。1969年（昭和44年）の映画「男はつらいよ」第一作以来、東京都葛飾区柴又は映画ロケ地として著名でしたが、1996年（平成8年）に主演の渥美清氏が逝去、スタジオセットを活用して開館、1998年（平成

10年）にテレビアニメが放映、葛飾柴又は、四半世紀を経た今も、人気の観光地です。

1997年（平成9年）10月に、三重県伊賀市で伊賀新都市ゆめぽりす伊賀街びらきがあり、その後、メーテルと星野哲郎の銀河鉄道999像が設置されました。作者や作品に直接関係しませんが、「はじまり」というイメージから設置、アニメらしい発想の展開による設置です。

1998年（平成10年）に、島根県松江市の岸公園（宍道湖畔）に、平太とガタピシ像が設置されました。地元出身の園山俊二氏の代表作です。

1999年（平成11年）7月に、福井県敦賀市に敦賀開港百周年記念で、銀河鉄道999と宇宙戦艦ヤマトの像が並ぶ「シンボルロード」が開設されました。敦賀は伊賀ともに作者や作品に直接関係しませんが「はじまり」というイメージから設置、やはり、アニメらしい発想の展開による設置で、それが銀河鉄道999という作品で共通しています。

1999年（平成11年）8月に、東京都葛飾区柴又の京成金町線柴又駅前に、寅さん像が設置されました。

1999年（平成11年）10月に、静岡県清水市（現・静岡市）に「ちびまる子ちゃんランド」が開設されました。作者の出身地、作品の舞台で、中部地方初の施設であり、国民的アニメが身近で楽しめます。

1999年（平成11年）12月に、鳥取県大栄町（現・北栄町）のコナン大橋の橋柱に4体のコナン像（夏の日・キック力増強シューズ・なぞ解き・推理）、コナン像（ターボエンジン付きスケートボード）の街灯が設置されました。同年に開始された、ブロンズ像設置計画によるものです。

以上のように、1992〜1998年（平成4〜10年）は毎年のように開設・設置事例が登場、地域的にも現市区町で、東京都文京区や葛飾区だけでなく、東北の増田町（現・横手市）、関東の調布市・大和市、中部の清水市（現・静岡市）・氷見市・高岡市・敦賀市、近畿の宝塚市・伊賀市、中国四国の大栄町（現・北栄町）・境港市・松江市・川上町（現・高梁市）・香北町（現・香美市）、九州の宇目町（現・佐伯市）・湯前町と18地域で、北海道を除く広域に拡大、この時期の延べ項目数は25件と活発さがうかがえます。「アニメミュージアム」「銅像・ＦＲＰ像・パネル設置」も数も多くなり、「ア

ンパンマン」「ゲゲゲの鬼太郎」については2地域となり、境港市や氷見市は、短期間で施設追加が続き、また通りに多くのモニュメント設置などがあり、作者出身地・作品の舞台だけでなく、地域振興の活用例も多く登場した、拡大期です。1966年（昭和41年）〜1999年（平成11年）では、計24地域となりました。

③ 2000 〜 2008 年充実期

2000年（平成12年）5月に、岡山県倉敷市美観地区に、「いがらしゆみこ美術館・倉敷」が開館しました。1999年（平成11年）に、山梨県山中湖村に「いがらしゆみこ美術館・山中湖」が開館（2005年3月閉館）、続いて倉敷に開館したもので、現在は倉敷のみ、いずれも作者の出身地等ではなく、作者選定地で、岡山県では2カ所目のアニメ施設です。

2000年（平成12年）7月に、宮城県登米市中田町石森に、「石ノ森章太郎ふるさと記念館」が開館、地元出身の石ノ森章太郎氏の記念館で、東北地方では矢口高雄氏に次ぐ、マンガ・アニメミュージアムです。

2000年（平成12年）8月に、鳥取県大栄町（現・北栄町）由良駅前に、コナン銅像（真実はいつも一つ）設置、コナン通りポケットパークに新一登場像、道の駅大栄「REST in だいば」の前に変身ホームズ像が設置されました。以前は、橋柱・街頭に設置でしたが、銅像単体は初めてです。

2001年（平成13年）3月に、鳥取県大栄町（現・北栄町）図書館玄関前に、待ち合わせ像（工藤新一）が設置されました。

2001年（平成12年）7月に、宮城県石巻市に、「石ノ森萬画館」が開館、その後、石巻駅から萬画館まで、「石巻市マンガロード」が整備されました。石巻市が1996年（平成8年）に策定した「石巻市マンガランド基本構想」によるもので、通りの整備は、「サザエさん通り」「水木しげるロード」「ハットリくんロード」「鬼太郎通り」「シンボルロード」に次ぎ、東北地方では初めてです。

2001年（平成13年）10月に、東京都三鷹市井の頭恩賜公園に、三鷹市立アニメーション美術館（三鷹の森ジブリ美術館）が開館しました。スタジオジブリは1986年（昭和61年）の「天空の城ラピュタ」以来10以上の作

品を制作、ジブリの世界を体感できる施設の開設が待望されていました。アニメ制作会社主導の「アニメミュージアム」は初めてで、作者出身地、作品舞台、ゆかりの地以外、制作会社も「聖地」であることを示しました。

　2002年（平成14年）4月に、高知県高知市文化プラザに、「横山隆一まんが館」が開館しました。地元出身の横山隆一氏の記念館で、高知県ではやなせたかし氏に次ぎ、四国でも2番目で、まんが王国高知を示すこととなりました。

　2002年（平成14年）12月に、新潟県新潟市古町通5番町商店街に、「ドカベン像」7体が「ドカベンロード」に設置、地元出身の水島新司氏に依頼して実現しました。「ドカベン像」は大和市に次ぎ、作者出身地の商店街通りに設置は、地域振興・商店街振興に意義があります。

　2002年（平成14年）12月に、和歌山県橋本市橋本駅前に、「まことちゃん像」設置、地元高野町出身の楳図かずお氏に依頼して実現しました。

　2002年（平成14年）12月に、大阪府大阪市中央区大阪ビジネスパークの讀賣テレビ前に、「名探偵コナン像」が設置されました。1996年（平成8年）「名探偵コナン」の制作局・放映局ということで設置、四半世紀を超える人気テレビアニメとなりました。

　2003年（平成15年）3月に、鳥取県境港市に、「水木しげる記念館」が開館しました。地元出身の水木しげる氏の記念館で、すでに1993年「水木しげるロード」が整備されており、「通り（ロード）と記念館」の組み合わせは、1987年「サザエさん通り」と「長谷川町子記念館」、2001年「石巻市マンガロード」と「石ノ森萬画館」に次ぐ、3例目となりました。

　2003年（平成15年）3月に、東京都練馬区東大泉の東映アニメーション大泉スタジオ特設スタジオに、東映アニメーションギャラリーが開設され、制作作品の資料を展示、企画展も開催されました。

　2003年（平成15年）3月に、JR東日本の仙石線に、「マンガッタンライナー」の運行が開始されました。2001年（平成13年）7月の「石ノ森萬画館」開館、その後、「石巻市マンガロード」整備と連携したものです。

　2003年（平成15年）5月に、東京都杉並区杉並会館に、「杉並アニメ資料館」が開館しました。杉並区は、アニメ制作会社が集積する、いわば「地場産

業」であることから、杉並区が開設しました。特定の作家・作品ではなく、アニメ全般を対象とする資料館という点で、画期的です。

2003年（平成15年）10月に、東京都調布市深大寺に、鬼太郎茶屋が開店、茶屋と土産物店で、寺の境内は雰囲気が適し、鬼太郎・ねずみ男像とパネルも設置、調布市には、すでに「鬼太郎通り」があります。

2003年（平成15年）10月に、東京都青梅市に、「青梅赤塚不二夫会館」が開館しました。作者ゆかりの地・作品の舞台のいずれでもなく、青梅の商店街が昭和の映画看板で街おこしを推進しており、会館を誘致して、商店街を「青梅赤塚不二夫シネマチックロード」と命名しました。

2003年（平成15年）10月に、埼玉県春日部市は、クレヨンしんちゃんを春日部市のイメージキャラクターに採用しました。

2003年（平成15年）11月に、東京都飯能市の鉄腕アトム像が飯能市中央公園に移設、飯能青年会議所管理から飯能市の管理となりました。

2003年（平成15年）に、大分県宇佐市四日市商店街に、のんきなとうさん像が設置されました。地元出身の麻生豊氏の代表作です。

2004年（平成16年）4月に、東京都台東区駒形に、バンダイ本社が移転、同年夏に、本社前北側通りにドラえもん・アンパンマン・ウルトラマン・仮面ライダー・孫梧空等の各キャラクター像を設置した、バンダイキャラクターストリートが開設されました。

2004年（平成16年）3月に、東京都世田谷区桜新町のサザエさん通りショッピングプロムナード整備事業が竣工、電線が地下化されました。

2004年（平成16年）11月に、鳥取県大栄町（現・北栄町）大栄小学校前に、未来への歩み（江戸川コナンと毛利蘭）像が設置されました。

2004年（平成16年）12月に、埼玉県鷲宮町（現・久喜市）の大酉茶屋わ（おおとり）しのみやが、鷲宮神社への初詣客に備えて鳥居前に仮開店、2005年（平成17年）3月に正式開店、地元商工会が設置したもので、ちょうど2004年（平成16年）1月の「らき☆すた」連載開始による観光客増に対応しました。

2005年（平成17年）3月に、東京都杉並区の「杉並アニメ資料館」が「杉並アニメーションミュージアム」に改称しました。

2005年（平成17年）4月に、東京都世田谷区祖師谷の小田急線祖師谷大

蔵駅前の3商店街が、ウルトラマン商店街と命名されました。

2006年（平成18年）2月に、東京都葛飾区亀有駅北口に、「こちら葛飾区亀有公園前派出所」の両津勘吉像が、同年11月に、亀有駅南口交番前に両津勘吉像（祭り姿）が、連載開始30周年記念で設置されました。亀有は、作者の出身地、作品の舞台で、駅を出ると出迎えてくれます。

2006年（平成18年）3月に、東京都世田谷区祖師谷の小田急線祖師谷大蔵駅前に、ウルトラマン像が設置されました。この地が、円谷プロダクション創業の地であることから、依頼して実現したものです。

2006年（平成18年）3月に、東京都葛飾区アリオ亀有に、「こちら葛飾区亀有公園前派出所」の「こち亀ゲームぱ〜く」が開設されました。実物大の亀有公園前派出所、両津勘吉、中川圭一、秋本・カトリーヌ・麗子、大原部長、本田速人の各像、こち亀関連の展示とゲームがあります。

2006年（平成18年）7月に、鳥取県境港市の観光お土産店「大漁市場なかうら」に、ゲゲゲの鬼太郎石像が設置されました。高さ7.7m、重量90tで、「水木しげるロード」はすべて銅像で、石像は珍しい。

2006年（平成18年）10月に、富山県高岡市おとぎの森公園に、ドラえもんの空き地として、FRP像のドラえもん・のび太・ドラミ・しずかちゃん・ジャイアン・スネ夫の6体が土管3本と共に設置されました。

2006年（平成18年）11月に、京都府京都市中京区に、「京都国際マンガミュージアム」が開館しました。

2007年（平成19年）3月に、鳥取県北栄町に、「青山剛昌ふるさと館」が開館、入り口前に少年探偵団像が設置されました。

2007年（平成19年）4月に、神奈川県横浜市みなとみらいに、「横浜アンパンマンこどもミュージアム」が開設されました。アンパンマンこどもミュージアムとしては、初の施設です。

2007年（平成19年）4月に、福岡県福岡市早良区の磯野の広場に、「サザエさん発案の碑」が設置されました。場所は、かつての作者の長谷川町子氏の自宅の傍です。

2007年（平成19年）10月に、富山県氷見市に、氷見市潮風ギャラリーが開館、藤子不二雄Ⓐ氏のマンガミュージアムです。

　2007年（平成19年）11月に、埼玉県春日部市のララガーデン春日部に、「ゲーセン　クレヨンしんちゃん嵐を呼ぶブリブリシネマスタジオ」が開設されました。

　2007年（平成19年）12月に、埼玉県鷲宮町（現・久喜市）で、「らき☆すた」のブランチ＆公式参拝in鷲宮を開催、「らき☆すた」石碑を公開しました。ちょうど同年4月の「らき☆すた」テレビアニメ放映開始に対応したものです。

　2008年（平成20年）2月に、福島県玉川村の福島空港に、ウルトラマンマックス像（約4.5m）、ウルトラマンメビウスのガンスピーダー、ウルトラマンレジェンド像、ウルトラマンVSガタノゾーア像、ウルトラセブン21・キングバモス・ウルトラマンネオス、ウルトラマン像（約3m）が設置され、さらにバルタン星人像、ジェットビートル・小型ビートル、ウルトラマンサーガVSレッドキング像が設置されました。

　2008年（平成20年）3月に、東京都練馬区の西武池袋線大泉学園駅改札内に銀河鉄道999の車掌を名誉駅長とし、そのキャラクター立像（FRP製）が設置されました。

　2008年（平成20年）3月に、東京都杉並区の西武新宿線上井草駅前に、機動戦士ガンダム像が、設置されました。

　2008年（平成20年）7月1日〜9月28日に、神奈川県横浜市みなとみらいの日本丸メモリアルパーク内の横浜マリンタイムミュージアム（現・横浜みなと博物館）入り口横に、「初代ウルトラマン」像設置、FRP像で、高さは4.5m、日本丸と並ぶ姿は壮観でした。

　2008年（平成20年）9月に、埼玉県鷲宮町（現・久喜市）の鷲宮神社土師祭で、「らき☆すた神輿」が登場しました。

　2008年（平成20年）10月に、島根県隠岐の島町中村に、「踊る水木先生」像が設置、水木氏のルーツが、同町中村の武良郷とされていることから、「水木しげるロード　隠岐」の最初の設置場所とされました。

　2008年（平成20年）11月に、東京都葛飾区亀有に、「こちら葛飾区亀有公園前派出所」の少年両さん像が、設置されました。

　2008年（平成20年）12月に、鳥取県北栄町のコナン通りに、石製モニュ

メントが 30 基整備されました。

　以上のように、2000 ～ 2008 年（平成 12 ～ 20 年）でも、引き続いては毎年 2 ～ 7 の開設・設置事例が登場、地域的にも現市区町で、新たに登場した地域は、東京都台東区・練馬区・杉並区・三鷹市・青梅市、葛飾区と世田谷区には別の施設等が開設、東北の登米市・石巻市・玉川村、関東の鷲宮町（現・久喜市）・春日部市・横浜市、中部の新潟市、近畿の京都市・大阪市・橋本市、中国四国の隠岐の島町・倉敷市・高知市、九州の福岡市・宇佐市と、北海道を除き、10 年間で 22 地域（期間限定は除く）となり、中部・近畿・中国四国が増加、特に、石ノ森氏の施設が宮城県で 2 か所設置、名探偵コナン関連とゲゲゲの鬼太郎関係も 2 カ所目が設置されました。また、以前に引き続き、「アンパンマン」「ドカベン」「サザエさん」も、他の施設が開設されました。さらに、以前の 24 地域についても、この時期に施設等が追加設置されたのが、東京都世田谷区・調布市、富山県氷見市・高岡市、大栄町（現・北栄町）で、短期間に多くの施設が追加され、特定の場所を中心に充実しており、また、この時期の延べ項目数は 43 件となり、活発さがうかがえます。「アニメミュージアム」「銅像・ＦＲＰ像・パネル設置」は勿論、石巻市マンガロード・バンダイキャラクターストリート・ウルトラマン商店街・青梅赤塚不二夫シネマチックロード・ドカベンロードと、5 地域が「通り」としての広がりがある施設等で、地域振興への期待が高まっています。以上から、単なる広がりにとどまらない、充実期ととらえることができます。

④ 2009 ～ 2016 年再拡大期

　2009 年（平成 21 年）3 月に、東京都練馬区の西武池袋線大泉学園駅北口に、銀河鉄道 999 の壁画が設置されました。

　2009 年（平成 21 年）3 月に、富山県氷見市に、忍者ハットリくん・怪物くん・プロゴルファー猿・笑ゥせぇるすまん石造・ハットリくん銅像が設置されました。

　2009 年（平成 21 年）4 月に、東京都豊島区の南長崎花咲公園に、記念碑「トキワ荘のヒーローたち」が設置されました。トキワ荘は、著名な漫画

家が居住したことで有名です。

　2009年（平成21年）4月に、石川県輪島市に、「永井豪記念館」が開館しました（2024年1月能登半島地震で被災、休館中）。地元出身の永井豪氏の記念館で、北陸では、藤子不二雄Ⓐ氏と藤子・F・不二雄氏に次ぐ、記念館の開館です。

　2009年（平成21年）5月に、滋賀県豊郷町の豊郷小学校旧校舎群がリニューアルされ、一般公開が開始されました。同年4月に、「けいおん！」のテレビアニメが放映開始、そのモデルとして注目されることとなりました。

　2009年（平成21年）5月に、島根県松江市の松江テルサ前に、はじめ人間ギャートルズ像が設置されました。ゴンとマンモスの像で、地元出身の園山俊二氏の代表作です。

　2009年（平成21年）7月11日〜8月31日に、東京都江東区のお台場潮風公園で、ガンダム立像（実物大・18ｍ）が設置・公開されました。

　2009年（平成21年）8月に、島根県西ノ島町別府港に、「妖怪焼火権現」像が設置されました。「水木しげるロード　隠岐」の2体目です。

　2009年（平成21年）9月に、兵庫県神戸市長田区の新長田駅そばの若松公園内に、鉄人ストリートと鉄人28号像が完成・設置されました。1995年（平成7年）の阪神淡路大震災で大きな被害を受けた神戸市長田区の震災復興シンボルとして設置、高さ15.3ｍ、重量50t、アニメモニュメントとしては珍しい鋼鉄製です。

　2009年（平成21年）10月に、高知県南国市に、やなせたかしロードが開設され、アンパンマンと仲間たちの石像が設置されました。

　2009年（平成21年）10月に、東京都千代田区神田猿楽町に、「米沢嘉博記念図書館」が開館、米沢嘉博氏の個人コレクション寄贈によるものです。

　2010年（平成22年）3月に、東京都葛飾区亀有に、「こちら葛飾区亀有公園前派出所」のダブルピース両さん像、敬礼両さん像、サンバ両さん像、ワハハ両さん像、少年よあの星を目指せ！両さん像、秋本・カトリーヌ・麗子像、中川圭一像、本田速人像、同年11月に秋本・カトリーヌ・麗子像、計9体の銅像が設置されました。

　2010年（平成22年）4月に、島根県隠岐の島町に、「河童」「琵琶ぼくぼ

く」「五体面」「天吊し」「ちょうちんお化け」「せこ」「アマビエ」「さざえ鬼」像の計8体を設置、さらに「鬼太郎親子とねずみ男」像を設置、隠岐の島町で計10体、隠岐諸島で計11体となりました。

2010年（平成22年）5月に、大阪府東大阪市荒本に、「大阪府立中央図書館国際児童文学館」が開館しました。閉館した大阪府立国際児童文学館から引き継いだ資料を所蔵、特に膨大な漫画資料を収集しています。

2010年（平成22年）5月に、奈良県五條市のJR和歌山線踏切横に、まことちゃん地蔵が設置され、お披露目されました。

2010年（平成22年）7月に、鳥取県北栄町の出会いの広場に、はじまりの瞬間像（工藤新一と毛利蘭）が設置されました。鳥取県北栄町の銅像設置は、1999年（平成11年）以来、通算12体目となりました。

2010年（平成22年）7月24日～2011年（平成23年）1月10日に、静岡県静岡市の東静岡駅横に、ガンダム立像が設置・公開されました。

2011年（平成23年）4月に、北海道浜中町が「ルパン三世はまなか宝島プラン」を開始、「ルパン三世通り」が誕生、ルパン三世パネルが設置されました。北海道浜中町が、作者出身地によるものです。

2011年（平成23年）7月に、高知県香美市の「やなせたかし記念館」前に、たたかうアンパンマン像（アルミ製）が設置されました。

2011年（平成23年）7月に、宮城県仙台市宮城野区に、「仙台アンパンマンこどもミュージアム＆モール」が開業しました。横浜・名古屋（三重県桑名市）に次ぐ、3番目の施設です。

2011年（平成23年）8月に、東京都葛飾区亀有に、「こちら葛飾区亀有公園前派出所」のひとやすみ両さん像、ようこそ亀有へ両さん像、計2体が設置、連載開始35周年記念で、通算計14体となりました。

2011年（平成23年）8月に、富山県高岡市の高岡駅前に、「ドラえもんの散歩道」像が、「万葉の杜」から移設されました。

2011年（平成23年）9月に、神奈川県川崎市に、「藤子・F・不二雄ミュージアム」が開館しました。

2011年（平成23年）11月に、愛媛県今治市のタオル美術館ICHIHIROに、ムーミンと仲間たちの銅像が設置されました。

　2012 年（平成 24 年）3 月に、東京都世田谷区桜新町の桜新町駅西口に、「サザエさん・タラちゃん・マスオさん」像、「波平さん・カツオくん・ワカメちゃん・フネさん」像、北口に「カツオくん・ワカメちゃん」像、南口に「サザエさん・タラちゃん」像が、設置されました。

　2012 年（平成 24 年）4 月に、東京都豊島区のトキワ荘跡地（日本加除出版敷地内）に、トキワ荘跡地モニュメントが設置されました。

　2012 年（平成 24 年）4 月に、JR北海道の花咲線（根室線）に、「ルパン 3 世ラッピングトレイン」の運行が開始されました。

　2012 年（平成 24 年）4 月に、JR西日本の山陰線に、「名探偵コナンラッピング列車」の運行が開始されました。

　2012 年（平成 24 年）4 月 19 日～ 2017 年（平成 29 年）3 月 5 日に、東京都江東区のダイバーシティ東京プラザ前に、ガンダム立像が設置・公開されました。

　2012 年（平成 24 年）5 月に、福岡県福岡市早良区の地下鉄西新駅から百道浜への市道に、「サザエさん通り」の名称が付けられました。

　2012 年（平成 24 年）7 月に、神奈川県箱根町の箱根登山鉄道箱根湯本駅に、箱根湯本えゔぁ屋が開店しました。

　2012 年（平成 24 年）8 月に、福岡県北九州市小倉駅前に、「北九州市漫画ミュージアム」が開館、同時に小倉駅北口に、宇宙海賊キャプテンハーロック、銀河鉄道 999 のメーテルと鉄郎の像が設置されました。

　2012 年（平成 24 年）8 月に、北海道浜中町の浜中総合文化センターで、ルパン三世フェスティバル開催、浜中町モンキー・パンチ・コレクションとルパン三世の等身大フィギュアの展示が行われ、茶内駅にルパンと銭形警部のパネル、浜中駅にルパン・次元大介・石川五ェ門（五右ェ門）・峰不二子のパネル、姉別駅にルパンと次元大介のポスターが設置されました。

　2012 年（平成 24 年）9 月に、富山県氷見市に喪黒福造立像が設置されました。

　2012 年（平成 24 年）11 月に、東京都台東区いろは会商店街に、あしたのジョー像が設置されました。

　2012 年（平成 24 年）12 月に、茨城県大洗町の大洗駅インフォメーショ

ンセンターに、ガルパン（「ガールズ＆パンツァー」）展示室が設置されました。

2013年（平成25年）3月に、JR東日本の石巻線に「マンガッタンライナー」の運行が開始されました。

2013年（平成25年）3月に、茨城県大洗町の商店街に、キャラクター等身大パネルを、同年5月に戦車パネルが設置されました。

2013年（平成25年）3月に、東京都葛飾区の四つ木つばさ公園に、キャプテン翼の大空翼像が設置されました。

2013年（平成25年）3月に、新潟県新潟市に、「新潟市マンガの家」が開設されました。

2013年（平成25年）4月に、兵庫県神戸市中央区のハーバーランドに、「神戸アンパンマンこどもミュージアム＆モール」が開設されました。横浜・名古屋・仙台に次ぐ、4番目の施設です。

2013年（平成25年）5月に、新潟県新潟市に、「新潟市マンガ・アニメ情報館」が開館しました。

2013年（平成25年）7月に、埼玉県春日部市の春日部第一児童センターに、カラフルなFRP像の「クレヨンしんちゃん一家」像3体、「かすかべ防衛隊」像4体が設置されました。

2013年（平成25年）7月に、福島県須賀川市の須賀川駅前に、ウルトラマン像（FRP像）が設置されました。

2013年（平成25年）8月に、北海道浜中町霧多布市街地のルパン3世通りに、キャラクターの仮想店舗「PUB　FUJIKO」「JIGEN'S　BAR」（営業はしていない）が設置されました。

2013年（平成25年）12月に、東京都豊島区のトキワ荘通りに、「お休み処」が開館しました。

2013年（平成25年）7月に、長野県飯島町田切で、アニメ聖地巡礼発祥の地の宣言が行われました。

2013年（平成25年）10月に、三重県伊賀市の伊賀上野駅前に、銀河鉄道999像が、移設により設置されました。

2013年（平成25年）12月に、富山県高岡市の高岡駅に、「ドラえもんポスト」が設置されました。藤子・F・不二雄氏生誕80周年記念です。

　2013 年（平成 25 年）12 月に、鳥取県北栄町の由良駅の愛称が、コナン駅となりました。

　2014 年（平成 26 年）3 月に、東京都葛飾区の四ツ木駅から立石駅間を中心に、キャプテン翼の銅像が多数設置されました。四つ木駅前ポケットパークに石崎了像、四つ木公園に日向小次郎像、四つ木めだかの小道にロベルト本郷と大空翼像、四つ木葛飾郵便局前に中沢早苗像、渋江公園に岬太郎像、立石一丁目児童公園に大空翼像、立石みちひろばに若林源三像で、京成立石駅前には案内看板が設置されています。

　2014 年（平成 26 年）4 月に、高知県香美市香北町のやなせたかし氏実家跡地が「やなせたかし朴の木公園」となり、お墓とアンパンマン・ばいきんまんと仲間たちの像計 11 体が設置されました。

　2014 年（平成 26 年）6 月に、高知県高知市のはりまや橋周辺に、アンパンマンとジャムおじさん、ばいきんまんとドキンちゃんの計 4 体の石像が、高知北ライオンズクラブ結成 30 周年記念事業で設置されました。

　2014 年（平成 26 年）7 月に、静岡県川根本町の大井川鐵道で、きかんしゃトーマス号の運転が開始されました。

　2014 年（平成 26 年）8 月に、北海道浜中町霧多布市街地のルパン 3 世通りに、キャラクターの仮想店舗である映画館「霧多布座」が開設されました。

　2014 年（平成 26 年）9 月に、東京都練馬区東大泉の東映アニメーション大泉スタジオ特設スタジオの東映アニメーションギャラリーが長期休館となりました。

　2014 年（平成 26 年）12 月に、福島県玉川村の福島空港に、ウルトラマンポストが設置されました。

　2015 年（平成 27 年）3 月に、福島県須賀川市のウルトラマン通りに、ウルトラマン・ウルトラセブン・ゴモラ・エレキング像が設置されました。

　2015 年（平成 27 年）3 月に、鳥取県鳥取市の鳥取空港の愛称が鳥取砂丘コナン空港となり、コナンと蘭のフィギュアが設置されました。

　2015 年（平成 27 年）3 月に、鳥取県北栄町役場大栄庁舎前に、すいかコナンのカラーオブジェが設置、北栄町初のＦＲＰ製です。

2015年（平成27年）3月に、福岡県福岡市早良区の地下鉄西新駅から百道浜への「サザエさん通り」に、サザエさん・カツオくん・ワカメちゃん・タラちゃんのシルエット板が添えられた案内板が7カ所に設置されました。

　2015年（平成27年）4月に、東京都練馬区の大泉学園駅北側デッキに、アニメゲートが開設され、鉄腕アトム・銀河鉄道999・あしたのジョー・うる星やつらの銅像が設置されました。練馬区は、ジャパンアニメーション発祥地とされます。

　2015年（平成27年）5月に、茨城県大洗町の大洗リゾートアウトレット内に、大洗ガルパンギャラリーが開館しました。

　2015年（平成27年）7月に、静岡県大井川鐵道で、きかんしゃジェームス号の運転が、開始されました。

　2015年（平成27年）7月に、福島県玉川村の福島空港で、ウルトラマンマックス像が、ウルトラマンティガ像に交換されました。

　2015年（平成27年）8月に、北海道浜中町霧多布市街地のルパン3世通りに、「ルパン三世通り」のストリートタイトルサインパネルが設置されました。

　2015年（平成27年）8月に、富山県氷見市の氷見市潮風ギャラリーが大規模リニューアルされ、藤子不二雄Ⓐアートコレクションとなり、氷見市全体が「氷見市藤子不二雄Ⓐまんがワールド」と呼称することになりました。

　2015年（平成27年）8月に、東京都新宿区神楽坂6丁目のバークリュクス神楽坂前に、コボちゃん像が設置されました。作者居住地に設置されたものです。

　2015年（平成27年）8月に、埼玉県久喜市鷲宮に、「らき☆スタ」にちなんで古民家レストラン大酉茶屋が再開店しました。

　2015年（平成27年）11月に、福島県須賀川市のウルトラマン通りに、ゾフィー・ウルトラマンジャック・ゼットン・ベムスター像が設置されました。

　2015年（平成27年）11月に、鳥取県北栄町青山剛昌ふるさと館駐車場に、神出鬼没（怪盗キッド）銅像が設置されました。

2015 年（平成 27 年）12 月に、富山県高岡市の高岡美術館に「ふるさとギャラリー」が開館しました。藤子・F・不二雄氏の記念施設です。

2015 年（平成 27 年）12 月に、宮城県仙台市宮城区の仙台市営地下鉄東西線宮城野通駅構内に、アンパンマン像（ＦＲＰ製）1 体とアンパンマン・ばいきんまん・ドキンちゃんのキャラクタータイルが設置されました。

2016 年（平成 28 年）3 月に、北海道北斗市の新函館北斗駅に、北斗の拳のケンシロウ像が設置されました。「北斗の拳」の「北斗」と、「北斗市」の「北斗」との、「北斗」つながりで設置されました。

2016 年（平成 28 年）4 月に、東京都豊島区の東長崎駅南北自由通路に、手塚治虫「ジャングル大帝」レオ＆ライヤ、南長崎スポーツ公園に、寺田ヒロオ「背番号 0」ゼロくんのモニュメントが設置されました。

2016 年（平成 28 年）4 月に、東京都港区六本木に、「スヌーピーミュージアム」が開館しました。

2016 年（平成 28 年）5 月に、兵庫県神戸市中央区磯上通のファミリア本社前に、スヌーピー像が、移転・設置されました。

2016 年（平成 28 年）6 月に、高知県南国市に、「やなせたかし・ごめん駅前公園」が開園しました。やなせたかし氏が居住した伯夫の医院跡地で、アンパンマンのキャラクター石像ベンチ 4 体が設置されました。

2016 年（平成 28 年）6 月に、静岡県大井川鐵道沿いを、きかんしゃトーマスのバスのバーティーの運行が開始されました。

2016 年（平成 28 年）7 月に、宮城県仙台市宮城野区で、アンパンマンストリート 1 期工事が行われました。「仙台アンパンマンこどもミュージアム＆モール」開館 5 周年記念で、仙台駅からミュージアムまで、アンパンマン石像を 4 体（ユアテック本社横にばいきんまん、関紙店前にドキンちゃん、いたがき本店前にメロンパンナちゃん、自然流薬局前にアンパンマン）設置したものです。

2016 年（平成 28 年）8 月に、東京都葛飾区亀有に、「こちら葛飾区亀有公園前派出所」の「ようこそ！　こち亀の街へ」のカラー銅像が設置されました。連載開始 40 周年記念で、亀有に設置された銅像は、通算 15 体となりました。

2016年（平成28年）9月に、鳥取県北栄町のコナン通りに、眠りの小五郎銅像（毛利小五郎とコナン）が、設置されました。

　2016年（平成28年）10月に、鳥取県北栄町のコナン駅（由良駅）前に、「迷宮なしの名探偵（コナン）」のカラーオブジェが設置されました。北栄町設置のＦＲＰ製カラーオブジェでは2体目で、これ以降は、基本的にアニメの質感の再現性が極めて高いＦＲＰ製でモニュメントが設置されることとなりました。

　2016年（平成28年）11月に、福島県須賀川市のウルトラマン通りに、ウルトラの母・ウルトラマンタロウ・ウルトラマンエースの像が設置されました。

　2016年（平成28年）12月に、東京都豊島区の南長崎公園に、鈴木伸一「ラーメン屋台」、特別養護老人ホーム風かおる里に、森安なおや「いねっ子わらっ子」マコちゃんのモニュメントが設置されました。

　2016年（平成28年）12月に、岡山県岡山市東山の岡山電気軌道東山駅終点に、「おかでんチャギントンミュージアム」が開館しました。

　以上のように、2009～2016年（平成21～28年）の期間は8年間、引き続いて毎年のように開設・設置事例が登場、地域的にも現市区町で、新たに登場した地域は、東京都豊島区・新宿区・町田市、葛飾区と台東区には別の施設等が開設、葛飾区には3つ目の施設等が開設、北海道の浜中町・北斗市、東北の仙台市・須賀川市、関東の大洗町・川崎市・箱根町、中部の川根本町・輪島市、近畿の豊郷町・神戸市（2ヵ所）、中国四国の鳥取市・岡山市・今治市・南国市・高知市、九州の北九州市と、8年間で22地域（期間限定は除く）となり、東京が増加、特に、名探偵コナン関連も3ヵ所目の施設が設置、「仙台アンパンマンこどもミュージアム＆モール」では、短期間に施設が追加されました。また、引き続き、「アンパンマン」「ドラえもん」「ウルトラマン」も、他の施設が開設されました。さらに、以前の46ヵ所についても、この時期に施設等が追加設置された地域が、埼玉県久喜市・春日部市、東京都葛飾区・練馬区・世田谷区、静岡県川根本町、富山県氷見市・高岡市、鳥取県北栄町、島根県松江市、高知県香美市、福岡県福岡市で、特に、静岡県川根本町・富山県氷見市・高岡

市、鳥取県北栄町、福岡県福岡市は追加設置が多く、特定の場所を中心に充実しました。この時期の延べ項目数は86件、内2012年12、2013年14、2016年13、2015年16と多く、活発さがうかがえます。「アニメミュージアム」「銅像・ＦＲＰ像・パネル設置」は勿論、ルパン三世通り・アンパンマンストリート・トキワ荘通り・サザエさん通り等の通りの整備、テレビアニメとのコラボ列車運行など、積極的なアニメ活用や反応の素早さが表れています。以上から、前回の充実期では登場しなかった北海道にも2地域が新たに加わり、東西南北に拡大、再拡大期ととらえることができます。

⑤ 2017 ～ 2024 年再充実期

　2017年（平成29年）1月に、福岡県福岡市早良区の西南学院横に、「町子先生とサザエさん」像が設置されました。

　2017年（平成29年）3月に、富山県氷見市の「プロゴルファー猿ポケットパーク」に、プロゴルファー猿像が設置されました。

　2017年（平成29年）3月に、鳥取県北栄町に、コナンの家・米花商店街が開設されました。

　2017年（平成29年）3月に、東京都葛飾区柴又の京成金町線柴又駅前に、さくら像が設置されました。

　2017年（平成29年）3月に、鳥取県北栄町のコナン通りに、「あくび娘（灰原哀）」、8月に、「優しいガキ大将（小嶋元太）」、9月に、「そばかす少年探偵（円谷光彦）」、10月に、「キュートな少女探偵（吉田歩）」のＦＲＰ製のカラーオブジェが設置されました。

　2017年（平成29年）3月に、福島県須賀川市の新市庁舎前に、ウルトラの父の像が設置されました。

　2017年（平成29年）7月に、宮城県仙台市宮城野区のアンパンマンストリート2期工事が行われました。東七番丁交差点南東角ロッテリア前にアンパンマン石像、松栄不動産前にカレーパンマン石像、ローソン側にしょくぱんまんの石像が設置され、1期工事と合わせて計7体です。また、仙台駅東口ペデストリアンデッキ周辺に、アンパンマン・ばいきんまん・ドキンちゃんのキャラクタータイルが設置されました。

2017 年（平成 29 年）7 月に、茨城県大洗町の大洗シーサイドステーション（旧・大洗リゾートアウトレット）内に、大洗ガルパンギャラリーがリニューアルオープンしました。

　2017 年（平成 29 年）7 月に、熊本県合志市に、「合志マンガミュージアム」が開館しました。アニメ・漫画を生かしたまちづくりです。

　2017 年（平成 29 年）7 月に、兵庫県淡路市岩屋に「ニジゲンノモリ・クレヨンしんちゃんアドベンチャーパーク」が開設されました。

　2017 年（平成 29 年）9 月に、東京都江東区のダイバーシティ東京プラザに、ユニコーンガンダム立像が設置されました。

　2017 年（平成 29 年）11 月に、福島県須賀川市のウルトラマン通りに、ピグモンとカネゴン像が長椅子と共に設置されました。

　2018 年（平成 30 年）3 月に、東京都葛飾区の南葛飾高等学校校門横に、キャプテン翼の名場面を再現した銅像が設置されました。

　2018 年（平成 30 年）4 月に、鳥取県北栄町由良宿の民泊萬屋前に、空手娘（毛利蘭）の銅像が設置されました。北栄町の銅像設置としては最後です。

　2018 年（平成 30 年）5 月に、鳥取県北栄町の青山剛昌ふるさと館前ビートル車内に、自称天才発明家（あがさ博士）のカラーオブジェが、設置されました。

　2018 年（平成 30 年）7 月に、埼玉県春日部市に、「アニメだ！　埼玉発信スタジオ　オラが埼玉を紹介するゾー」が開設されました。

　2018 年（平成 30 年）7 月に、東京都練馬区東大泉の東映アニメーションに、「東映アニメーションミュージアム」が、開設されました。

　2018 年（平成 30 年）7 月に、鳥取砂丘コナン空港に、シンボルオブジェ・喫茶ポアロのカラーオブジェが設置されました。

　2018 年（平成 30 年）7 月に、長野県飯島町田切にアニメ聖地巡礼発祥の地の石碑が設置されました。

　2018 年（平成 30 年）9 月に、北海道浜中町霧多布市街地の旧・浜中町勤労青年ホームにモンキー・パンチ・コレクションＰＡＲＴ２が開設されました。

　2018 年（平成 30 年）10 月に、仙台駅東口ペデストリアンデッキ東西自

由通路「杜の陽だまりガレリア」東側入り口前にアンパンマン像（ＦＲＰ製・石像着色）が設置されました。過去に設置された石像・ＦＲＰ像を合わせると、9体となります。

2018年（平成30年）11月に、熊本県熊本市の熊本県庁前に、ワンピース　ルフィ像が設置されました。

2018年（平成30年）12月に、東京都豊島区の東京メトロ大江戸線落合南長崎駅構内に、水野英子「星のたてごと」リンダ＆ユリウスのモニュメントが設置されました。

2019年（平成31年）1月に、福島県須賀川市に「円谷英二ミュージアム」が開館しました。

2019年（平成31年）1月に、大阪市中央区大阪ビジネスパークの読売テレビ新社屋前に、江戸川コナンと少年探偵団のブロンズ像が設置されました。

2019年（平成31年）2月に、京成電鉄四ツ木駅構内が、側面のみならず、床面・天井・階段等、キャプテン翼仕様に改装され、改札横に大空翼の実物大フィギュアが設置されました。

2019年（平成31年）2月に、小田急線登戸駅構内に、ドラえもん・どこでもドアが設置され、駅名標は青と赤に鈴柄など、ドラえもん仕様となりました。

2019年（平成31年）3月に、岡山県岡山市で、岡山電気軌道おかでんチャギントンリアル電車の運転が開始されました。

2019年（平成31年）3月に、埼玉県飯能市に、「ムーミンバレーパーク」が開園しました。

2019年（平成31年）3月に、滋賀県米原市のローザンベリー多和田に、「ひつじのショーンファームガーデン」が開設され、石積みに囲まれた牧場に、牧場主の家や羊の小屋を配置、ひつじのショーンや牧場主、牧羊犬のビッツァー、羊たちなどの16体のキャラクター像（ＦＲＰ製）が配置されました。

2019年（令和元年）5月に、東京都調布市の京王線跡地に鬼太郎ひろばが開園しました。

2019年（令和元年）6月に、東京都豊島区の西武池袋線椎名町駅に、藤

子不二雄Ⓐ「怪物くん」、石ノ森章太郎「サイボーグ009」、赤塚不二夫「天才バカボン」のモニュメントが設置されました。

2019年（令和元年）7月に、神奈川県横浜市の横浜アンパンマンこどもミュージアムが、みなとみらい地区の48街区から61街区に移転しました。

2019年（令和元年）9月に、大阪市中央区読売テレビの名探偵コナン像が新社屋屋上庭園に移設されました。同年9月より1階のエントランスロビーを一般公開、ソファーに座った眠りの小五郎像と2階手すり上に怪盗キッド像（ＦＲＰ像）が設置されました。

2019年（令和元年）10月に、高知県高知市の中央公園（アンパンマンとばいきんまん）や高知駅前からのはりまや通り（アンパンマン・しょくぱんまん・ばいきんまん・ドキンちゃん・カレーパンマンなど9体）に、アンパンマンと仲間たちの石像が、高知北ライオンズクラブによって、設置されました。以前からも含めて、高知市内には計18体のアンパンマンと仲間たちの像が設置されたことになります。

2019年（令和元年）12月に、熊本県益城町総合運動公園にワンピースサンジ像が設置されました。

2019年（令和元年）12月に、熊本県阿蘇市阿蘇駅前にワンピース　ウソップ像が設置されました。

2019年（令和元年）12月に、東京都町田市に、「スヌーピーミュージアム」が移転しました。

2019年（令和元年）12月に、富山県氷見市に、藤子Ⓐキャラクターブリッジが開通、橋柱にキャラクター像が設置されました。

2020年（令和2年）1月に、神奈川県箱根町で、「エヴァンゲリオン×箱根2020」が開催され、コラボスポットが設置されました。

2020年（令和2年）3月に、東京都豊島区の区民ひろば富士見台に、よこたとくお「マーガレットちゃん」キャラクターのモニュメントが設置されました。

2020年（令和2年）3月に、鳥取県北栄町役場掲揚台前に、小さくなった名探偵（コナン）のカラーオブジェが、設置されました。

2020年（令和2年）3月に、東京都青梅市の「青梅赤塚不二夫会館」が

閉館しました。

2020年（令和2年）5月に、静岡県静岡駅南口〜新金谷駅間を、きかんしゃトーマスの2かいだてバスのバルジーの運行が開始されました。

2020年（令和2年）7月に、東京都豊島区の南長崎花咲公園に、「トキワ荘マンガミュージアム」が開館しました。

2020年（令和2年）7月に、東京都世田谷区桜新町に「長谷川町子記念館」が開館しました。

2020年（令和2年）10月に、鳥取県北栄町の青山剛昌ふるさと館前に、怪盗と名探偵（怪盗キッドとコナン）のカラーオブジェが設置されました。

2020年（令和2年）10月に、富山県氷見市に「怪物くんストリート」を開設、怪物太郎・フランケン・ドラキュラ・オオカミ男の像が設置されました。

2020年（令和2年）11月に、福島県須賀川市に、須賀川特撮アーカイブセンターが開設されました。

2020年（令和2年）11月に、埼玉県所沢市の西武線所沢駅東口ロータリー内の西武第二ビル前に、「トトロの生まれたところ」として、「となりのトトロ」の大きな葉っぱの傘を持ったトトロとサツキとメイが乗るネコバス像が設置されました。作品の舞台であるモチーフ地ということでの設置です。

2020年（令和2年）11月に、熊本県熊本市動植物園に、ワンピースチョッパー像が設置されました。

2020年（令和2年）11月に、熊本県御船市ふれあい広場（恐竜公園）に、ワンピース　ブルック像が設置されました。

2020年（令和2年）11月に、大分県日田市の大山ダムに、進撃の巨人のキャラクター像（エレン・ミカサ・アルミンの少年期）が設置されました。

2020年（令和2年）11月に熊本県高森町の高森駅前に、ワンピース　フランキー像が設置されました。

2020年（令和2年）12月に、富山県氷見市に、喪黒福造のスマイルベンチが設置されました。

2020年（令和2年）12月19日〜2023年（令和5年）3月31日までの予定で、

神奈川県横浜市の山下ふ頭内に、ガンダム立像が設置・公開され、その後、公開期間が延長されました。

2021年（令和3年）3月に、大分県日田市の日田駅前に、進撃の巨人のリヴァイ兵長像が設置されました。

2021年（令和3年）3月に、東京都豊島区の南長崎はらっぱ公園に、山内ジョージ「あいうえお」モニュメントが設置されました。

2021年（令和3年）3月に、「明治大学米沢嘉博記念図書館・現代マンガ図書館」が開館しました。従来からあった「米沢嘉博記念図書館」に、「現代マンガ図書館」が移転・再開、両者が共通運用されることになりました。

2021年（令和3年）3月に、大分県日田市の道の駅水辺の郷おおやまに、「進撃の巨人in　HITAミュージアム」が開館しました。

2021年（令和3年）4月に、北海道浜中町霧多布市街地の浜中町総合文化センターに、既存施設展示を統合した新モンキー・パンチ・コレクションが開設されました。

2021年（令和3年）4月に、東京都調布市の鬼太郎広場に「河童の三平池」が設置されました。

2021年（令和3年）4月に、鳥取県鳥取市の鳥取砂丘コナン空港に、「緋色の領域」赤井秀一のカラーオブジェが設置されました。

2021年（令和3年）4月に、福岡県福岡市早良区の磯野広場に、「サザエさん、カツオくん、ワカメちゃん」像が設置されました。

2021年（令和3年）7月に、鳥取県北栄町の米花商店街におすわりコナンのカラーオブジェが設置されました。また、青山剛昌ふるさと館内に、狙い撃ち・令和の魔術師のカラーオブジェが設置されました。

2021年（令和3年）7月に、熊本県西原町の俵山交流館萌の里に、ワンピース　ナミ像が設置されました。

2021年（令和3年）10月に、熊本県南阿蘇村の震災ミュージアム（旧・東海大学阿蘇キャンパス）に、ワンピース　ロビン像が設置されました。

2021年（令和3年）11月に、鳥取県鳥取市の鳥取砂丘コナン空港に、怪盗キッドのカラーオブジェが設置されました。

2021年（令和3年）12月に、東京都渋谷区の宮下公園に、ドラえもんみ

らいのとびら像が設置されました。

2021年（令和3年）12月に、鳥取県北栄町の出会いの広場に、道に迷った平次と和葉（服部平次・遠山和葉）のカラーオブジェが設置されました。

2022年（令和4年）1月に、埼玉県春日部市に、「アニメだ！　埼玉　発信スタジオ　オラが埼玉を紹介するゾー」に、「シロ」像が追加されました。

2022年（令和4年）1月に、熊本県大津町の大津中央公園に、ワンピース　ゾロ像が設置されました。

2022年（令和4年）3月に、鳥取県北栄町の米花商店街カフェに2人で1人の名探偵（新一＆コナン）のカラーオブジェ像が設置されました。

2022年（令和4年）4月に、福岡県福岡市博多区のららぽーと福岡に、実物大ガンダム立像（高さ24.8m）が設置、ガンダムパーク福岡も開設されました。

2022年（令和4年）7月に、熊本県宇土市の住吉海岸公園に、ワンピース　ジンベイ像が設置されました。

2022年（令和4年）8月に、静岡県川根本町の大井川鐵道で、きかんしゃトーマスのトピー号が運行開始しました。

2022年（令和4年）8月に、富山県氷見市に、藤子不二雄Ⓐ氏の「ビリ犬」「ウルトラB」「パラソルヘンべえ」の像が設置されました。

2022年（令和4年）11月に、愛知県長久手市の愛・地球博記念公園にジブリパークの「青春の丘」「ジブリの大倉庫」「どんどこ森」が開園しました。

2022年（令和4年）12月に、埼玉県久喜市の鷲宮郵便局前に、「らき☆すた」のヒロインである柊つかさの等身大像が設置されました。

2023年（令和5年）3月12日に、富山県氷見市の本町南交差点に、藤子不二雄Ⓐ氏のアニメキャラクター「黒べエ」のモニュメントが設置され、「まんがロード」63体の設置・整備が完了しました。

2023年（令和5年）11月1日に、愛知県長久手市の愛・地球博記念公園のジブリパークに「もののけの里」が開園しました。

2024年（令和6年）3月16日に、愛知県長久手市の愛・地球博記念公園のジブリパークに「魔女の谷」が開園です。

以上のように、2017～2023年（平成29～令和5年）の期間は7年間、引き続いては毎年のように開設・設置事例が登場、地域的にも現市区町で、新たに登場した地域は、東京都江東区・渋谷区、関東の飯能市・所沢市、中部の飯島町・長久手市、近畿の米原市・淡路市、九州の福岡市・日田市・合志市・熊本市・益城町・阿蘇市・御船町・高森町・西原町・南阿蘇町・大津町・宇土市と、7年間で20地域となり、北海道・東北・中国四国がなく、九州が急速に増加、特に熊本県でのワンピース像の設置により、半分以上を占めることとなりました。本書の表紙及び裏表紙カバーに、ワンピース像設置市町を20万分の1地勢図で掲載しましたので、ワンピース像の聖地巡礼にご活用いただきたい。勿論、福岡市のガンダム像、日田市の進撃の巨人像にも注目したい。また、ガンダム関連は期間限定が多く、現在のところ継続施設が3カ所、スタジオジブリ関連や、ドラえもん・クレヨンしんちゃん・トキワ荘関連の施設も追加されました。さらに、以前の68地域についても、この時期に施設等が追加設置された地域が、北海道浜中町、宮城県仙台市、福島県須賀川市、埼玉県久喜市、埼玉県春日部市、東京都葛飾区、東京都豊島区、東京都練馬区、神奈川県川崎市、富山県氷見市、静岡県川根本町、鳥取県鳥取市・北栄町、大阪府大阪市、岡山県岡山市、福岡県福岡市で、特に、静岡県川根本町・富山県氷見市・鳥取県北栄町・高知県高知市・福岡県福岡市は追加設置が多く、特定の場所を中心に充実しました。この時期の延べ項目数は82件、内2017年12、2019年17、2020年17、2021年13と多く、活発さがうかがえます。「アニメミュージアム」「銅像・ＦＲＰ像」は勿論、アニメ聖地の宣言、外国発祥のアニメ作品関連やテーマパーク開設など、多彩なアニメ活用が表れています。以上から、新たに登場した地域は、地方的にはかなり限られることとなりましたが、特定地方や地域で一層の充実が見られ、再充実期ととらえることができます。

　以上の展開を、表1～4および分布図1～4（本書72～79頁）でも、ご覧いただきたい。

（2）アニメ地域の分析と意義

①アニメ地域の分布と意義

　本書で取り上げたアニメ地域88地域を、表5〜8と分布図5〜8（本書80〜87頁）で、地域別に示しました。表5・分布図5は北海道・東北・関東（茨城県のみ）・中部で18地域、表6・分布図6は関東（茨城県除く）で29地域、表7・分布図7は近畿・中国・四国で24地域、表8・分布図8は九州で17地域です。都道府県地方別では、東京都が18地域、東京都を含む関東地方が30地域で、約3分の1を占め、アニメでも東京都・関東地方集中の傾向がみられます。但し、東京都以外の関東地方は、茨城県を除けば、東京都に南北に隣接した埼玉県と神奈川県のみで、群馬県・栃木県・千葉県にはなく、東京都と隣接県に集中する傾向があります。また、熊本県が11（市町村単位）地域で、ほとんどをワンピース像で占められ、まさしく「ワンピース像王国」です。それにより、九州地方が17地域と関東地方に次ぐこととなりました。その九州地方は、佐賀県・長崎県の九州西部地方や宮崎県・鹿児島県の九州南部地方にはなく、福岡県・大分県・熊本県の九州北部地方に集中する傾向があります。中国・四国地方は12地域で、鳥取県・岡山県・高知県が各3地域、島根県が2地域、愛媛県が1地域で、広島県・山口県の中国西部地方や香川県・徳島県の四国東部地方にはなく、中国地方は中国東部地方に、四国地方は四国西部地方に集中し、隠岐の島町を除いて、大阪や岡山からの特急列車停車駅及びその近傍地域です。近畿地方が12地域で、兵庫県が5地域と多く、大阪府・滋賀県が各2地域、三重県・京都府・和歌山県が各1地域です。中部地方が9地域で、静岡県・富山県が2地域、長野県・新潟県・石川県・福井県・愛知県が各1地域と、関東・九州・近畿と異なり、分散する傾向にあり、山梨県・岐阜県にはありません。東北地方が6地域で、宮城県が3地域、福島県が2地域と東北南部地方に多く、秋田県が1地域で、青森県・岩手県・山形県にはありません。北海道地方が2地域で、北海道東端と南端方面で、位置的には偏りがあります。全般的には、やはり、関東・中部・近畿・中国四国・九州と、太平洋ベルト地帯が多く、その中でも特定の都府県で、偏りがあります。すなわち、一定以上の経済活動があって、取り組

みが可能な地域ということが基礎的条件としてあるといえます。その一方で、地方を中心に、地域振興の必要性、特に商店街振興の切実性も考えられます。また、地域振興・商店街振興とともに、地域の特色や商店街の特色をアピールする狙いも大きく影響しています。さらには、アニメ作者という有名人を輩出した「郷土の誇り」や郷土愛の育成、郷土学習に活用と、幅広い要因が考えられます。

　各地域の施設の立地を見ると、駅前立地や徒歩圏立地（空港含む）としては、北海道・東北・中部地方の17地域中14地域、関東地方の30地域中29地域、近畿・中国四国地方の24地域中18地域、九州地方の17地域中10地域と、地域による差異はありますが、関東地方を代表例として、本書で取り上げたアニメ地域88地域中71地域と、交通利便性の高いところに多く、集客を考慮すると、重要な点です。このことは、後述する鉄道・空港との連携と密接に関係します。

　アニメ活用でのポイントは、対費用効果で、少ない投資で効果が大きいことが指摘されます。しかし、このように増加すると対費用効果の低下、振興効果の継続性が心配されます。そこで重要となるのは、「いかに注目されるか」で、まずは、アニメの現状に対する理解が必要となります。アニメの動向としては、実写映像ともとれるような緻密な映像が登場して、いわゆる「絵になる注目すべき風景」が登場、このよう場面があるかが「ヒットする法則」として重要となる背景があります。したがって、アニメに登場した場面が、実際にどこにあり、当然ながら、そこでの撮影ができること、いわゆるＳＮＳ・インスタ映えも、拡散に大きく貢献しています。これを意識したアニメ作品作りが必要となっています。その理解のもとに、地域でどのようにプロデュースするかが重要となります。音楽の「寂（サビ・さび）」と同様、アニメの「寂（サビ・さび）」を良く知って、それを地域でいかに表現するかが、腕の見せ所となります。訪れたマニアが「わかっている」と「うならせること」が求められます。その際、「アニメ」だけでなく、「地域」の「寂（サビ・さび）」の理解も重要となります。そこで必要となるのが、地理学の学びです。

　地理学からは、地域振興研究やツーリズム研究で「アニメ」を取り上

げることもありますが、「寂（サビ・さび）」の絶景などの景観を「アニメ」で取り上げることによって、地理学に対する関心を高める効果があるとともに、「アニメ」制作者が地理学を学び、「寂（サビ・さび）」の絶景を作品制作に取り入れることによってヒットにつながるなど、大いに参考になることをアピールしたいところです。また、地理教育から、学校での教材に「寂（サビ・さび）の絶景」が登場する「アニメ」を活用することによって、児童生徒の興味関心につなげることも考えたいところです。このように「アニメ」を、地理学にどう関連付けるか、地理教育にどう活用するかといった、さらなる展開も考えられます。

　ちなみに、一般社団法人アニメツーリズム協会は、2016年（平成28年）9月16日に設立され、「アニメ聖地88」を選定しています。その2022年版で選定された「聖地」145カ所の内、本書の「アニメ地域88カ所」と重複するのは、24カ所で、3分の1以下です。

②アニメ地域の作者・作品と意義

　本書で取り上げたアニメ地域88地域の内、アニメ作者や監督の出身地及び居住地・ゆかりの地が44と約半分を占め、やはり作者の許諾・協力が大きいことがうかがえます。アニメ作者や監督の出身地に施設が設置された23地域を示したのが、表9と分布図9（本書88, 89頁）です。東京都は僅か2地域、関東地方全体でも3地域、中部地方は5地域、中国四国地方は5地域、九州地方は5地域と、関東より西に多く、前述したように、一定以上の経済活動・取り組みが可能な地域、地域振興の必要性、特に商店街振興の切実性、アニメ作者という有名人を輩出した「郷土の誇り」や郷土愛の育成地域といった条件を強く感じる地域となっています。

　本書で取り上げたアニメ地域88地域の内、作品の舞台が18（出身地・居住地との重複あり）と約4分の1で、それを示したのが表10と分布図10（本書90, 91頁）です。作者の出身地と作品の舞台が重複するのは、浜中町とルパン三世、横手市と釣りキチ三平、春日部市とクレヨンしんちゃん、葛飾区とこちら葛飾区亀有公園前派出所、葛飾区とキャプテン翼、静岡市とちびまる子ちゃん、境港市とゲゲゲの鬼太郎、福岡市とサザエさん、以

上8作者・作品です。浜中町とルパン三世からは、北海道の雄大な風景が欧州を連想させ、横手市と釣りキチ三平からは、秋田県の河川の川魚の豊かさが感じられ、作者と作品の結びつきが強いといえます。

　以上の作者・作品以外も含めて、「アニメあるある」をいくつか指摘してみましょう。現在、毎週金土日に放映されているテレビアニメとしては、「ポケモン」「クレヨンしんちゃん」「ドラえもん」「名探偵コナン」「ワンピース」「ちびまる子ちゃん」「サザエさん」等があり、放映期間や視聴者の幅広さから、代表的な国民的アニメといってよいでしょう。「ポケモン」では、登場人物のほとんどが「姓」ではなく「名」で登場、地図は古地図風で、地名は実在地名や名産品をもじるなど、江戸時代といった歴史や地理を連想させます。「クレヨンしんちゃん」では、西日本方面にスーパーのイトーヨーカドーが少ないため、首都圏以外では大手スーパーの一つとは知られてはいないこともあり、名称の元は「伊藤羊華堂」からですが、アニメでの「サトーココノカドー」から、「八日堂？」と思ってしまうことがあり、「サザエさん」から、集団就職・御用聞き・マスオさんを学ぶことがあります。すなわち、東京以外からは「クレヨンしんちゃん」と「サザエさん」から、「東京とはこういうところ」と想像するわけです。勿論、「サザエさん」は東京の「山手」、「クレヨンしんちゃん」は郊外の住宅都市の典型例ともいえます。葛飾区の「こちら葛飾区亀有公園前派出所」「男はつらいよ」「キャプテン翼」では、東京の下町での、「人情」「友情」が描かれているともいえます。福岡時代の「サザエさん」では戦後すぐの福岡の情景、境港時代の「ゲゲゲの鬼太郎」では地方に残る文化的背景が描かれ、それぞれ作者は「東京」に転居しますが、「サザエさん」は世田谷、「ゲゲゲの鬼太郎」は調布と、それぞれ最適な作品の舞台となっています。このように、東京及び近郊を舞台にした作品は、そこに住む人が多く、「日常」の情景として共感を持つ読者が多くいるという効果もあります。勿論、東京及び近郊以外からは、「非日常」の情景ですが。地方を舞台とした作品では、「ちびまる子ちゃん」からは、「地方都市のおぼっちゃま」を、「ドラえもん」からは空き地に土管があることを知ることとなり、そして「サザエさん」「ちびまる子ちゃん」「ドラえもん」の共通点としては、「木造一戸建

て」が中心であること、やはり、アニメ表現には「木造一戸建て」が「似合う」ということでしょうか。「進撃の巨人」からは、日田市の盆地地形、「エヴァンゲリオン」からは、箱根町のカルデラ地形と、作品にとって必要不可欠の地形といえるでしょう。「名探偵コナン」からは、「探偵という職業」が強く意識され、江戸川乱歩の「怪人二十面相」「明智小五郎シリーズの少年探偵団」、アーサー・コナン・ドイルの「シャーロック・ホームズ」やアガサ・クリスティの影響を感じさせられ、名称等に登場しますが、視聴者は「名探偵コナン」から、これらの名作家・名作品を知るきっかけとなったこともあるでしょう。「ワンピース」からは、地球球体説・地理上の発見の時代・大航海時代・イギリス海軍・大英帝国・英語の世界的普及を連想することもあるでしょう。「鉄腕アトム」や「ドラえもん」からは、未来の世界を考えるきっかけとなっています。中には、ドラえもんの誕生年から、その時を見てみたいと思うこともあるでしょう。スタジオジブリ作品からも、世界や日本の地理と歴史を背景にした作品作りがあり、新海誠監督作品も天と地、地形や実際の絶妙な風景が再現されています。キャラクター・ストーリー・映像だけでなく、「名作」には、実際に意図したかは別として、しっかりとした「地理」と「歴史」がベースにあることを認識したいところです。いわゆる、「地理的」「歴史的」意義が十分にあるともいえます。

③アニメ地域のモニュメント像と材質

　本書で取り上げたアニメ地域88地域の内、アニメキャラクター等のモニュメント像が設置されているのは63地域、実物大鉄道車両が2地域です。複数の作品・作者の展示・モニュメントがある地域（1カ所に複数ある例を含む）としては、「ワンピース」が9地域（モニュメントは10）、「アンパンマン」が6地域、「となりのトトロ」「銀河鉄道999」「ドラえもん」が4地域、「ウルトラマン」「鉄腕アトム」「ゲゲゲの鬼太郎」「名探偵コナン」が3地域、「サザエさん」「ガンダム」「ドカベン」「クレヨンしんちゃん」「ムーミン」「スヌーピー」と石ノ森章太郎氏関係が2地域です。
　キャラクター像の設置時期では、1979年（昭和54年）の兵庫県神戸市中

央区相生町の「ファミリア」本社前、御影石製のスヌーピー像が、高さ約1.2 mで、初のアニメキャラクター像です。1983年（昭和58年）の埼玉県飯能市の能仁寺ニコニコ池ほとりの鉄腕アトム像設置が最初の銅像設置例で、日本アニメの初のキャラクター像です。1992年（平成4年）の富山県氷見市の「忍者ハットリくん」像の設置は、ＦＲＰ製のモニュメント設置例としては、先駆的です。

　モニュメント像の数を見ると、「ゲゲゲの鬼太郎」キャラクター像は、4カ所で計204と200を超えます。但し、1カ所で177と多いことがこの数となる理由です。「アンパンマン」キャラクター像は、6カ所で計126と100を超えます。但し、これには加えませんでしたが、ＪＲ四国の駅のベンチの設置や、アンパンマンの遊具のアンパンマン像設置も多く、それらも含めれば、さらに「アンパンマン」のみに限定すれば、最も多いキャラクター像といえます。「クレヨンしんちゃん」キャラクター像は、2カ所で計64、淡路島の「ニジゲンノモリ」に54と、本家の春日部の10を大きく上回ります。「名探偵コナン」キャラクター像は3カ所で39、「ドラえもん」キャラクター像は4カ所で計39、「ウルトラマン」キャラクター像は3カ所で計31です。「サザエさん」キャラクター像は2カ所で計9ですが、一つのモニュメントに複数の人物像が配置されているという、「サザエさん」らしいモニュメントで、人数でいえば25人となります。「銀河鉄道999」キャラクター像は5カ所で計21、「サイボーグ009」キャラクター像は2カ所で計20、「スヌーピー」は2カ所で計18、「こちら葛飾区亀有公園前派出所」キャラクター像は1カ所で計16（野外設置数、他に屋内設置5）、「ひつじのショーン」キャラクター像は1カ所で計16、「キャプテン翼」は1カ所で計10、「ドカベン」キャラクター像は2カ所で計9です。作者のキャラクター像で換算すると、藤子不二雄Ⓐ氏は、氷見市まんがロードの1カ所で計63となります。

　モニュメント像の材質では、全775中、銅像が340、ＦＲＰ像（Fiber Reinforced Plastics：繊維強化プラスチック）が310、石像が109、アルミ像が14、鋼板像が1、ウレタン像が1です。モニュメントの材質とアニメキャラクターの関係では、銅像が340ですが、内「ゲゲゲの鬼太郎」キャ

ラクター像が190含まれ、他が149となり、現在では、実質、ＦＲＰ像が多いといえます。石像が109ですが、内「アンパンマン」キャラクター像が106で、他は「スヌーピー」「ゲゲゲの鬼太郎」「まことちゃん」と３で少なく、アルミ像が14ですが、すべて「アンパンマン」キャラクター像です。「アンパンマン」キャラクター像は、石像が圧倒的に多いのが特色で、耐久性があり、フォルムが全体に丸く、石像に適すること、高知発祥で、石材加工技術の高さも背景にあり、中には、ＦＲＰ製で石像着色像もあります。勿論、「アンパンマン」にはＦＲＰ像や銅像もあり、「バンダイキャラクターストリート・横浜アンパンマンこどもミュージアム」などはＦＲＰ像、フレーベル館は銅像・石像・ＦＲＰ像の３種類があります。「サザエさん」「ドカベン」「宇宙戦艦ヤマト」「ワンピース」「進撃の巨人」キャラクター像はすべて銅製、「こちら葛飾区亀有公園前派出所」キャラクター像の野外設置16はすべて銅像ですが、最新ものはカラー着色されており、「火の鳥」も銅像でカラー着色されています。まことちゃん像は石像ですが、カラー着色されています。このように、カラフルなＦＲＰ像以外に、銅像・石像のカラー着色もあります。銅像のコボちゃんは地元の人により、様々な衣装が着せられています。「クレヨンしんちゃん」「ウルトラマン」「サイボーグ009」キャラクター像や「石巻マンガロード」「氷見市まんがロード」はすべてＦＲＰ製となっています。「ゲゲゲの鬼太郎」キャラクター像は、境港・隠岐諸島が１体の石像を除いてすべて銅像ですが、調布市はすべてＦＲＰ製で、同じキャラクターでも対照的となっています。「ドラえもん」キャラクター像も、高岡駅前ウイングウイング高岡のドラえもんの散歩道像や渋谷区ミヤシタパークのドラえもんみらいの扉像などは銅製ですが、新高岡駅近くのおとぎの森公園やバンダイキャラクターストリートなどはＦＲＰ製です。興味深いのは、「名探偵コナン」キャラクター像で、1999～2018年は銅製、2015年からはＦＲＰ製が登場、重複期間がありますが、2019年からはすべてＦＲＰ製となりました。特にほとんどのＦＲＰ製は「実物大」で、2021年（令和３年）４月23日の背景まで再現された「緋色の領域」赤井秀一像、2021年（令和３年）12月18日のオートバイまで再現された「道に迷った平次と和葉」（服部平次・遠山和葉）像が特に秀逸

です。やはり、ＦＲＰ像が多いのは、質感に優れ、アニメキャラクターの再現性に優れていること、銅像よりも比較的安価であることがあげられますが、野外設置の場合は、強度や変色の問題もあり、銅像や石像に比べて定期的なメンテナンスの課題もあります。ただ、キャラクターによっては、ＦＲＰ像よりもアルミ像や鋼板像の方が適している場合があり、「アンパンマン」キャラクター像の「ジャイアントだだんだん」像（アルミ鋳造）や、再現性が極めて高い「鉄人28号」像（鋼板製）が典型例です。モニュメント像は、人物像やキャラクター像がほとんどですが、珍しいものとしては、トキワ荘モニュメントの銅製があります。

　モニュメント像の材質と大きさでは、「ららぽーと福岡」のガンダム像がＦＲＰ製（鉄骨造）で高さ24.8ｍ、重量80ｔ、神戸市長田区「若松公園」の鉄人28号像が鋼板製で高さ15.3ｍ、重量50ｔ、高さ・重量共にアニメモニュメントでは最大級です。境港市「大漁市場なかうら」のゲゲゲの鬼太郎像が石像で、高さ7.7ｍ、重量90ｔ、重量では最大となり、「水木しげるロード」はすべて銅像で、石像は珍しい。「アンパンマン」のジャイアントだだんだん像がアルミ鋳造製で高さ7ｍ、アンパンマンパンチ像がアルミ鋳造製で高さ3ｍです。ＦＲＰ製では、「福島空港」のウルトラマンマックス像が高さ約4.5ｍ、横浜「みなとみらい」に一時設置されたウルトラマン像が高さ4.5ｍ、横浜「みなとみらい」のアンパンマン像が高さ約4ｍ、スヌーピーミュージアムのスヌーピー像は横たわってはいますが長さ約8ｍ、銅製では宝塚市立手塚治虫記念館の「火の鳥」像が銅製で高さ4.4ｍ、銅製はやはり大きさの制約があるといえます。反対に、比較的小型であるのは、水木しげるロードの「ゲゲゲの鬼太郎」キャラクター像や、今治のタオル美術館ＩＣＨＩＨＩＲＯの玄関のムーミン像を除く園内の像で、いずれも銅像で数十センチのサイズです。

　なお、閉館した青梅赤塚不二夫会館と青梅駅の「バカボンのパパ」像、リニューアルにより、以前は展示されていたが現在は展示されていない像、および期間限定像については、以上に含めていません。

④アニメ地域のミュージアムとモニュメント通り

アニメ地域の典型事例は、ミュージアムの開設、モニュメント通りの整備で、特にミュージアムとモニュメント通りの一体的な設置地域です。

1966〜1987年の草創期の事例では、1985年（昭和60年）に東京都世田谷区桜新町の長谷川美術館（現・長谷川町子美術館）開館、1987年（昭和62年）の東急桜新町駅から長谷川美術館まで、「サザエさん通り」と命名、マンガ・アニメ名が通り名となった最初で、アニメを活用した商店街振興の元祖、最初の事例です。

1988〜1999年の拡大期の事例では、1992年（平成4年）に鳥取県境港市商店街にてゲゲゲの鬼太郎の6体のブロンズ像設置、複数のブロンズ像設置は最初、地元作家・作品の活用による地方都市商店街振興の先駆的事例で、1993年（平成5年）に17体のブロンズ像が追加されて、計23体が200ｍの距離に設置、作家名の通り名「水木しげるロード」が開設されました。1992年（平成4年）に富山県氷見市比美商店街「ハットリくんロード」にて「忍者ハットリくんからくり時計」「忍者ハットリくん」像が設置されました。1996年（平成8年）に東京都調布市の天神通り商店街に、「ゲゲゲの鬼太郎」像7体が設置、「鬼太郎通り」と称されるようになりました。1999年（平成11年）に福井県敦賀市にて銀河鉄道999と宇宙戦艦ヤマトの像が並ぶ「シンボルロード」が開設されました。1999年（平成11年）に鳥取県大栄町（現・北栄町）のコナン大橋の橋柱に4体のコナン像、コナン像の街灯が設置されました。以上、5事例です。

2000〜2008年の充実期の事例では、2001年（平成12年）に宮城県石巻市にて「石ノ森萬画館」開館、その後、石巻駅から萬画館まで、「石巻市マンガロード」が整備されました。2002年（平成14年）に新潟県新潟市古町通5番町商店街にて「ドカベン像」7体が「ドカベンロード」に設置されました。2003年（平成15年）に鳥取県境港市にて「水木しげる記念館」が開館しました。2003年（平成15年）に東京都青梅市にて「青梅赤塚不二夫会館」が開館、商店街を「青梅赤塚不二夫シネマチックロード」と命名しました。2004年（平成16年）に東京都台東区駒形のバンダイ本社前北側通りにドラえもん・アンパンマン・ウルトラマン・仮面ライダー・孫梧

空の各キャラクター像を設置、「バンダイキャラクターストリート」が開設されました。2005年（平成17年）に東京都世田谷区祖師谷の小田急線祖師谷大蔵駅前の3商店街が「ウルトラマン商店街」と命名、2006年（平成18年）に小田急線祖師谷大蔵駅前に、ウルトラマン像が設置されました。2007年（平成19年）に鳥取県北栄町にて「青山剛昌ふるさと館」が開館、2008年（平成20年）に由良駅から「青山剛昌ふるさと館」に至る「コナン通り」に、石製モニュメントが30基整備されました。以上、7事例（過去の事例との重複地域あり）です。

2009～2016年の再拡大期の事例では、2009年（平成21年）に兵庫県神戸市長田区の新長田駅そばの若松公園内にて「鉄人ストリート」と鉄人28号像が設置されました。2009年（平成21年）に高知県南国市にて「やなせたかしロード」が開設され、アンパンマンと仲間たちの石像が設置されました。2011年（平成23年）に北海道浜中町にて「ルパン三世通り」が誕生、ルパン三世パネルが設置されました。2012年（平成24年）に福岡県福岡市早良区の地下鉄西新駅から百道浜への市道に、「サザエさん通り」の名称が付けられました。2013年（平成25年）に兵庫県神戸市のJR線神戸駅からハーバーランドへアンパンマン石像10体の石像を設置、「神戸ガス燈通り」が「アンパンマンストリート」と称されるようになりました。2015年（平成27年）に福島県須賀川市「ウルトラマン通り」に、ウルトラマン・ウルトラセブン・ゴモラ・エレキング像が設置されました。2015年（平成27年）に富山県氷見市にて「藤子不二雄Ⓐアートコレクション」開設、「氷見市まんがロード」と呼称することになりました。2016年（平成28年）に宮城県仙台市宮城野区にて「アンパンマンストリート」設置、アンパンマン石像を4体設置したものです。以上、8事例（過去の事例との重複地域あり）です。

2017～2023年の再充実期の事例では、2019年（平成31年）に福島県須賀川市に「円谷英二ミュージアム」が開館しました。2020年（令和2年）に東京都世田谷区桜新町に「長谷川町子記念館」が開館しました。2023年（令和5年）の富山県氷見市本町南交差点にて藤子不二雄Ⓐ氏のアニメキャラクター「黒ベエ」のモニュメントが設置、「まんがロード」63体の

設置・整備が完了しました。以上、3事例（過去の事例との重複地域あり）です。

　以上から、「通り（ロード）と記念館」の組み合わせは、1987年「サザエさん通り」と「長谷川町子記念館」、2001年「石巻市マンガロード」と「石ノ森萬画館」、2003年「水木しげるロード」と「水木しげる記念館」、2007年「コナン通り」と「青山剛昌ふるさと館」、2013年「神戸アンパンマンこどもミュージアム」と「神戸ガス燈通り（アンパンマンストリート）」、2015年「藤子不二雄Ⓐアートコレクション」と「氷見市藤子不二雄Ⓐまんがワールド」、2016年「仙台アンパンマンこどもミュージアム」と「アンパンマンストリート」、2019年「ウルトラマン通り」と「円谷英二ミュージアム」との8事例で、東北地方3例、関東地方1例、中部地方1例、近畿地方1例、中国地方2例となります。

⑤アニメ地域のマンガコレクション収蔵図書館

　マンガコレクションを大規模に収蔵した図書館が、東京都・京都府・大阪府・福岡県に設置されています。

「現代マンガ図書館」は、貸本屋「山吹文庫」を経営していた内記稔夫氏が1978年（昭和53年）に開設、昭和30年代の貸本専用貸本マンガ以外、私財を投じてマンガの単行本・雑誌・入門書・評論集・研究書などを蒐集、日本初のマンガ図書館と称され、2009年（平成21年）に蔵書が明治大学に寄贈、引き続き運用後、2019年（令和元年）に休館となりました。「米沢嘉博記念図書館」は、2009年（平成21年）開館、漫画蒐集家で著名な米沢嘉博氏の膨大な蔵書が母校の明治大学に寄贈され、明治大学が開設しました。「明治大学米沢嘉博記念図書館・現代マンガ図書館」は、2021年（令和3年）に米沢嘉博記念図書館へ現代マンガ図書館が移転・再開、明治大学米沢嘉博記念図書館・現代マンガ図書館として両者が共通運用、日本最大規模のまんが図書館で、米沢嘉博氏の蔵書約14万冊、内記稔夫氏の蔵書約27万冊、ほとんどは閉架式です。

「京都国際マンガミュージアム」は、2006年（平成18年）に開館、館内は、ギャラリー・研究・資料収集・地域利便施設等で構成、漫画の歴史の展示があり、江戸期の浮世絵から明治・大正・昭和の漫画雑誌、戦後期の貸本

漫画、現在に至る単行本・雑誌を約 30 万点収集、「マンガの壁」と称する巨大な棚には 5 万点が並べられ、壮観な光景です。開架式の漫画図書館としては、最大級です。

「大阪府立国際児童文学館」は、1984 年（昭和 59 年）に開館、特に、漫画単行本・漫画雑誌（ただし、少年漫画・少女漫画）を多数所蔵、開館以降、出版社から資料が無償で寄贈され、一般からの寄贈も受け付け、「可能な限り刊行時の状態のまま保管」を基本とし、補強・バーコード・製本等は行わず、付録や挟み込みも保存していました。2009 年（平成 21 年）に閉館、2010 年（平成 22 年）に廃止、所蔵資料は、大阪府立中央図書館に移管されました。大阪府立中央図書館国際児童文学館は、2010 年（平成 22 年）に大阪府立中央図書館内に開館、大阪府立国際児童文学館から引き継いだ資料を所蔵、公立単独の図書館で、特に膨大な漫画資料の収集では著名な存在です。漫画単行本が約 8 万 4 千点、漫画雑誌が約 4 万 6 千点、三大週刊少年漫画雑誌の「少年サンデー」「少年マガジン」「少年ジャンプ」などは、ほぼ創刊号から揃い、貴重な漫画単行本も多い。

「北九州市漫画ミュージアム」は、2012 年（平成 24 年）に、「あるあるCity」に開館、「あるある City」は、1993 年（平成 5 年）落成の建物に北九州市漫画ミュージアムが入居することとなって施設名を命名、ビル全体について漫画をコンセプトとすることとなり、ポップカルチャー専門店も入居、松本零士氏のコーナーや約 7 万冊の漫画本があります。

　地方におけるマンガコレクションを収蔵した図書館としては、岡山県高梁市（旧・川上町）と熊本県合志市の 2 例があり、マンガによる地域活性化・アニメ・漫画を生かしたまちづくりに基づいて開設され、興味深い事例となっています。

「吉備川上ふれあい漫画美術館」は、1989 年（平成元年）に「川上町立川上町郷土資料館」（現・高梁市川上郷土資料館）に「ふれあい漫画館」を開設、岡山県川上町が「マンガによる地域活性化推進要綱」を制定したことにより設置、1994 年（平成 6 年）に「吉備川上ふれあい漫画美術館」が開館、特定の作者や作品とかかわりがなく、地方町の地域活性化を目的とした先駆例です。富永一郎氏の原画・作品・愛蔵品以外、全国から寄贈された漫

画本を含めて、10 万冊以上が所蔵されています。

「合志マンガミュージアム」は、2017 年（平成 29 年）に開館、合志市の「ア
ニメ・漫画を生かしたまちづくり」政策推進で設置、約 6 万冊を所蔵、約
2 万冊を開架、地域密着型施設とされます。館長の橋本博氏は、1985 年（昭
和 60 年）から熊本市内で漫画専門の古書店「キララ文庫」を経営、その収
集資料を、旧・西合志郷土資料館跡を改修、マンガミュージアムで活用す
ることとなったものです。

⑥アニメ作者の生年、没年、作品の生年、施設設置時の作者年齢

本書で取り上げた 88 カ所に関するアニメ作者・原作者・脚本・総監督・
監督・監修者・蒐収者は、同一人物で複数の施設があるため、53 人です。内、
亡くなられた方は、29 人で、約半数です。

生年で見ると、1870 年代が 1 人（北澤楽天）、1890 年代が 1 人（麻生豊）、
1900 年代が 2 人（円谷英二、横山隆一）、1910 年代が 4 人（ウィルバート・オー
ドリー、那須良輔、トーベ・ヤンソン、やなせたかし）、1920 年代が 5 人（長谷
川町子、水木しげる、チャールズ・M・シュルツ、富永一郎、手塚治虫）、1930
年代が 16 人（山田洋次、藤子・F・不二雄、藤子不二雄Ⓐ、横山光輝、赤塚不
二夫、園山俊二、高畑勲、梶原一騎、楳図かずお、内木稔夫、モンキー・パンチ、
松本零士、石ノ森章太郎、ちばてつや、矢口高雄、水島新司）、1940 年代が 6 人
（宮崎駿、富野由悠季、永井豪、武論尊、植田まさし、橋本博）、1950 年代が 7
人（いがらしゆみこ、秋本治、米沢嘉博、高橋留美子、ゆうきまさみ、ニック・パー
ク、臼井儀人）、1960 年代が 7 人（高橋陽一、庵野秀明、原哲夫、青山剛昌、さ
くらももこ、水島努、吉田玲子）、1970 年代が 2 人（尾田栄一郎、美水かがみ）、
1980 年代が 1 人（諫山創）、生年不明が 1 人（かきふらい）です。1930 年代
が 16 人と多く、いわゆる「トキワ荘世代」で、漫画雑誌（コミック誌）興
隆期になります。その後、1940 ～ 60 年代まで 6 ～ 7 人と安定しますが、
1970 ～ 80 年代は 1 ～ 2 人となり、これからというところでしょうか。

没年で見ると、1950 年代が 1 人（北澤楽天）、1960 年代が 1 人（麻生豊）、
1970 年代が 1 人（円谷英二）、1980 年代が 3 人（梶原一騎、手塚治虫、那須良輔）、
1990 年代が 5 人（長谷川町子、園山俊二、藤子・F・不二雄、ウィルバート・オー

ドリー、石ノ森章太郎）、2000年代が7人（チャールズ・M・シュルツ、トーベ・ヤンソン、横山隆一、横山光輝、米沢嘉博、赤塚不二夫、臼井儀人）、2010年代が6人（内記稔夫、やなせたかし、水木しげる、さくらももこ、高畑勲、モンキー・パンチ）、2020年代が5人（矢口高雄、富永一郎、水島新司、藤子不二雄Ⓐ、松本零士）です。亡くなられた年齢の平均は、74歳、男性が多く、時代を考慮すればおおむね平均的ということでしょうか。長寿だったのが、富永一郎氏の96歳、やなせたかし氏の94歳、水木しげる氏の93歳、早逝されたのが梶原一騎氏の50歳、臼井儀人氏の51歳、さくらももこ氏の53歳です。

　代表的ヒット作創出年を、作者等の年齢で見ると、さくらももこ氏の「ちびまる子ちゃん」が21歳で「りぼん」に連載開始、高橋陽一氏の「キャプテン翼」が21歳で「週刊少年ジャンプ」に連載開始、高橋留美子氏の「うる星やつら」が21歳で「週刊少年サンデー」に連載開始、尾田栄一郎氏の「ワンピース」が22歳で「週刊少年ジャンプ」に連載開始、諫山創氏の「進撃の巨人」が23歳で「別冊少年マガジン」に連載開始、以上がトップ5で、全般的には20代後半から30代に代表的ヒット作を生み出しているのがほとんどです。ただし、やなせたかし氏の「あんぱんまん」が「キンダーおはなしえほん」の一冊に登場するのは54歳です。

　アニメや作者等のモニュメントや施設設置年を、作者等の年齢で見ると、諫山創氏の「進撃の巨人のキャラクター像」設置が34歳、さくらももこ氏の「ちびまるこちゃんランド」開設が34歳、青山剛昌氏の「コナン大橋のキャラクター像」設置が36歳、尾田恵一郎氏の「ワンピースルフィ像」設置が43歳、美水かがみ氏の「らき☆すた　柊つかさ像」設置が45歳、以上がトップ5で、全般的には50〜70代が比較的多い。ちなみに、円谷英二氏の「ウルトラマン商店街」命名が生誕105年、「福島空港のウルトラマン」設置が生誕107年、「ウルトラマンモニュメント」設置が生誕112年、麻生豊氏の「のんきなとうさん像」設置が生誕105年、ウィルバート・オードリー氏の「きかんしゃトーマス号」運転開始が生誕103年、チャールズ・M・シュルツ氏の「スヌーピーミュージアム」開設が生誕94年、トーベ・ヤンソン氏の「あけぼの森」開設が83歳、「タ

オル美術館ムーミン像」設置が生誕 97 年、横山隆一氏の「横山隆一記念まんが館」が 93 歳、やなせたかし氏の「アンパンマンミュージアム」開設が 77 歳、「やなせたかしロード」開設が 90 歳、水木しげる氏の「妖怪ブロンズ像」設置が 70 歳、「鬼太郎通り」命名が 74 歳、「隠岐の水木先生像」設置が 86 歳、長谷川町子氏の「長谷川美術館」開設が 65 歳、「サザエさん通り」命名が 87 歳、これらが息の長さを感じるモニュメントや施設の設置です。

　以上から、特に注目すべきは、まず、さくらももこ氏、尾田栄一郎氏、諫山創氏の 3 氏で、さくらももこ氏はデビューが早く、施設設置も早く、早逝された。まさしく「時代を駆け抜けた」作家さんで、惜しまれるところです。尾田栄一郎氏と諫山創氏も、デビューが早く、モニュメント設置も早いと指摘できます。ついで、やなせたかし氏と水木しげる氏で、作者が長寿、モニュメント・施設も息が長いといっていいでしょう。

⑦アニメ地域のアニメによる鉄道・空港・航路の活性化

　アニメによる鉄道の活性化では、「アニメ列車」の運行や、駅構内及び駅の出入り口等でのアニメモニュメントの設置があります。88 地域中 34 地域で行われており、約 4 割ということとなります。

　北海道地方では、ＪＲ北海道の根室本線茶内駅にルパンと銭形警部のパネル、浜中駅にルパン・次元大介・石川五ェ門（五右ェ門）・峰不二子のパネル、姉別駅にルパンと次元大介のポスター、「ルパン 3 世ラッピングトレイン」の運行、ＪＲ北海道の北海道新幹線新函館北斗駅の「北斗の拳ケンシロウ像」設置があり、北海道地方の 2 地域ともに行われています。

　東北地方では、ＪＲ東日本の仙石線石巻駅の「サイボーグ 009 や仮面ライダー像」設置、仙石線での「マンガッタンライナー」運行開始（2003年）、石巻線での「マンガッタンタンライナー」運行開始（2013 年、現在終了）、仙台市営地下鉄東西線宮城野通駅構内のアンパンマン像（ＦＲＰ製）とアンパンマン・ばいきんまん・ドキンちゃんのキャラクタータイル設置、ＪＲ東日本の東北本線須賀川駅前にウルトラマン像（ＦＲＰ像）設置があり、東北地方 6 地域中 3 地域で行われています。

関東地方では、ＪＲ東日本の常磐線亀有駅北口に両津勘吉像、駅南口にようこそ亀有へ両さん像、東京メトロ東西線神楽坂駅出口の商店街案内板にコボちゃん一家、東京メトロ大江戸線落合南長崎駅構内に水野英子「星のたてごと」リンダ＆ユリウスモニュメント、西武鉄道池袋線東長崎駅南北自由通路に手塚治虫「ジャングル大帝」レオ＆ライヤモニュメント、西武鉄道池袋線椎名町駅に藤子不二雄Ⓐ「怪物くん」・石ノ森章太郎「サイボーグ009」・赤塚不二夫「天才バカボン」モニュメント、西武鉄道の池袋線大泉学園駅の「銀河鉄道999の車掌さん像」、西武鉄道新宿線上井草駅前に機動戦士ガンダム像、東武鉄道伊勢崎線春日部駅駅名のクレヨンしんちゃんオリジナル看板、東急電鉄田園都市線桜新町駅西口に「サザエさん・タラちゃん・マスオさん」像、「波平さん・カツオくん・ワカメちゃん・フネさん」像、北口に「カツオくん・ワカメちゃん」像、南口に「サザエさん・タラちゃん」像、東急電鉄の田園都市線南町田グランベリーパーク駅の「スヌーピー像」、小田急電鉄の小田原線登戸駅の「ドラえもん」装飾、祖師ヶ谷大蔵駅の「ウルトラマン」装飾、箱根登山鉄道箱根湯本駅に箱根湯本えゔぁ屋と綾波レイ等身大フィギュア設置、京成電鉄の押上線四ツ木駅の「キャプテン翼」装飾、鹿島臨海鉄道大洗鹿島線での「ガールズ＆パンツァー列車」の運行があります。かつて東武鉄道伊勢崎線鷲宮駅では「らき☆すた」神輿が設置され、ＪＲ東日本の青梅線青梅駅に「バカボンのパパ」像・キャラクターパネルが設置されていました。現在終了も含めると関東地方30地域中15地域となり、半数です。特に、東京都豊島区では、トキワ荘最寄り駅の3駅共にモニュメントが設置されています。

　中部地方では、大井川鐵道でのきかんしゃトーマス号・きかんしゃジェームス号・バスのバーティー・2階建てバスのバルジー・トピー号の運行、ＪＲ東海の東海道線清水駅の「ちびまる子ちゃん」装飾、あいの風とやま鉄道高岡駅構内のドラえもんポスト設置、氷見線での「忍者ハットリくん列車」、愛知高速交通リニモ東部丘陵線での「ジブリタッピング列車」運行と駅構内でのジブリパーク装飾、88カ所外ですが伊豆箱根鉄道駿豆線での「ラブライブ！ サンシャイン‼列車」と伊豆長岡駅での外壁装飾があります。中部地方9地域中5地域と半分以上で行われています。

　近畿地方では、伊賀鉄道上野市駅前の銀河鉄道999像（メーテルと星野哲郎）像、ＪＲ西日本の和歌山線橋本駅前のまことちゃん石像設置があります。近畿地方12地域中2地域で行われています。

　中国・四国地方では、岡山電気軌道のおかでんチャギントンリアル電車（ウィルソン・ブルースター号）、ＪＲ西日本の境港線での「鬼太郎列車」、ＪＲ西日本の山陰線での「名探偵コナンラッピング列車」の運行、ＪＲ西日本の山陰線由良駅の「コナン駅」装飾があり、ＪＲ四国では「アンパンマン列車」運行と駅構内にアンパンマンのベンチ設置があります。中国・四国地方12地域中4地域で行われています。特に、岡山駅の「アンパンマン列車」乗入と駅前のチャギントン電車乗入、米子駅の「鬼太郎列車」と「名探偵コナンラッピング列車」、これらを見ることができます。

　九州地方では、ＪＲ九州の鹿児島本線小倉駅北口の宇宙海賊キャプテンハーロック、銀河鉄道999のメーテルと星野鉄郎の像、福岡市営地下鉄1号線（空港線）西新駅通路のサザエさん通り案内板、ＪＲ九州の久大本線日田駅構内の進撃の巨人パネル設置があります。九州地方17地域中3地域で行われています。

　アニメによる空港の活性化では、福島県の福島空港のウルトラマン像設置、鳥取県の鳥取空港の鳥取コナン空港の愛称使用開始と名探偵コナンキャラクター像の設置、米子空港も、米子鬼太郎空港の愛称を使用開始、ゲゲゲの鬼太郎像が設置されました。

　アニメによる航路の活性化では、2008年（平成20年）の「水木しげるロード　隠岐」開設に合わせて、隠岐汽船の「フェリーしらしま」にゲゲゲ鬼太郎のイラストが描かれています。88カ所外ですが、2022年（令和4年）に公開の新海監督作品「すずめの戸締り」に登場した愛媛県八幡浜港に、2023年（令和5年）に「八幡浜・大洲の戸締り」として、アニメに登場する「後ろ戸」が設置されました。

　88カ所中、鉄道・空港・航路を合わせると、38地域と4割以上となり、アニメと交通の関係の深さがわかるとともに、アニメのアピール、あるいはアニメ聖地巡礼客の誘致への貢献と、アニメと交通が大きく関わっていることが示されています。

⑧本書で取り上げたアニメ地域８８地域以外の聖地地域例

　恒久的なモニュメントや施設の設置がない等の理由で、本書の88カ所に含めなかったものの、注目すべきアニメ作品と地域は、勿論、多くあります。

　まず、「ラブライブ！ サンシャイン!!」の沼津は、商店街での装飾や、聖地紹介、伊豆箱根鉄道の駅や電車・バスのラッピング等、積極的ではありますが、聖地での恒久的なキャラクターモニュメント設置や本格的な施設開設が求められるところです。ハルヒの憂鬱の西宮も、聖地紹介はありますが、具体的なモニュメント・施設設置はありません。スクールウォーズの上田、たまゆらの竹原、秩父の三部作も、聖地紹介やパネル設置はあり、ゾンビランドサガ焼くならマグカップは、アニメを活用した佐賀の紹介で、佐賀県各所が登場します。

　ついで、地域をリアルに描く、勿論、映像だけでなく、内面の心理も真に迫るとして、公開のたびごとに話題となるのが、新海誠監督の作品で、特に、「君の名は。」で飛騨古川駅が、「すずめの戸締り」で九州と四国間のフェリーが有名となりました。同様に、スタジオジブリの作品で、そのモデルとなったと想像されている渋温泉・四万温泉の旅館建築も同様です。さらに、国内はもとより、海外からの訪問客が多いのが、「スラムダンク」で有名となった江ノ電の踏切です。

　以上のように、「聖地」とされて、来訪者は多いのですが、「地域」との「恒久的」な関係性の維持には、何らかのモニュメント・施設の設置が求められるところでしょう。

（３）アニメと地域、さらなる次の展開へ

　「はじめに」で、「アニメ」と「地域」は、第一段階の「作者・作品の誕生」期、第二段階の「聖地訪問」期、第三段階の「地域交流」期、第四段階の「象徴設置」期、第五段階の「象徴訪問」期、第六段階の「交流深化」期、第七段階の「象徴深化」期、第八段階の「定住実現」期と、段階的に、時には数段階一気に、「アニメ」と「地域」の相互作用が大きく成立・展

開しています、と記しました。そして、「アニメ地域学総論」として、「ア
ニメ地域の展開」「アニメ地域の分析と意義」を論述しました。そこから、
「アニメと地域」の「さらなる次の展開へ」として、未来に予想されるのは、
継続発展する「聖地」と、停滞する「聖地」の二極化、「聖地」の多様化（モ
ニュメントや施設等）、基軸化（モニュメント中心、通り中心、施設中心等）、集
束化（適度に多様で適度にモニュメント・通り・施設が揃う）が進行すると予
測されます。実は、アニメとテーマパークを比較したように、テーマパー
クが歩んだ「未知」とされた「路」です。アニメ地域の関係者（自治体・
商店街・観光協会・交通企業・アニメ関係企業等）は、他のアニメ地域について、
おそらくは数例程度を意識して充実に努めておられ、実際に他の地域の状
況が大きく影響したと思われる地域事例があります。しかしながら、本書
で示したように、全国を包括的に把握されているか、ということはいかが
なものでしょうか。ある意味、「聖地間競争」ともいうべき状況が出現し、
まずは「二極化」が現れることとなり、「テーマパーク同様に、リピーター
が求められる」こととなるでしょう。そこで、新たな取り組みとして、「多
様」「基軸」を経て、「集束化」の「聖地中の聖地」と称される「地域」が
現れるでしょう。このような未来に向けて、本書がその参考になれば、幸
いです。以下、本書で選定した、88 カ所の詳細を提示します。

写真1：高山線飛騨古川駅ホーム停車の特急ワイドビューひだ

写真2：高山線飛騨古川駅改札口、飛騨牛パネル

写真3：長野県　渋温泉金具屋建物

写真4：長野県　渋温泉金具屋解説表示

表1：アニメ地域　1966年（昭和41年）〜1999年（平成11年）開館・開設・設置等

地図中の位置	都県市区町	設置施設等
1	秋田県横手市	横手市増田まんが美術館(1995年)
2	埼玉県さいたま市	さいたま市立漫画会館(1966年)
3	埼玉県飯能市	鉄腕アトム像(1983年)
4	東京都葛飾区	葛飾柴又寅さん記念館(1997年)
5	東京都文京区	アンパンマン像(1993年・本社移転)
6	東京都千代田区	現代マンガ図書館(1978年)
7	東京都世田谷区	長谷川町子美術館(1985年)
8	東京都調布市	鬼太郎通り(1996年)
9	神奈川県大和市	ドカベン像(1997年)
10	静岡県静岡市	ちびまる子ちゃんランド(1999年)
11	富山県氷見市	ハットリくんロード(1992年・からくり時計設置)
12	富山県高岡市	ドラえもんの散歩道像(1994年)
13	福井県敦賀市	シンボルロード(1999年)
14	三重県伊賀市	銀河鉄道999像(1997年・街びらき)
15	大阪府東大阪市	大阪府立中央図書館国際児童文学館(1984年)
16	兵庫県宝塚市	宝塚市立手塚治虫記念館(1994年)
17	兵庫県神戸市	スヌーピー像(1979年)
18	鳥取県北栄町	コナン通り(1999年)
19	鳥取県境港市	水木しげるロード(1993年・開設)
20	島根県松江市	平太とガタピシ像(1998年)
21	岡山県高梁市	吉備川上ふれあい漫画美術館(1994年・開館)
22	高知県香美市	香美市立やなせたかし記念館(1996年)
23	大分県佐伯市	となりのトトロ・ネコバスパネル(1997年)
24	熊本県湯前町	湯前まんが美術館(1992年)

注：市区町名および美術館・記念館の名称は、現在の位置・名称で表記した。
　　設置施設等は、その府市区町で、最初に設置された施設等と年を示した。

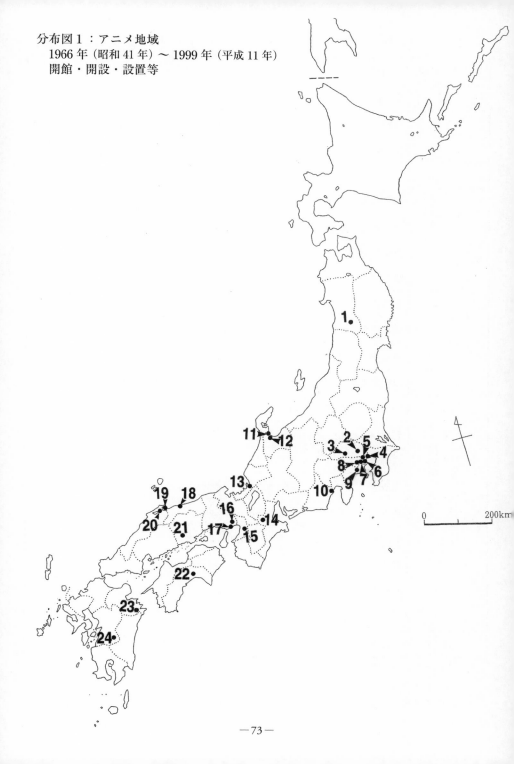

分布図1：アニメ地域
1966年（昭和41年）〜1999年（平成11年）
開館・開設・設置等

表2：アニメ地域　2000年（平成12年）～ 2008年（平成20年）開館・開設・設置等

地図中の位置	都県市区町	設置施設等
1	宮城県登米市	石ノ森章太郎ふるさと記念館(2000年)
2	宮城県石巻市	石巻市マンガロード・石ノ森萬画館(2001年)
3	福島県玉川村	ウルトラマンキャラクター(2008年)
4	埼玉県久喜市	大酉(おおとり)茶屋わしのみや(2004年)
5	埼玉県春日部市	クレヨンしんちゃんイメージキャラクター(2003年)
6	東京都葛飾区	こちら葛飾区亀有公園前派出所・両津勘吉像(2006年)
7	東京都台東区	バンダイキャラクターストリート(2004年)
8	東京都練馬区	東映アニメーションギャラリー(2003年)
9	東京都杉並区	杉並アニメーションミュージアム(2003年)
10	東京都世田谷区	ウルトラマン商店街(2005年) ウルトラマン像(2007年)
11	東京都三鷹市	三鷹市立アニメーション美術館(2001年)
12	東京都青梅市	青梅赤塚不二夫会館・シネマチックロード(2003年)
13	神奈川県横浜市	横浜アンパンマンこどもミュージアム(2007年)
14	新潟県新潟市	ドカベンロード(2002年)
15	京都府京都市	京都国際ミュージアム(2006年)
16	大阪府大阪市	名探偵コナン像(2002年)
17	和歌山県橋本市	まことちゃん像(2002年)
18	島根県隠岐の島町	踊る水木先生像(2008年)
19	岡山県倉敷市	いがらしゆみこ美術館・倉敷(2000年)
20	高知県高知市	横山隆一まんが館(2002年)
21	福岡県福岡市	サザエさん発案の碑(2007年)
22	大分県宇佐市	のんきなとうさん像(2003年)

注：市区町名および美術館・記念館の名称は、現在の位置・名称で表記した。

　　設置施設等は、その市区町で、最初に設置された施設等と年を示した。

　　新たな設置で、表1で取り上げた、同一地域の追加設置や移転は含めていない。

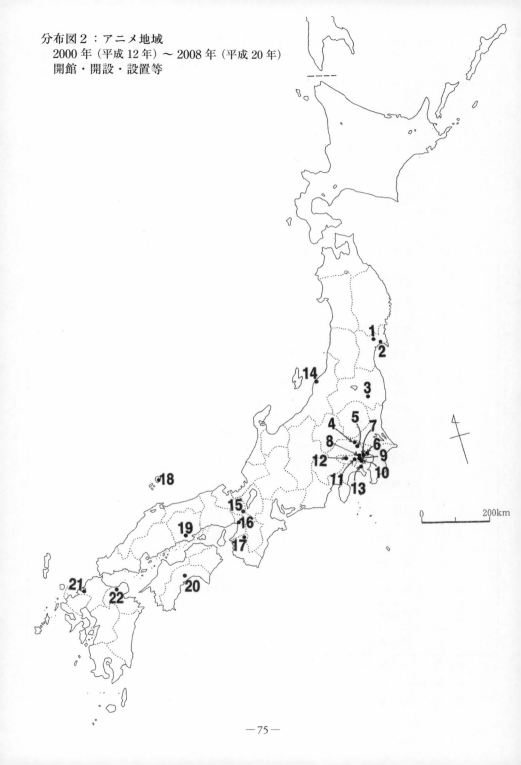

分布図2：アニメ地域
　2000年（平成12年）～2008年（平成20年）
　開館・開設・設置等

200km

表3：アニメ地域　2009年（平成21年）～2016年（平成28年）開館・開設・設置等

地図中の位置	都県市区町	設置施設等
1	北海道浜中町	ルパン三世通り(2011年)
2	北海道北斗市	北斗の拳ケンシロウ像(2016年)
3	宮城県仙台市	仙台アンパンマンこどもミュージアム&モール(2011年)
4	福島県須賀川市	ウルトラマン像(2013年)
5	茨城県大洗町	ガルパン展示室(2012年)ガルパンパネル(2013年)
6	東京都葛飾区	キャプテン翼像(2013年)
7	東京都台東区	あしたのジョー像(2012年)
8	東京都新宿区	コボちゃん像(2015年)
9	東京都豊島区	記念碑「トキワ荘のヒーローたち」(2009年)
10	東京都町田市	スヌーピーミュージアム(2016年)
11	神奈川県川崎市	藤子・F・不二雄ミュージアム(2011年)
12	神奈川県箱根町	箱根湯本えゔぁ屋(2012年)
13	静岡県川根本町	きかんしゃトーマス号(2015年)
14	石川県輪島市	永井豪記念館(2009年)
15	滋賀県豊郷町	豊郷小学校旧校舎群リニューアル・一般公開(2009年)
16	兵庫県神戸市	神戸アンパンマンこどもミュージアム&モール(2013年)
17	兵庫県神戸市	鉄人ストリート・鉄人28号(2009年)
18	鳥取県鳥取市	鳥取砂丘コナン空港(2015年)
19	岡山県岡山市	おかでんチャギントンミュージアム(2016年)
20	愛媛県今治市	今治タオル美術館 ICHIHIRO ムーミン像(2011年)
21	高知県南国市	やなせたかしロード(2009年)
22	福岡県北九州市	北九州市漫画ミュージアム(2012年)

注：市区町名および美術館・記念館の名称は、現在の位置・名称で表記した。

設置施設等は、その県市区町で、最初に設置された施設等と年を示した。

新たな設置で、表1・2で取り上げた、同一地域の追加設置や移転は含めていない。

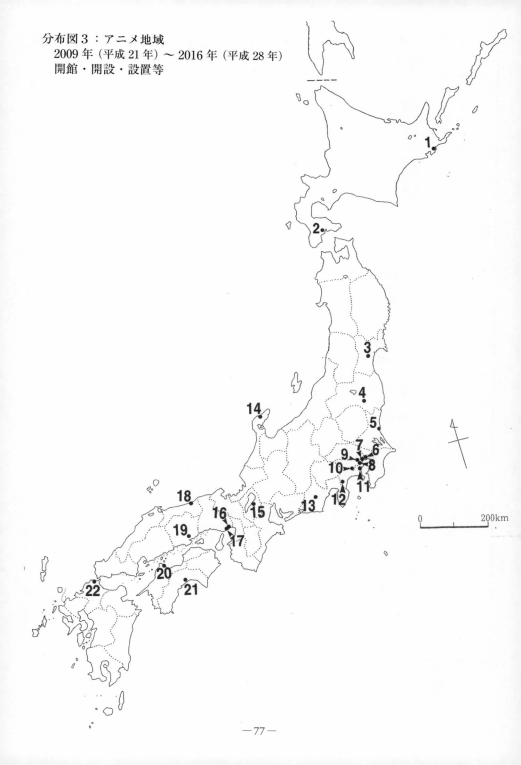

分布図3：アニメ地域
2009年（平成21年）〜 2016年（平成28年）
開館・開設・設置等

200km

表4：アニメ地域　2017年（平成29年）〜 2023年（令和5年）開館・開設・設置等

地図中の位置	都県市区町	設置施設等
1	埼玉県飯能市	ムーミンバレーパーク（2019年）
2	埼玉県所沢市	となりのトトロ像（2020年）
3	東京都江東区	ガンダム立像（2017年）
4	東京都渋谷区	ドラえもんみらいのとびら像（2021年）
5	長野県飯島町	アニメ聖地巡礼発祥の地の石碑（2018年）
6	愛知県長久手市	愛・地球博記念公園ジブリパーク（2022年）
7	滋賀県米原市	ローザンベリー多和田・ひつじのショーン（2019年）
8	兵庫県淡路市	ニジゲンノモリ（2017年）
9	福岡県福岡市	ガンダム立像（2022年）
10	大分県日田市	進撃の巨人像（2020年）
11	熊本県合志市	合志マンガミュージアム（2017年）
12	熊本県熊本市	ワンピース　ルフィー像（2018年）チョッパー像（2020年）
13	熊本県益城町	ワンピース　サンジ像（2019年）
14	熊本県阿蘇市	ワンピース　ウソップ像（2019年）
15	熊本県御船町	ワンピース　ブルック像（2020年）
16	熊本県高森町	ワンピース　フランキー像（2020年）
17	熊本県西原村	ワンピース　ナミ像（2021年）
18	熊本県南阿蘇町	ワンピース　ロビン像（2021年）
19	熊本県大津町	ワンピース　ゾロ像（2022年）
20	熊本県宇土市	ワンピース　ジンベイ像（2022年）

注：市区町名および美術館・記念館の名称は、現在の位置・名称で表記した。

　　設置施設等は、その市区町で、最初に設置された施設等と年を示した。

　　新たな設置で、表1・2・3で取り上げた、同一地域の追加設置や移転は含めていない。

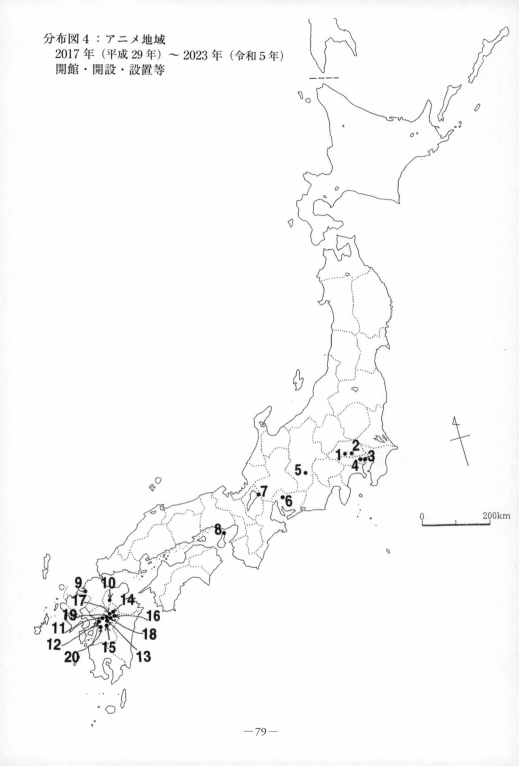

分布図4：アニメ地域
2017年（平成29年）〜2023年（令和5年）
開館・開設・設置等

表5：アニメ地域　北海道・東北・中部

地図中の位置	都県市区町	設置施設等
1	北海道浜中町	ルパン三世通り（2011年）
2	北海道北斗市	北斗の拳ケンシロウ像（2016年）
3	秋田県横手市	横手市増田まんが美術館（1995年）
4	宮城県登米市	石ノ森章太郎ふるさと記念館（2000年）
5	宮城県石巻市	石巻市マンガロード・石ノ森萬画館（2001年）
6	宮城県仙台市	仙台アンパンマンこどもミュージアム＆モール（2011年）
7	福島県玉川村	ウルトラマンキャラクター像（2008年）
8	福島県須賀川市	ウルトラマン像（2013年）
9	茨城県大洗町	ガルパン展示室（2012年）ガルパンパネル（2013年）
10	静岡県静岡市	ちびまる子ちゃんランド（1999年）
11	静岡県川根本町	きかんしゃトーマス号（2015年）
12	長野県飯島町	アニメ聖地巡礼発祥の地の石碑（2018年）
13	新潟県新潟市	ドカベンロード（2002年）
14	富山県氷見市	ハットリくんロード（1992年・からくり時計設置）
15	富山県高岡市	ドラえもんの散歩道像（1994年）
16	石川県輪島市	永井豪記念館（2009年）
17	福井県敦賀市	シンボルロード（1999年）
18	愛知県長久手市	愛・地球博記念公園ジブリパーク（2022年）

注：市区町名および美術館・記念館の名称は、現在の位置・名称で表記した。
　　設置施設等は、その市区町で、最初に設置された施設等と年を示した。

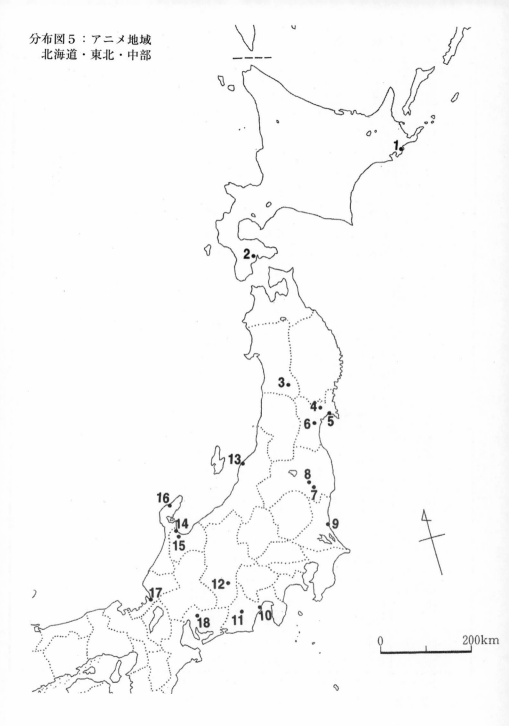

分布図5：アニメ地域
　　北海道・東北・中部

表6：アニメ地域　関東（茨城県除く）

地図中の位置	都県市区町	設置施設等
1	埼玉県久喜市	大酉（おおとり）茶屋わしのみや（2004 年）
2	埼玉県春日部市	クレヨンしんちゃんイメージキャラクター（2003 年）
3	埼玉県さいたま市	さいたま市立漫画会館（1966 年）
4	埼玉県所沢市	となりのトトロ像（2020 年）
5	埼玉県飯能市	鉄腕アトム像（1983 年）
6	埼玉県飯能市	ムーミンバレーパーク（2019 年）
7	東京都葛飾区	こちら葛飾区亀有公園前派出所・両津勘吉像（2006 年）
8	東京都葛飾区	葛飾柴又寅さん記念館（1997 年）
9	東京都葛飾区	キャプテン翼像（2013 年）
10	東京都台東区	あしたのジョー像（2012 年）
11	東京都台東区	バンダイキャラクターストリート（2004 年）
12	東京都江東区	ガンダム立像（2017 年）
13	東京都文京区	アンパンマン像（1993 年・本社移転）
14	東京都千代田区	現代マンガ図書館（1978 年）
15	東京都新宿区	コボちゃん像（2015 年）
16	東京都渋谷区	ドラえもんみらいのとびら像（2021 年）
17	東京都豊島区	記念碑「トキワ荘のヒーローたち」（2009 年）
18	東京都練馬区	東映アニメーションギャラリー（2003 年）
19	東京都杉並区	杉並アニメーションミュージアム（2003 年）
20	東京都世田谷区	ウルトラマン商店街（2005 年）ウルトラマン像（2007 年）
21	東京都世田谷区	長谷川町子美術館（1985 年）
22	東京都三鷹市	三鷹市立アニメーション美術館（2001 年）
23	東京都調布市	鬼太郎通り（1996 年）
24	東京都青梅市	青梅赤塚不二夫会館・シネマチックロード（2003 年）
25	東京都町田市	スヌーピーミュージアム（2016 年）
26	神奈川県大和市	ドカベン像（1997 年）
27	神奈川県川崎市	藤子・F・不二雄ミュージアム（2011 年）
28	神奈川県横浜市	横浜アンパンマンこどもミュージアム（2007 年）
29	神奈川県箱根町	箱根湯本えゔぁ屋（2012 年）

注：市区町名および美術館・記念館の名称は、現在の位置・名称で表記した。
　　設置施設等は、その市区町で、最初に設置された施設等と年を示した。

分布図6：アニメ地域　関東（茨城県除く）

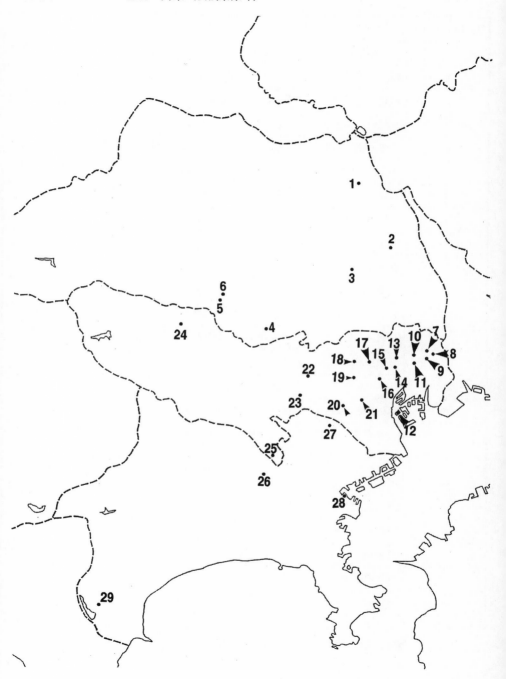

表7：アニメ地域　近畿・中国四国

地図中の位置	都県市区町	設置施設等
1	三重県伊賀市	銀河鉄道999像（1997年・街びらき）
2	滋賀県米原市	ローザンベリー多和田・ひつじのショーン（2019年）
3	滋賀県豊郷町	豊郷小学校旧校舎群リニューアル・一般公開（2009年）
4	京都府京都市	京都国際ミュージアム（2006年）
5	大阪府東大阪市	大阪府立中央図書館国際児童文学館（1984年）
6	大阪府大阪市	名探偵コナン像（2002年）
7	兵庫県宝塚市	宝塚市立手塚治虫記念館（1994年）
8	兵庫県神戸市	スヌーピー像（1979年）
9	兵庫県神戸市	神戸アンパンマンこどもミュージアム＆モール（2013年）
10	兵庫県神戸市	鉄人ストリート・鉄人28号（2009年）
11	兵庫県淡路市	ニジゲンノモリ（2017年）
12	和歌山県橋本市	まことちゃん像（2002年）
13	鳥取県鳥取市	鳥取砂丘コナン空港（2015年）
14	鳥取県北栄町	コナン通り（1999年）
15	鳥取県境港市	水木しげるロード（1993年・開設）
16	島根県隠岐の島町	踊る水木先生像（2008年）
17	島根県松江市	平太とガタピシ像（1998年）
18	岡山県岡山市	おかでんチャギントンミュージアム（2016年）
19	岡山県倉敷市	いがらしゆみこ美術館・倉敷（2000年）
20	岡山県高梁市	吉備川上ふれあい漫画美術館（1994年・開館）
21	愛媛県今治市	今治タオル美術館ICHIHIROムーミン像（2011年）
22	高知県香美市	香美市立やなせたかし記念館（1996年）
23	高知県南国市	やなせたかしロード（2009年）
24	高知県高知市	横山隆一まんが館（2002年）

注：市区町名および美術館・記念館の名称は、現在の位置・名称で表記した。

　　設置施設等は、その市区町で、最初に設置された施設等と年を示した。

分布図7：アニメ地域　近畿・中国四国

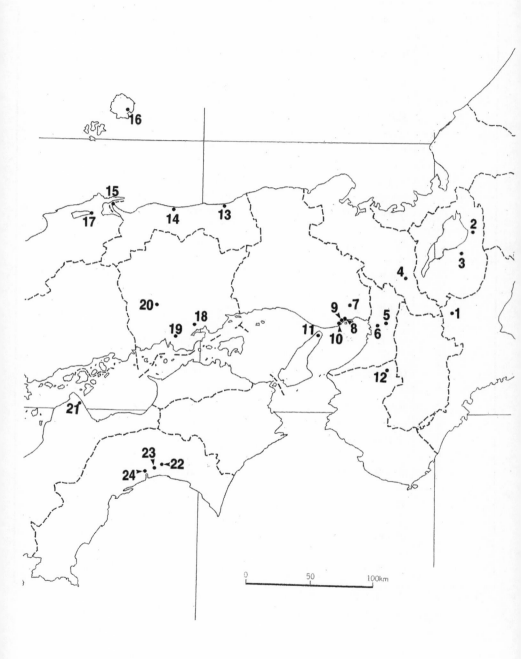

表8：アニメ地域　九州

地図中の位置	都県市区町	設置施設等
1	福岡県北九州市	北九州市漫画ミュージアム（2012 年）
2	福岡県福岡市	サザエさん発案の碑（2007 年）
3	福岡県福岡市	ガンダム立像（2022 年）
4	大分県宇佐市	のんきなとうさん像（2003 年）
5	大分県日田市	進撃の巨人像（2020 年）
6	大分県佐伯市	となりのトトロ・ネコバスパネル（1997 年）
7	熊本県合志市	合志マンガミュージアム（2017 年）
8	熊本県熊本市	ワンピース　ルフィー像（2018 年）チョッパー像（2020 年）
9	熊本県益城町	ワンピース　サンジ像（2019 年）
10	熊本県阿蘇市	ワンピース　ウソップ像（2019 年）
11	熊本県御船町	ワンピース　ブルック像（2020 年）
12	熊本県高森町	ワンピース　フランキー像（2020 年）
13	熊本県西原村	ワンピース　ナミ像（2021 年）
14	熊本県南阿蘇町	ワンピース　ロビン像（2021 年）
15	熊本県大津町	ワンピース　ゾロ像（2022 年）
16	熊本県宇土市	ワンピース　ジンベイ像（2022 年）
17	熊本県湯前町	湯前まんが美術館（1992 年）

注：市区町名および美術館・記念館の名称は、現在の位置・名称で表記した。
　　設置施設等は、その市区町で、最初に設置された施設等と年を示した。

分布図8：アニメ地域　九州

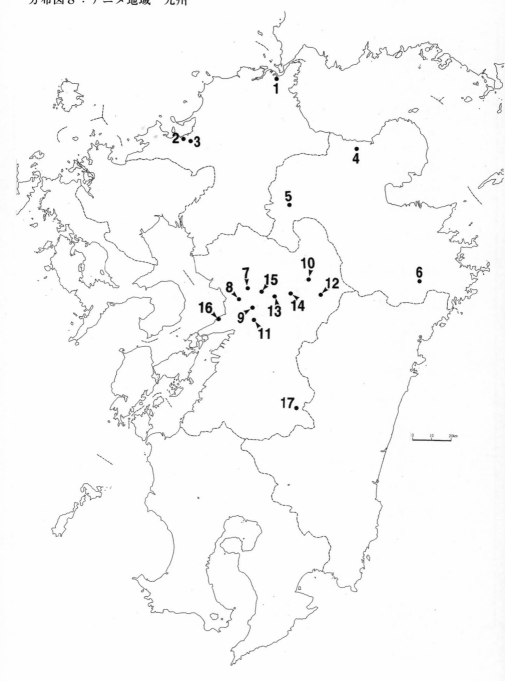

表9：アニメ地域　作者（監督含む）出身地

地図中の位置	都県市区町	作者（監督含む）・設置施設等
1	北海道浜中町	モンキーパンチ・ルパン三世通り（2011年）
2	秋田県横手市	矢口高雄・横手市増田まんが美術館（1995年）
3	宮城県登米市	石ノ森章太郎・石ノ森章太郎ふるさと記念館（2000年）
4	福島県須賀川市	円谷英二・ウルトラマン像（2013年）円谷英二ミュージアム（2019年）
5	埼玉県春日部市	臼井儀人・クレヨンしんちゃんイメージキャラクター（2003年）
6	東京都葛飾区	秋本治・こちら葛飾区亀有公園前派出所・両津勘吉像（2006年）
7	東京都葛飾区	高橋陽一・キャプテン翼像（2013年）
8	静岡県静岡市	さくらももこ・ちびまる子ちゃんランド（1999年）
9	新潟県新潟市	水島新司・高橋留美子・ドカベンロード（2002年） 新潟市マンガ・アニメ情報館（2013年）
10	富山県氷見市	藤子不二雄Ⓐ・ハットリくんロード（1992年・からくり時計設置） 氷見市潮風ギャラリー（2007年）
11	富山県高岡市	藤子・F・不二雄・ドラえもんの散歩道像（1994年） 高岡市藤子・F・不二雄ふるさとギャラリー（2015年）
12	石川県輪島市	永井豪・永井豪記念館（2009年）
13	兵庫県神戸市	横山光輝・鉄人ストリート・鉄人28号（2009年）
14	鳥取県北栄町	青山剛昌・コナン通り（1999年）青山剛昌ふるさと館（2007年）
15	鳥取県境港市	水木しげる・水木しげるロード（1993年・開設） 水木しげる記念館（2003年）
16	島根県松江市	園山俊二・平太とガタピシ像（1998年） はじめ人間ギャートルズ像（2009年）
17	高知県香美市	やなせたかし・香美市立やなせたかし記念館（1996年）
18	高知県高知市	横山隆一・横山隆一まんが館（2002年）
19	福岡県福岡市	長谷川町子・サザエさん発案の碑（2007年） 町子先生とサザエさん像（2017年）
20	大分県宇佐市	麻生豊・のんきなとうさん像（2003年）
21	大分県日田市	諫山創・進撃の巨人像（2020年）
22	熊本県熊本市	尾田栄一郎・ワンピース　ルフィー像（2018年） チョッパー像（2020年）
23	熊本県湯前町	那須良輔・湯前まんが美術館（1992年）

注：作者の出身地に、施設等が設置された作者のみを取り上げた。

　　出身地は、出生地のみならず、幼少期を過ごした場所を含んでいる。

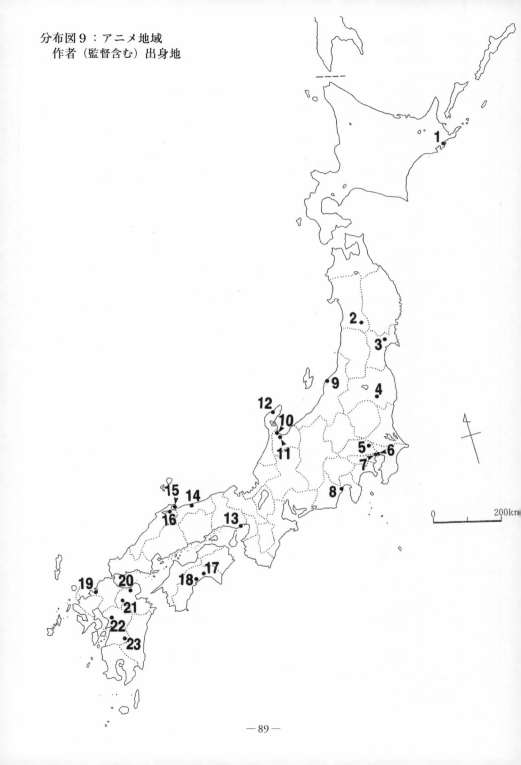

分布図9：アニメ地域
　作者（監督含む）出身地

200km

表10：アニメ地域　作品の舞台

地図中の位置	都県市区町	設置施設等
1	北海道浜中町	ルパン三世通り(2011年)
2	秋田県横手市	横手市増田まんが美術館(1995年)
3	茨城県大洗町	ガルパン展示室(2012年)ガルパンパネル(2013年)
4	埼玉県久喜市	大酉(おおとり)茶屋わしのみや(2004年)
5	埼玉県春日部市	クレヨンしんちゃんイメージキャラクター(2003年)
6	埼玉県所沢市	となりのトトロ像(2020年)
7	東京都葛飾区	こちら葛飾区亀有公園前派出所・両津勘吉像(2006年)
8	東京都葛飾区	葛飾柴又寅さん記念館(1997年)
9	東京都葛飾区	キャプテン翼像(2013年)
10	東京都台東区	あしたのジョー像(2012年)
11	東京都世田谷区	長谷川町子美術館(1985年)
12	東京都調布市	鬼太郎通り(1996年)
13	神奈川県箱根町	箱根湯本えゔぁ屋(2012年)
14	静岡県静岡市	ちびまる子ちゃんランド(1999年)
15	長野県飯島町	アニメ聖地巡礼発祥の地の石碑(2018年)
16	滋賀県豊郷町	豊郷小学校旧校舎群リニューアル・一般公開(2009年)
17	鳥取県境港市	水木しげるロード(1993年・開設)
18	福岡県福岡市	サザエさん発案の碑(2007年)

注：市区町名および美術館・記念館の名称は、現在の位置・名称で表記した。
　　設置施設等は、その市区町で、最初に設置された施設等と年を示した。

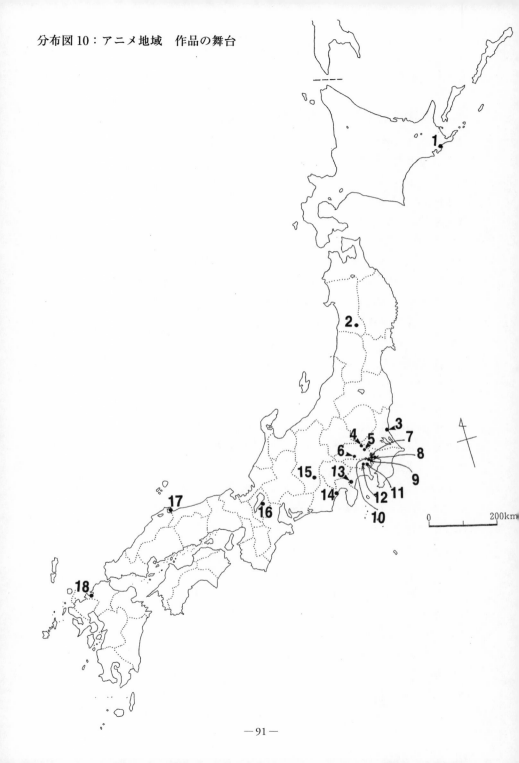

分布図10：アニメ地域　作品の舞台

【3】日本のアニメ地域

（1）北海道浜中町：作者出身地・作品の舞台

設置施設等：浜中町総合文化センター　モンキー・パンチ・コレクション、
　　霧多布市街、茶内・浜中・姉別駅前やホーム等にパネル設置

作者名：モンキー・パンチ（本名、加藤一彦）、1937年（昭和12年）～
　　2019年（平成31年）

作品名：ルパン三世

　北海道浜中町は、道東の酪農・漁業の街で、1919年（大正8年）根室線
浜中駅開業、1927年（昭和2年）浜中町営軌道開通（軌間762㎜）、1972年
（昭和47年）浜中町営軌道廃止、北海道最後の植民軌道であった。

　モンキー・パンチ氏は浜中町出身、1967年（昭和42年）漫画アクション
にルパン3世連載開始、1971年（昭和46年）テレビアニメ化された。

　ルパン三世通りは、2011年（平成23年）4月に、北海道浜中町霧多布市
街に誕生、パネル設置、ルパン三世はまなか宝島プランにより、命名・設
置され、2012年（平成24年）4月1日より花咲線（根室線）にルパン3世ラッ
ピングトレイン運行開始、同年8月25日にルパン三世フェスティバルを
北海道浜中町浜中総合文化センターで開催、浜中町モンキー・パンチ・コ
レクションとルパン三世の等身大フィギュア展示、茶内駅にルパンと銭形
警部のパネル、浜中駅にルパン・次元大介・石川五ェ門（五右ェ門）・峰不
二子のパネル、姉別駅にルパンと次元大介のポスターが設置され、以後毎
年開催、2013年（平成25年）8月10日に、キャラクターの仮想店舗「Ｐ
ＵＢ　ＦＵＪＩＫＯ」「ＪＩＧＥＮ'Ｓ　ＢＡＲ」が、2014年（平成26年）
8月2日に、映画館「霧多布座」が、ルパン3世通りに開設、2015年（平
成27年）8月8日に、「ルパン三世通り」のストリートタイトルサインパ
ネルを設置、2018年（平成30年）9月1日に、旧・浜中町勤労青年ホーム
にモンキー・パンチ・コレクションＰＡＲＴ2を開設、2021年（令和3年）
4月4日に、浜中町総合文化センターに、既存施設展示を統合した新モン
キー・パンチ・コレクションが開設された。

　浜中町の人口は、1955年（昭和30年）11,563人、2015年（平成27年）
6,061人、60年間の人口減少率は48％である。

地形図1：2万5千分の1地形図「霧多布」令和2年調製を3倍に拡大・加工　①②ルパン三世通り　③モンキー・パンチ・コレクション（浜中町総合文化センター）

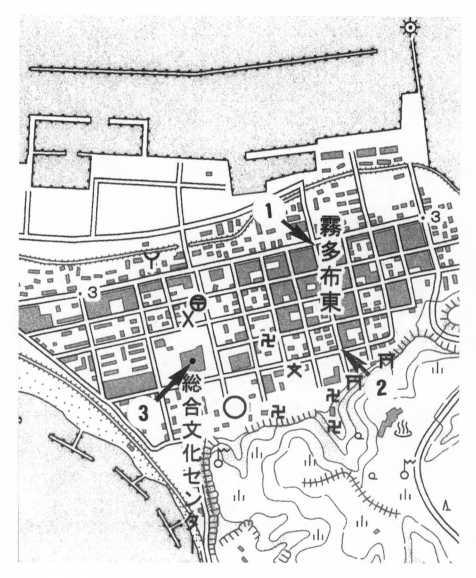

地形図２：２万５千分の１地形図「茶内」平成12年改測を３倍に拡大・
加工　④茶内駅にルパンと銭形警部のパネル

地形図3：2万5千分の1地形図「茶内」昭和45年修正を3倍に拡大・加工
⑤浜中町営軌道

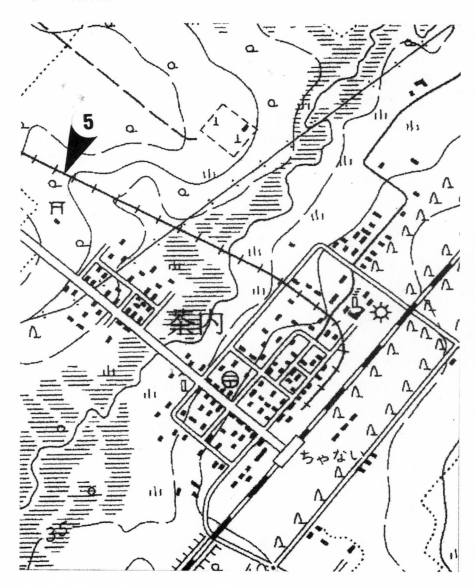

（2）北海道北斗市：市名つながりで誘致

設置施設等：北斗の拳像

作者名：武論尊（本名、岡村善行）、1947 年（昭和 22 年）～

　　　　原哲夫、1961 年（昭和 36 年）～

作品名：北斗の拳

　北斗市は、道南の函館市に隣接、旧・上磯町は、石灰岩産出と 1890 年（明治 23 年）創業のセメント工業の街で、1904 年（明治 37 年）採掘場と工場間に馬車鉄道開設、1922 年（大正 11 年）電気機関車運行開始、1989 年（平成元年）廃止となった。函館線は、1902 年（明治 35 年）北海道鉄道函館駅（初代）～本郷駅（後の渡島大野駅を経て、新函館北斗駅）間開通、1904 年（明治 37 年）函館駅（第 2 代）開業、1905 年（明治 38 年）高島駅～小樽駅（初代）間が開通して小樽駅で北海道炭鉱鉄道に接続、函館駅～旭川駅間が全通、1906 年（明治 39 年）北海道鉄道と北海道炭鉱鉄道の函館駅～札幌駅間で直通列車運行開始、1907 年（明治 40 年）北海道鉄道が国有化された。江差線は、1913 年（大正 2 年）上磯駅開業、1936 年（昭和 11 年）江差駅まで全通、2014 年（平成 26 年）木古内駅～江差駅間廃止、2016 年（平成 28 年）道南いさりび鉄道となった。2016 年（平成 28 年）3 月 26 日に、北海道新幹線開通・新函館北斗駅開業、北海道の鉄道の玄関口となった。

　武論尊は、長野県佐久市出身、北斗の拳の原作を担当した。原哲夫は、東京都渋谷区出身、北斗の拳の作画を担当した。北斗の拳は、1983 年（昭和 58 年）に週刊少年ジャンプで連載が開始、1984 年（昭和 59 年）にテレビアニメ化され、大ヒット作品となった。北斗の拳は、主人公のケンシロウが北斗神拳を使用、独特の台詞や、描写表現が人気となった。

　北斗の拳のケンシロウ像は、2016 年（平成 28 年）3 月 26 日に、北海道北斗市の新函館北斗駅構内に、設置された。「北斗の拳」と「北斗市」の、「北斗」つながりで設置されたもので、市民の募金で製作された。

　北斗市は、2006 年（平成 18 年）に上磯町と大野町が合併して誕生、北斗市の人口は、1955 年（昭和 30 年）36,672 人、2005 年（平成 17 年）48,056 人、以後は減少に転じ、2015 年（平成 27 年）46,390 人、60 年間の人口増加率は 26％である。函館市の郊外工業地・住宅地で、人口が増加した。

地形図4：2万5千分の1地形図「七飯」平成28年調整を4倍に拡大・加工
⑥新函館北斗駅構内に、北斗の拳のケンシロウ像

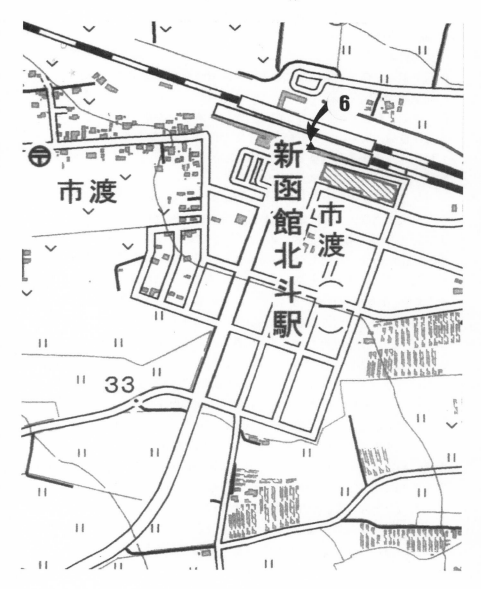

（3）秋田県横手市：作者出身地・作品の舞台

設置施設等：横手市増田まんが美術館

作者名：矢口高雄（本名、高橋高雄）、1939年（昭和14年）～2020年（令和2年）

作品名：釣りキチ三平

　秋田県増田町（現・横手市）は、岩手県一関からの国道342号線が奥羽山脈を越えた横手盆地南部に位置、成瀬川が皆瀬川に合流する交通の要衝で商業が発達、羽後銀行（現・北都銀行）創業の地、伝統的建物群保存地区の中七日町通りに、豪華な内蔵の建物がある。1905年（明治38年）奥羽本線が全通、隣町十文字町に十文字駅が開業、最寄り駅である。

　増田まんが美術館（現・横手市増田まんが美術館）は、1995年（平成7年）10月に開館した、東北地方初のマンガ・アニメミュージアムである。アクセスは、十文字駅からバスで増田蔵の駅バス停下車、初代名誉館長に就任した矢口高雄氏の記念館で、地元出身者顕彰施設の「まんが美術館」が東北地方の地方町に開設された点で、極めて興味深い。矢口氏の作品以外、秋田県出身の漫画家や日本の有名漫画家の原画の保存・活用でも知られ、「漫画原画の聖地」と称されることもある。矢口高雄氏は、増田町（旧・西成瀬村）出身で地元高校卒業後に羽後銀行に入行、30歳で銀行を退職して上京、1973年（昭和48年）に出身地での趣味の釣りを題材にした「釣りキチ三平」が「週刊少年マガジン」に連載されて人気作家となり、「釣りブーム」の火付け役、「釣り漫画」の開拓者である。

　増田町は、1955年（昭和30年）に西成瀬村と合併、2005年（平成17年）に横手市・平鹿町・雄物川町・大森町・十文字町・山内村・大雄村と合併して、横手市となった。横手市の人口は、1955年（昭和30年）148,648人、2015年（平成27年）92,197人、60年間の人口減少率は38％である。秋田県第二の都市だが1997年（平成9年）開通の秋田新幹線は経由せず、国勢調査人口で2010年（平成22年）に人口が10万人を、2020年（令和2年）に9万人を下回った。秋田新幹線工事中に、東北新幹線北上駅から北上線経由「秋田リレー号」運行され、便利で早かったが、秋田新幹線開通後は大曲駅経由となり、遠回りで運賃も高くなり、不便となった。

地形図5：2万5千分の1地形図「十文字」令和2年調製を3倍に拡大・
加工　⑦横手市立増田まんが美術館

（4）宮城県登米市中田町石森：作者出身地

設置施設等：石ノ森章太郎ふるさと記念館

作者名：石ノ森章太郎（本名、小野寺章太郎）、1938 年（昭和 13 年）〜 1998 年（平成 10 年）

作品名：サイボーグ 009・仮面ライダー

　登米市は、北上川が流れ、産業は農畜産業と林業、市名どおり米の産地で肉牛の飼育も行われ、NHK 2021 年前期朝ドラマの「おかえりモネ」で、風車がある長沼フートピア公園などが登場した。登米市登米町は、「みやぎの明治村」と称され、旧・水沢県庁庁舎、旧・高等尋常小学校校舎、旧・登米警察署がある。1921 年（大正 10 年）に仙北鉄道登米線瀬峰駅〜登米駅間開通、石森駅開業、1968 年（昭和 43 年）登米線全線廃止となった。石森駅跡には、「仙北鉄道石森駅跡」の碑が設置されている。最寄り駅は、東北線石越駅で、登米市民バスがある。

　石ノ森章太郎ふるさと記念館は、2000 年（平成 12 年）7 月 20 日に、宮城県登米市中田町石森に、開館した。地元出身の石ノ森章太郎氏の記念館で、仮面ライダー像、常設展示室では、石ノ森氏の子供時代のフィギュア・年表・トキワ荘時代の自室の再現展示、肉筆回覧誌「墨汁一滴」、石ノ森章太郎氏漫画家生活 45 周年 45 名のお祝い扇子、電動ジオラマ「生家の秘密」、ライブラリー、ビデオシアターがあり、企画展示室もある。記念館前にはサイボーグ 009、道路向かいに仮面ライダー 1 号、すぐそばに生家があり、生家へ行く途中の電気店前にサイボーグ 003、小学校近くの前田公園に仮面ライダー V 3 像が設置されている。石ノ森章太郎氏は、宮城県石森町（現・登米市）出身、高卒後上京、のちトキワ荘に住んだ。1964 年（昭和 39 年）「週刊少年キング」に「サイボーグ 009」掲載、1971 年（昭和 46 年）「仮面ライダー」放映開始、漫画家のみならず、特撮作品原作者として著名で、マンガ入門書の著作も執筆している。

　石森町は、1956 年（昭和 31 年）宝江村・上沼村・浅水村と合併して中田町となり、2005 年（平成 17 年）登米郡内各町と津山町が合併して登米市となった。登米市の人口は、1955 年（昭和 30 年）128,753 人、2015 年（平成 27 年）81,959 人、60 年間の人口減少率は 36％である。

地形図6：2万5千分の1地形図「佐沼」平成19年更新を2倍に拡大・加工
⑧石ノ森章太郎ふるさと記念館　⑨石ノ森章太郎生家

地形図７：５万分の１地形図「若柳」昭和８年修正測圖を加工　鉄道は、
仙北鉄道登米線、1921年（大正10年）開通。

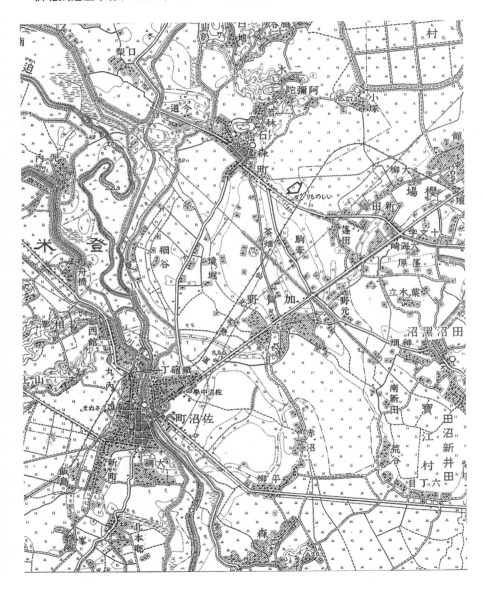

地形図8：2万5千分の1地形図「佐沼」昭和43年測量を0.5倍に縮小・加工　長点線は、仙北鉄道登米線廃線跡、1968年（昭和43年）廃止

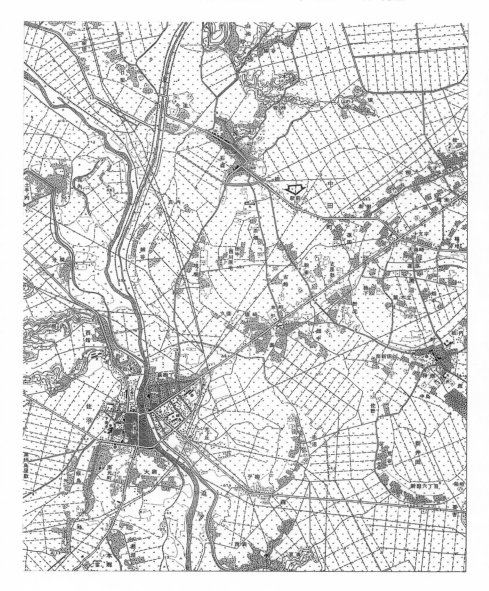

（5）宮城県石巻市：作者ゆかりの地

設置施設等：石ノ森萬画館・石巻市マンガロード

作者名：石ノ森章太郎（本名、小野寺章太郎）、1938 年（昭和 13 年）〜 1998
　年（平成 10 年）

作品名：サイボーグ009・仮面ライダー・秘密戦隊ゴレンジャー

　石巻市は、宮城県第二の都市、旧・北上川河口に位置、東北太平洋側を
代表する漁港で、水産加工業も盛ん。2010 年（平成 22 年）市役所が駅前移
転、2011 年（平成 23 年）東日本大震災で大きな被害を受けた。1912 年（大
正 12 年）仙北軽便鉄道（現・石巻線）石巻駅開業、1928 年（昭和 3 年）宮城
電気鉄道（現・仙石線）石巻駅開業、2015 年（平成 27 年）仙石東北ライン
開業、仙台〜東北線・仙石線〜石巻間で快速列車運転開始された。

　石ノ森萬画館は、2001 年（平成 13 年）7 月 23 日に、宮城県石巻市中
瀬に開館、石巻駅から萬画館まで、「石巻市マンガロード」が整備された。
石巻市が 1996 年（平成 8 年）に策定した「石巻市マンガランド基本構想」
によるもので、作者は、中高生時代に石巻市の映画館へよく通った。石巻
駅構内には、009 島村ジョー、003 フランソワーズ・アルヌールと 001 イ
ワン・ウイスキー、仮面ライダー、駅入り口上に、002 ジェット・リンク、
駅前にからくり時計、市役所前に仮面ライダーＶ 3、駅前大通りに 005
ジェロニモ・ジュニアと 001 イワン・ウイスキー、008 ピュンマ、立町通
りに 009 島村ジョー、004 アルベルト・ハインリヒ、007 グレート・ブリ
テン、スカルマン、006 張々湖、エッちゃんとブク、仮面ライダー、アイ
トピア通りにアカレンジャー、ロボコン、佐武と市、仮面ライダー、金華
山道に星の子チョビン、ロボコン、石ノ森萬画館前に仮面ライダー Black、
シージェッター海斗など、その後の追加や設置場所の移動もあり、実に
30 体もの石ノ森章太郎作品のキャラクター像が設置されている。

　石巻市は、1889 年（明治 22 年）石巻町、1933 年（昭和 8 年）石巻市、
2005 年（平成 17 年）桃生町・河南町・河北町・北上町・雄勝町・牡鹿町と
合併、石巻市となった。石巻市の人口は、1955 年（昭和 30 年）179,955 人、
1985 年（昭和 60 年）186,587 人に増加後は減少に転じ、2015 年（平成 27 年）
147,214 人、1955 〜 2015 年の 60 年間の人口減少率は 18% である。

地形図9：2万5千分の1地形図「石巻」令和4年調製を3倍に拡大・加工
⑩⑪石巻市マンガロード　⑫石ノ森萬画館

（6）宮城県仙台市宮城野区：土地区画整理事業地に誘致

設置施設等：仙台アンパンマンこどもミュージアム＆モール

作者名：やなせたかし（本名、柳瀬嵩）、1919年（大正8年）～ 2013年（平成25年）

作品名：アンパンマン

　仙台市は、明治～戦前まで「軍都」、第二高等学校・東北帝国大学設置と、広島市の「軍都」、広島高等師範学校設置と類似している。1887年（明治20年）日本鉄道（現・東北線）仙台駅開業、1925年（大正14年）宮城電気鉄道（現・仙石線）仙台駅開業（日本初の地下駅）、1952年（昭和27年）仙石線仙台駅地上駅に、1982年（昭和57年）東北新幹線仙台駅開業、1987年（昭和62年）地下鉄南北線開通、2000年（平成12年）仙石線陸前原ノ町～あおば通地下線開通、2015年（平成17年）地下鉄東西線が開通した。

　仙台アンパンマンこどもミュージアム＆モールは、2011年（平成23年）7月22日に開業、横浜・名古屋（桑名市）に次ぐ、3番目の施設である。

　アンパンマン像（FRP製）とアンパンマン・ばいきんまん・ドキンちゃんのキャラクタータイルは、2015年（平成27年）12月6日に、仙台市営地下鉄東西線宮城野通駅構内に設置された。アンパンマンストリート1期工事は、2016年（平成28年）7月25日に完成、仙台駅からミュージアムまで、ユアテック本社横にばいきんまん、関紙店前にドキンちゃん、いたがき本店前にメロンパンナちゃん、自然流薬局前にアンパンマン石像を設置した。2期工事は、2017年（平成29年）7月18日に完成、東七番丁交差点南東角ロッテリア前にアンパンマン、松栄不動産前にカレーパンマン、ローソン側にしょくぱんまん石像を設置、仙台駅東口ペデストリアンデッキ周辺に、アンパンマン・ばいきんまん・ドキンちゃんのキャラクタータイルを設置した。2018年（平成30年）10月3日に、仙台駅東口ペデストリアンデッキ東西自由通路「杜の陽だまりガレリア」東側入り口前にアンパンマン像（FRP製・石像着色）を設置、過去に設置された石像7体・FRP像1体を合わせると、計9体となった。

　仙台市の人口は、1955年（昭和30年）414,775人、2015年（平成27年）1,082,159人、60年間の人口増加率は161%、約2.6倍になった。

地形図10：2万5千分の1地形図「仙台東北部」平成30年調製を3倍に拡大・加工　⑬⑭アンパンマンストリート　⑮仙台アンパンマンこどもミュージアム＆モール

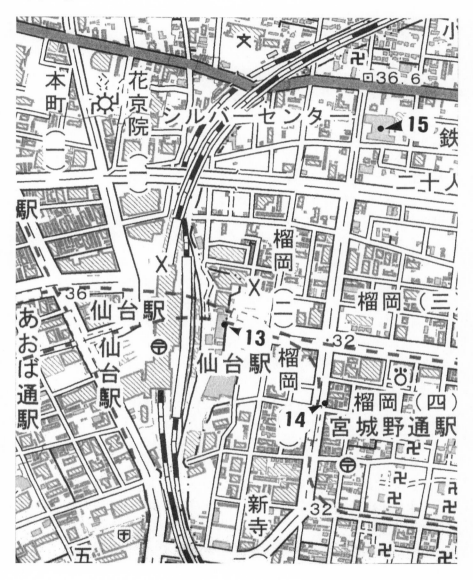

（7）福島県須賀川市：監督（監修）出身地

設置施設等：円谷英二ミュージアム・須賀川特撮アーカイブセンター

　　　　　松明通り等に、ウルトラマンと怪獣像

監督（監修）名：円谷英二（本名、圓谷英一）、1901 年（明治 34 年）〜 1970

　　年（昭和 45 年）

作品名：ウルトラマン

　須賀川市は、福島県中通の福島県第二の都市の郡山市に隣接、1887 年（明治 20 年）日本鉄道（現・東北線）塩竈駅まで開通、須賀川駅開業、1906 年（明治 39 年）国有化、1960 年（昭和 35 年）福島駅まで電化された。

　円谷英二氏は、須賀川町（現・須賀川市）出身、特撮技術者として有名で、円谷プロダクションの初代社長、「ゴジラ」も手掛けており、1966 年（昭和 41 年）からテレビ放映された「ウルトラマン」の監修を務めた。

　ウルトラマン像（ＦＲＰ像）は、2013 年（平成 25 年）7 月 7 日に、須賀川駅前に設置、ウルトラマンモニュメント設置の最初である。

　ウルトラマン通りのウルトラマン・ウルトラセブン・ゴモラ・エレキング像は、2015 年（平成 27 年）3 月 1 日に設置、ゾフィー・ウルトラマンジャック・ゼットン・ベムスター像は、同年 11 月 14 日に設置、ウルトラの母・ウルトラマンタロウ・ウルトラマンエース像は、2016 年（平成 28 年）11 月 12 日に設置された。ウルトラの父像は、2017 年（平成 29 年）3 月 30 日に、須賀川市新市庁舎前に設置され、ウルトラマン通りのピグモンとカネゴン像は、同年 11 月 11 日に、長椅子と共に設置された。

　円谷英二ミュージアムは、2019 年（平成 31 年）1 月 11 日に、ウルトラマン通りに開館、特撮メイキング映像と造形物を展示している。

　須賀川特撮アーカイブセンターは、2020 年（令和 2 年）11 月 3 日に、開設された。貴重な特撮資料の収集・保存・修復・調査研究をおこなう。特に、収蔵庫内のミニチュア作品は、極めて精巧・リアルである。

　須賀川市は、1954 年（昭和 29 年）に須賀川町と浜田村・西袋村・稲田村・小塩江村が合併して誕生、須賀川市の人口は、1955 年（昭和 30 年）71,649 人、2005 年（平成 17 年）80,364 人、以後は減少に転じ、2015 年（平成 27 年）77,441 人、60 年間の人口増加率は 8 ％である。

地形図11：2万5千分の1地形図「須賀川東部」令和4年調製を2倍に拡大・
加工　⑯円谷英二ミュージアム（図書館）　⑰⑱ウルトラマン通り（松明通り）

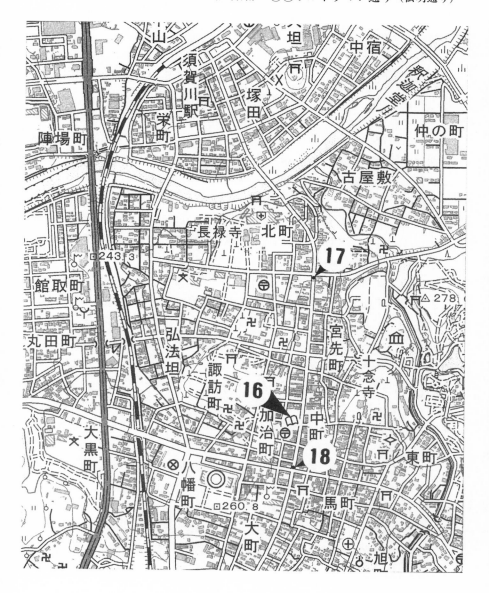

（8）福島県玉川村：監督（監修）出身地

設置施設等：福島空港、モニュメント設置

監督（監修）名：円谷英二（本名、圓谷英一）、1901 年（明治 34 年）～ 1970 年（昭和 45 年）

作品名：ウルトラマン

　福島県玉川村は、阿武隈川上流に位置し、郡山市の南東、須賀川市に隣接する。1934 年（昭和 9 年）水郡線泉郷駅が開業した。

　福島空港は、1993 年（平成 5 年）2,000 m 滑走路で開港、大阪線・新千歳線・名古屋線・福岡線が開設された。1994 年（平成 6 年）函館線・那覇線を開設、1995 年（平成 7 年）帯広線を開設、1998 年（平成 10 年）2,500 m 滑走路供用開始、1999 年（平成 11 年）上海線・ソウル線開設、2000 年（平成 12 年）平行誘導路供用開始、2001 年（平成 13 年）広島線開設・帯広線休止、2002 年（平成 14 年）函館線・広島線休止、2003 年（平成 15 年）名古屋線休止、2005 年（平成 17 年）名古屋線再開、2006 年（平成 18 年）福岡線休止、2007 年（平成 19 年）名古屋線休止、2009 年（平成 21 年）那覇線休止となり、国内線の運航路線は、大阪線・新千歳線のみとなった。

　2008 年（平成 20 年）2 月 22 日に、ウルトラマンマックス像（約 4.5 m）、ウルトラマンメビウスのガンスピーダー、ウルトラマンレジェンド像、ウルトラマン VS ガタノゾーア像、ウルトラセブン 21・キングバモス・ウルトラマンネオス、ウルトラマン像（約 3 m）が設置され、さらにバルタン星人像、ジェットビートル・小型ビートル、ウルトラマンサーガ VS レッドキング像も設置された。2014 年（平成 26 年）12 月 18 日に、ウルトラマンポストが設置された。2015 年（平成 27 年）7 月 18 日に、ウルトラマンマックス像が、ウルトラマンティガ像に交換された。

　玉川村は、1955 年（昭和 30 年）泉村と須釜村が合併して発足、玉川村の人口は、1955 年（昭和 30 年）8,941 人、1970 年（昭和 45 年）7,248 人、その後、空港候補地となって増加に転じ、1993 年（平成 5 年）福島空港開港、2000 年（平成 12 年）7,680 人となったが、滑走路延長・平行誘導路工事終了、路線休止も相次ぎ、再び減少に転じ、2015 年（平成 27）6,777 人、60 年間の人口減少率は 24％で、福島県の村としては比較的低い。

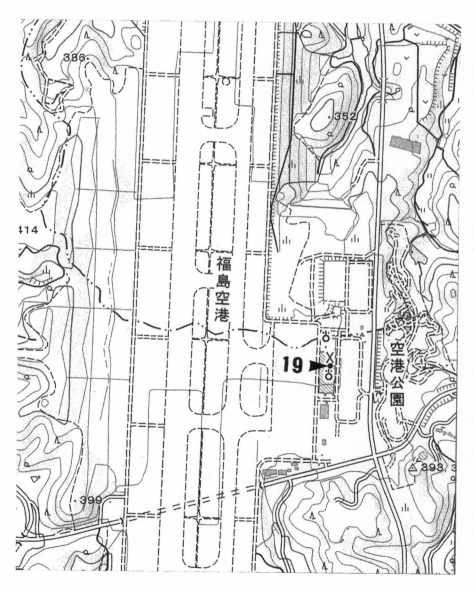

地形図12：2万5千分の1地形図「母畑」令和5年調製を2倍に拡大・加工
⑲福島空港ターミナルビルに、ウルトラマンモニュメント

写真5：北海道　新函館北斗駅駅舎

写真6：宮城県　仙石線・石巻線石巻駅

写真7：東武伊勢崎線　鷲宮駅

写真8：埼玉県久喜市　鷲宮神社

写真9：埼玉県春日部市　イトーヨーカドー春日部店

写真10：西武池袋線　大泉学園駅

写真 11：京成金町線　柴又駅

写真 12：東京都葛飾区　柴又　帝釈天

写真 13：京成押上線　立石駅

写真 14：東京都調布市　布多天神社

写真 15：東京都豊島区　トキワ荘跡と松葉

写真 16：西武池袋線　東長崎駅と交番

（9）茨城県大洗町：作品の舞台

設置施設等：大洗ガルパンギャラリー・キャラクターパネル設置

監督名：水島努、1965年（昭和40年）～

構成・脚本：吉田玲子、1967年（昭和42年）～

作品名：ガールズ＆パンツァー（通称、ガルパン）

　大洗町は、水戸市に隣接する農業・漁業と観光の街である。1922年（大正11年）水浜電車浜田～磯浜間開通、1926年（昭和元年）磯浜～祝町間が開通、1944年（昭和19年）茨城交通発足、1963年（昭和38年）日本原子力研究所誘致、1966年（昭和41年）茨城交通水浜線廃止、1967年（昭和42年）動力炉・核燃料開発事業団誘致、1972年（昭和47年）日本核燃料開発株式会社誘致、1985年（昭和60年）鹿島臨海鉄道大洗鹿島線開通、大洗港～北海道間にカーフェリー就航、1988年（昭和63年）大洗マリンタワー開業、2006年（平成18年）大洗リゾートアウトレットが開設された。

　ガールズ＆パンツァーは、「コミックフラッパー」で2012年（平成24年）7月号から連載開始、同年10月からテレビアニメが放映開始、大人気作品となった。巨大船舶上の海上都市に高校が所在し、女子高校生が「戦車道」で全国大会優勝を目指す物語で、その母港として大洗町が描かれ、町並み・施設等が緻密に描かれ、戦車が突っ込むという設定の割烹旅館肴屋本店はとくに有名である。企画段階から地域と制作サイドが連携、アニメによる地域振興の代表例で、来訪者・移住者が多い。

　ガルパン展示室は、2012年（平成24年）12月に、大洗駅インフォメーションセンターに、キャラクター等身大パネルは、2013年（平成25年）3月に、戦車パネルは同年5月に、いずれも商店街に設置された。大洗ガルパンギャラリーは、2015年（平成27年）5月に、大洗リゾートアウトレット内に開館、2017年（平成29年）7月に、大洗シーサイドステーション（旧・大洗リゾートアウトレット）内に、大洗ガルパンギャラリーがリニューアルオープン、アニメと町のかかわりが紹介されている。

　大洗町は、1954年（昭和29年）磯浜町と大貫町が合併して発足、1955年（昭和30年）旭村一部編入、大洗町の人口は、1955年（昭和30年）22,711人、2015年（平成27年）16,886人、60年間の人口減少率は26％である。

地形図13：2万5千分の1地形図「磯浜」平成30年調製を2倍に拡大・加工
①大洗ガルパンギャラリー　②割烹旅館肴屋本店

地形図 14：2万5千分の1地形図「磯濱」昭和5年部分修正測圖　水浜電車は、1923年（大正 12 年）開通、1966 年（昭和 41 年）廃止

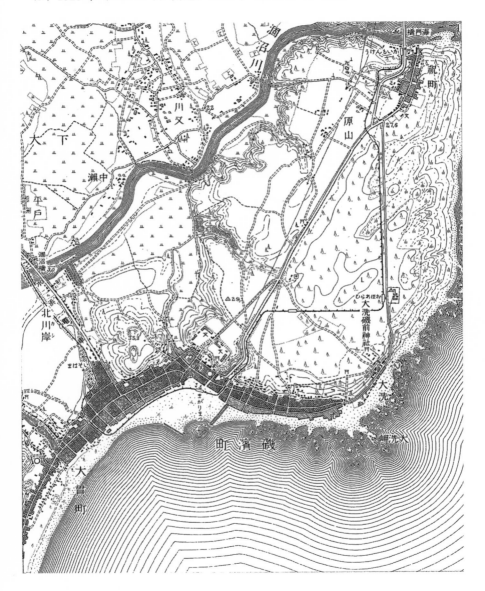

地形図15：2万5千分の1地形図「磯浜」平成20年更新　鹿島臨海鉄道鹿島大洗線は、1985年（昭和60年）開通

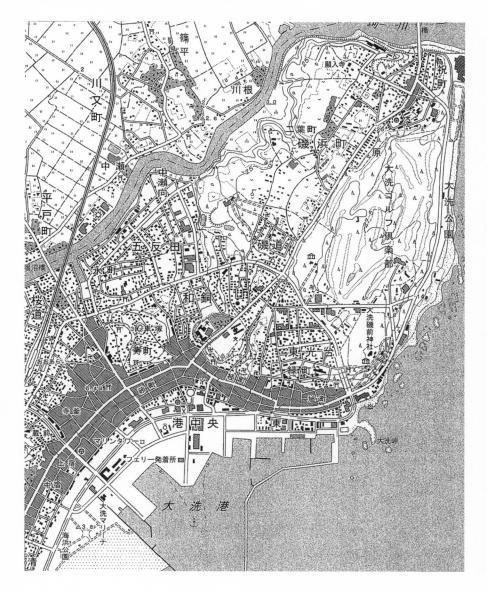

（10）埼玉県久喜市鷲宮：作品の舞台

設置施設等：大酉茶屋わしのみや・居酒屋記念日・染谷商店・柊つかさ像

作者名：美水かがみ、1977 年（昭和 52 年）〜

作品名：らき☆すた

　鷲宮町は、関東最古の大社とされる鷲宮神社の鳥居前町で、1902 年（明治 35 年）東武鉄道伊勢崎線鷲ノ宮駅が開業、1955 年（昭和 30 年）鷲宮駅に改称した。2004 年（平成 16 年）月刊ゲーム雑誌「コンプティーク」1 月号で「らき☆すた」連載開始、鷲宮神社をモデルとした鷹宮神社が登場した。同年 12 月 31 日大酉茶屋わしのみやが鷲宮神社への初詣客に備えて鳥居前に仮開店、築 110 年の元・酒店店舗を活用、2005 年（平成 17 年）3 月 27 日正式開店、2007 年（平成 19 年）4 月「らき☆すた」テレビアニメ放映開始、京都アニメーション制作の代表作、同年 12 月 2 日「らき☆すた」のブランチ＆公式参拝 in 鷲宮を開催、オリジナルグッズ販売、「らき☆すた」石碑公開、2008 年（平成 20 年）1 月初詣客 30 万人突破、同年 9 月鷲宮神社土師祭で「らき☆すた神輿」登場・渡御、神輿は鷲宮駅構内に展示、2013 年（平成 25 年）7 月 12 日突風で神輿破損により撤去、同年 9 月土師祭で新調、鷲宮神社神輿殿収蔵、2015 年（平成 27 年）8 月 24 日「古民家レストラン大酉茶屋」再開店、2018 年（平成 30 年）7 月 22 日八坂祭で「らき☆すた神輿」渡御、同年 11 月 15 日「大酉茶屋田々」再々開店した。鷲宮町は「らき☆すた」で一躍有名となって、全国からファンが来る観光地となった。2022 年（令和 4 年）12 月 18 日に、鷲宮郵便局前に柊つかさの等身大像が設置された。まさに、それまでアニメと無縁の場所が、アニメによって大きく影響を受けたアニメ地域の代表である。鷲宮駅前の染谷商店では鷲宮のガイドブックを販売、駅前の線路沿いには、ファンが集まる「居酒屋記念日」があり、久喜市商工会鷲宮支所には「御朱印」が設置されている。

　鷲宮町は、1933 年（昭和 8 年）鷲宮町、2010 年（平成 22 年）久喜市・菖蒲町・栗原町と合併、久喜市となった。久喜市の人口は、1955 年（昭和 30 年）59,997 人、2005 年（平成 17 年）154,684 人、以後は減少に転じ、2015 年（平成 27 年）152,311 人、60 年間の人口増加率は 153％である。

地形図16：2万5千分の1地形図「栗橋」平成28年調製を3倍に拡大・加工
③鷲宮神社鳥居　④鷲宮郵便局　柊つかさ像

（11）埼玉県春日部市：作者出身地・作品の舞台

設置施設等：ゲーセン クレヨンしんちゃん嵐を呼ぶブリブリシネマスタジ
　　オ・クレヨンしんちゃん像・アニメだ！　埼玉　発信スタジオ

作者名：臼井儀人（本名、臼井義人）、1958 年（昭和 33 年）～ 2009 年（平成 21 年）

作品名：クレヨンしんちゃん

　春日部市は、日光街道の宿場町で、1899 年（明治 32 年）東武鉄道粕壁
駅（現・春日部駅）開業、1929 年（昭和 4 年）北総鉄道（現・東武野田線）粕
壁駅開業、鉄道交通の利便性が高く、急速に住宅都市となった。

　2003 年（平成 15 年）10 月に、クレヨンしんちゃんをイメージキャラクター
に採用、2007 年（平成 19 年）11 月 8 日に、ゲーセン クレヨンしんちゃん
嵐を呼ぶブリブリシネマスタジオが開設、野原しんのすけ・野原ひろし・
野原みさえの像やパネルを設置、2009 年（平成 21 年）に情報発信館「ぷ
らっと　かすかべ」が開設、原画・セル画等展示、2013 年（平成 25 年）7
月 8 日に、春日部第一児童センターにカラフルなＦＲＰ像の「クレヨンし
んちゃん」像 3 体（しんのすけ・ひまわり・シロ）、「かすかべ防衛隊」像 4
体（風間くん・ネネちゃん・マサオくん・ボーちゃん）を設置、2017 年（平成 29 年）
4 月に期間限定でイトーヨーカドーがサトーココノカドーに、春日部駅駅
名看板をクレヨンしんちゃんオリジナルに、2018 年（平成 30 年）7 月 21
日に、アニメだ！　埼玉　発信スタジオをイトーヨーカドーに開設、クレ
ヨンしんちゃん・ひまわり像設置、2022 年（令和 4 年）1 月 21 日にシロ
像が追加された。クレヨンしんちゃんは、1990 年（平成 2 年）「漫画アク
ション」（双葉社）に連載開始、1992 年（平成 4 年）にテレビアニメ放送開始、
1993 年（平成 5 年）アニメ映画化、2006 年（平成 18 年）には中学校 3 年「公
民」の教科書・補助教材に使用された。

　春日部市は、1944 年（昭和 19 年）粕壁町と内牧村が合併して春日部町と
なり、1954 年（昭和 29 年）豊春村・武里村・幸松村・豊野村と合併して春
日部市となった。春日部市の人口は、1960 年（昭和 35 年）50,088 人、2000
年（平成 12 年）240,924 人、以後減少に転じ、2015 年（平成 27 年）232,709 人、
55 年間の人口増加率は 365％、約 5 倍となった。

地形図17：2万5千分の1地形図「野田市」令和元年調整を3倍に拡大・加工　⑤イトーヨーカドー春日部店　⑥ゲーセン　クレヨンしんちゃん嵐を呼ぶブリブリシネマスタジオ　⑦情報発信館「ぷらっとかすかべ」

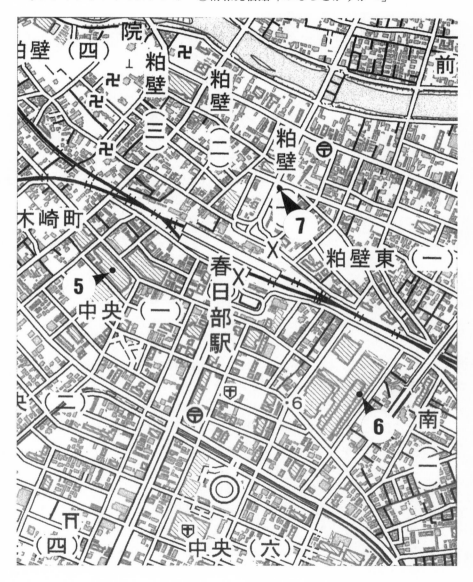

（12）埼玉県さいたま市北区盆栽町：作者居住地

設置施設等：さいたま市立漫画会館（旧・大宮市立漫画会館）
作者名：北澤楽天（本名、保次）、1876 年（明治 9 年）～ 1955 年（昭和 30 年）
作品名：時事新報の風刺漫画など

　埼玉県大宮市（現・さいたま市）は、武蔵国一宮の氷川神社の鳥居前町であるところから大宮と称され、中山道の整備により、大宮宿の宿場町であった。1983 年（明治 16 年）の日本鉄道開通時には駅が設置されなかったが、1885 年（明治 18 年）に分岐点として大宮駅が開業、以後、1894 年（明治 27 年）に大宮工場や 1927 年（昭和 2 年）に大宮操車場が設置され、「鉄道の街」として有名となり、2007 年（平成 19 年）には鉄道博物館も開設された。盆栽町は、住所表示どおり盆栽で有名で、「大宮盆栽村」と称される。1923 年（大正 12 年）の関東大震災で被災した東京小石川の盆栽業者が、当時、山林地帯であったこの地へ 1925 年（大正 14 年）に移住、1928 年（昭和 3 年）には盆栽村組合が結成された。その際、碁盤目状の広い道路網を整備、道路の両側に木々が植えられ、1929 年（昭和 4 年）に総武鉄道（現・東武野田線）大宮公園駅が開業、最寄り駅となった。

　さいたま市立漫画会館は、1966 年（昭和 41 年）11 月に開館した。日本近代漫画の祖と称される北澤楽天氏の作品や居宅が 1959 年（昭和 34 年）に、当時の大宮市に寄贈されたことが契機で、作者居住地に開館した日本初の公立美術館であり、マンガ・アニメミュージアムの元祖である。北澤楽天氏の画室や作品の常設展示以外、他の漫画家の企画展も開催される。北澤楽天氏は、東京駿河台出身、戦前期に時事新報の漫画記者として有名となり、少女漫画やクロスワールドパズルも手掛けた。1948 年（昭和 23 年）に大宮宿の旧家である父祖の地に転居、「楽天居」と称し、日本画家を描き、逝去時に「大宮市名誉市民」第一号となった。

　大宮市は、2001 年（平成 13 年）に浦和市・与野市と合併して、さいたま市となった。さいたま市の人口は、1960 年（昭和 35 年）420,442 人、2015 年（平成 27 年）1,263,979 人、55 年間の人口増加率は 201％で、約 3 倍となった。旧・浦和市が、旧・大宮市を、わずかに上回っている。

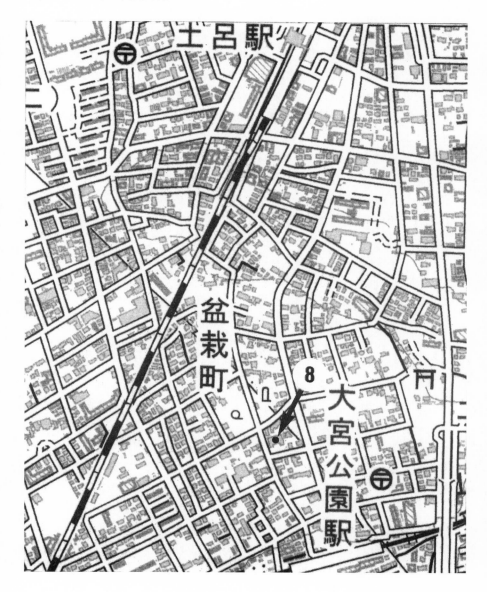

地形図18：2万5千分の1地形図「岩槻」令和元年調整を4倍に拡大・加工
⑧さいたま市立漫画会館

(13) 埼玉県所沢市：作品の舞台、監督・脚本・原作者の居住地

設置施設等：となりのトトロのネコバス銅像

監督・脚本・原作：宮崎駿、1941 年（昭和 16 年）～

作品名：となりのトトロ

　所沢市は、東京都に隣接、西武新宿線と池袋線が交差する所沢駅を中心とした、典型的な郊外住宅都市で、武蔵野の面影も残す、比較的自然豊かな地である。1895 年（明治 28 年）川越鉄道川越線開通、所沢駅開業、1915 年（大正 4 年）武蔵野鉄道武蔵野線（現・西武池袋線）開通、所沢駅共用開始、1922 年（大正 11 年）川越鉄道は西武鉄道（旧）に、1927 年（昭和 2 年）武蔵野鉄道村山線（現・西武新宿線）開通、1929 年（昭和 4 年）武蔵野鉄道山口線（現・狭山線）開通、1945 年（昭和 20 年）武蔵野鉄道と西武鉄道（旧）が合併して西武農業鉄道に、1946 年（昭和 21 年）西武農業鉄道が西武鉄道に、1952 年（昭和 27 年）新宿線西武新宿駅が開業した。

　宮崎駿氏は、東京出身、1960 年代後半から所沢居住、所沢の自然や風土から「所沢にいるとなりのおばけ」の着想を得て、昭和 30 年代前半（1950 年代後半）の日本の田舎を舞台にした不思議な生き物のトトロとの交流を描いた、スタジオジブリ制作の長編アニメーション映画「となりのトトロ」が 1988 年（昭和 63 年）に公開、大ヒット作品となった。

　トトロのふるさと基金は、1990 年（平成 2 年）発足、1991 年（平成 3 年）からトトロの森の取得開始（2020 年現在で 55 カ所）、2011 年（平成 23 年）に公益財団法人トトロのふるさと基金となり、2012 年（平成 24 年）茶農家だった旧・和田家住宅（2004 年取得、通称「クロスケの家」）に事務所、実物大ウレタン製像、糀谷八幡神社に「トコロちゃん」がある。

　となりのトトロの、大きな葉っぱの傘を持ったトトロとサツキとメイが乗るネコバス銅像は、2020 年（令和 2 年）11 月 4 日に、西武新宿線・池袋線所沢駅東口ロータリー内の西武第二ビル前に、「トトロの生まれたところ」として、所沢市市制 70 周年を記念して、設置された。

　所沢市は、1950 年（昭和 25 年）市制施行、所沢市の人口は、1955 年（昭和 30 年）56,249 人、2010 年（平成 22 年）341,900 人、以後は減少に転じ、2015 年（平成 27 年）340,386 人、60 年間の人口増加率は 505％である。

地形図19：2万5千分の1地形図「所沢」平成29年調製を4倍に拡大・加工
⑨「トトロの生まれたところ」ネコバス銅像

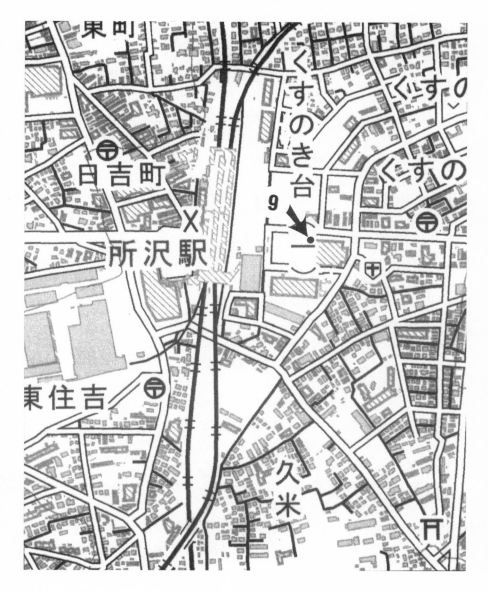

（14）埼玉県飯能市飯能：作者に設置依頼

設置施設等：鉄腕アトム像

作者名：手塚治虫（本名、治）、1928 年（昭和 3 年）～ 1989 年（平成元年）

作品名：鉄腕アトム

　飯能市は、秩父山地から流れる名栗川が入間川となって、関東平野に出る渓口に位置する、典型的な谷口集落で、山地と平地との交易都市である。山間部は比較的林業が盛んで、荒川に注ぐ入間川を利用して江戸に木材が運ばれた。1915 年（大正 4 年）に武蔵野鉄道（現西武池袋線）が飯能駅まで開通、1929 年（昭和 4 年）に吾野駅まで開通した。その際、名栗川沿いに延伸するのではなく、市街地を避けて迂回、高麗川沿いに延伸することとしたため、飯能駅はスイッチバック駅となった。1931 年（昭和 6 年）に八高南線の八王子駅～東飯能駅間が開通、接続地点に武蔵野鉄道の東飯能駅も開業した。1946 年（昭和 21 年）に西武鉄道となり、1969 年（昭和 44 年）に西武秩父線が開業、特急列車の運転が開始された。

　鉄腕アトム像は、1983 年（昭和 58 年）5 月に能仁寺ニコニコ池ほとりに設置され、飯能青年会議所管理、2003 年（平成 15 年）11 月に 50 m 南の飯能市中央公園内に移設され、飯能市の管理となった。飯能市民会館北側の中央公園通りに面した道路沿いである。手塚治虫氏は、大阪府生まれ、のちに兵庫県小浜村（現・宝塚市）に転居した。1952 年（昭和 27 年）に上京、「鉄腕アトム」が「少年」光文社に連載、1953 年（昭和 28 年）にトキワ荘入居、その後転居した。多忙を極める中、一時期、自然豊かな飯能に住むことを考え、土地を探したが、結局は、別の場所に新居を構え、飯能での居住は実現しなかった。そこで、飯能青年会議所十周年記念事業の一環として、飯能のシンボルに鉄腕アトム像の製作・設置を依頼、当時としては画期的なアニメキャラクター像が実現することとなった。

　飯能市は、1954 年（昭和 29 年）に飯能町から飯能市となり、1956 年（昭和 31 年）に吾野村・東吾野村・原市場村を、2005 年（平成 17 年）に名栗村を編入、飯能市の人口は、1955 年（昭和 30 年）46,749 人、2000 年（平成 12 年）85,886 人に増加したがその後は減少に転じ、2015 年（平成 27 年）80,715 人、1955 ～ 2015 年の 60 年間の人口増加率は 73% である。

地形図 20：2万5千分の1地形図「飯能」平成 28 年調製を2倍に拡大・加工
⑩鉄腕アトム像

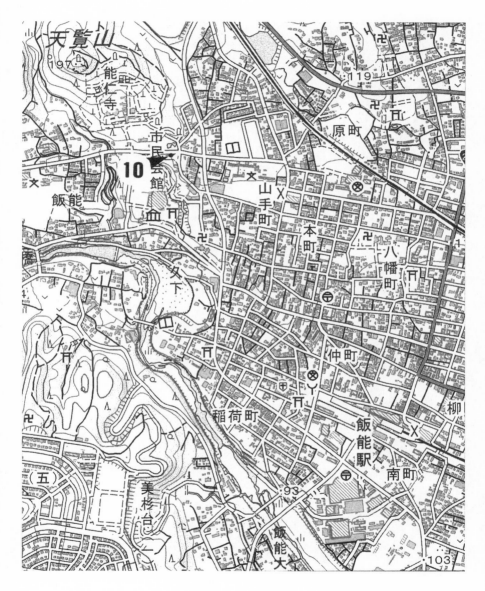

地形図21：2万5千分の1地形図「飯能」大正12年測圖　西武池袋線飯能
駅は、1915年（大正4年）開業

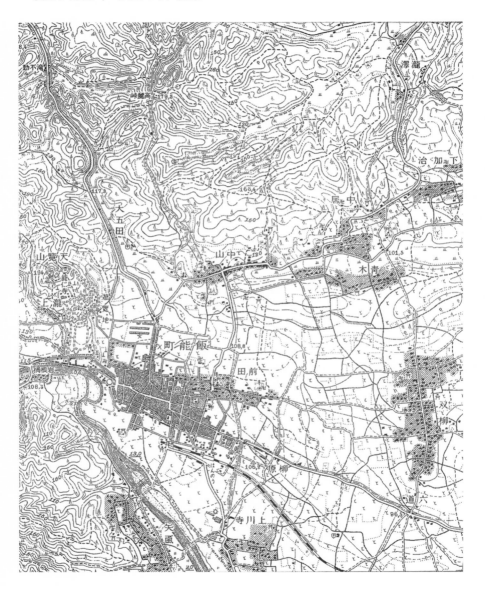

地形図 22：2万5千分の1地形図「飯能」昭和24年修正測量　西武池袋線飯能～吾野間 1929年（昭和4年）開通、八高線東飯能駅 1931年（昭和6年）開業

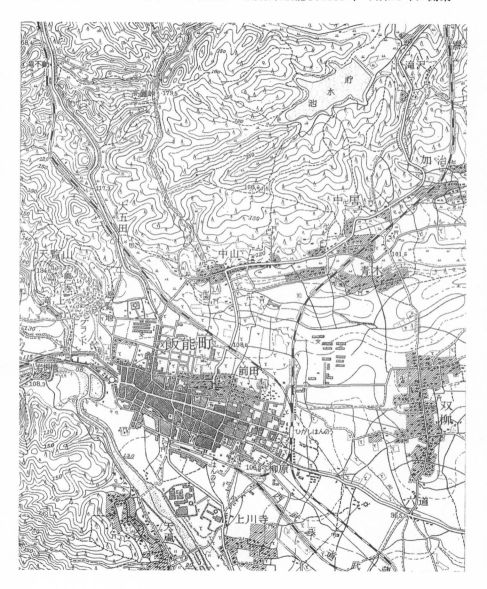

（15）埼玉県飯能市宮沢湖：テーマパーク誘致

設置施設等：ムーミンバレーパーク

作者名：トーベ・ヤンソン、1914 年（大正 3 年）〜 2001 年（平成 13 年）

作品名：ムーミン

　トーベ・ヤンソンは、フィンランドのヘルシンキ出身、幼少期からの夏のペッリンゲ群島での体験がムーミン・シリーズの原点となった。週刊誌『アッラス・クレーニカ』に詩と絵を掲載、デビュー作である。1945 年（昭和 20 年）ムーミンの第一作となる『小さなトロールと大きな洪水』出版、1946 年（昭和 21 年）『彗星追跡』出版、1947 年（昭和 22 年）「ムーミントロールと地球の終わり」連載開始、1948 年（昭和 23 年）『たのしいムーミン一家』が出版された。1964 年（昭和 39 年）「ムーミン谷の冬」（『少年少女新世界文学全集第 27 巻』講談社所収）が最初の日本語訳、1969 年（昭和 44 年）「ムーミンまんがシリーズ」出版、同年テレビアニメ「ムーミン」放映開始、1992 年（平成 4 年）劇場用アニメが上映された。

「あけぼの子どもの森公園」は、1997 年（平成 9 年）7 月 1 日に飯能市加治丘陵北側に開園、ムーミン屋敷や森の家（トーベ・ヤンソンの資料展示、ムーミン関係の書籍を所蔵）がある。飯能市職員がトーベ・ヤンソンに手紙を送って実現、2017 年（平成 29 年）6 月 1 日にトーベ・ヤンソンの姪でムーミンキャラクターズ社長であるソフィア・ヤンソン氏の承認により、「トーベ・ヤンソンあけぼの子どもの森公園」と改称した。

　「メッツァビレッジ」は、2018 年（平成 30 年）11 月 9 日に、ムーミンバレーパークの無料パブリックゾーンとして先行開業、北欧のライフスタイルがテーマで、レストラン・マーケット棟、北欧製品売店がある。

　ムーミンバレーパークの有料の「ムーミンゾーン」は、2019 年（平成 31 年）3 月 16 日に開園した。「はじまりの入り江」、「ムーミン谷」（ムーミン屋敷・水浴び小屋・海のオーケストラ号・エンマの劇場・リトルミイの店等）、「おさびし山」の各エリアがあり、ムーミン屋敷は見学ガイドツアーがあり、劇場ではムーミンの物語のキャラクターが出演、キャラクターグッズも豊富に販売されている。地元の熱心な誘致により実現、建設・雇用・物産等で地元貢献にもつながり、模範的事例でもある。

地形図23：2万5千分の1地形図「飯能」平成28年調製を2倍に拡大・加工 ⑪ムーミンバレーパーク「ムーミンゾーン」入口 ⑫「ムーミンゾーン」ムーミン屋敷

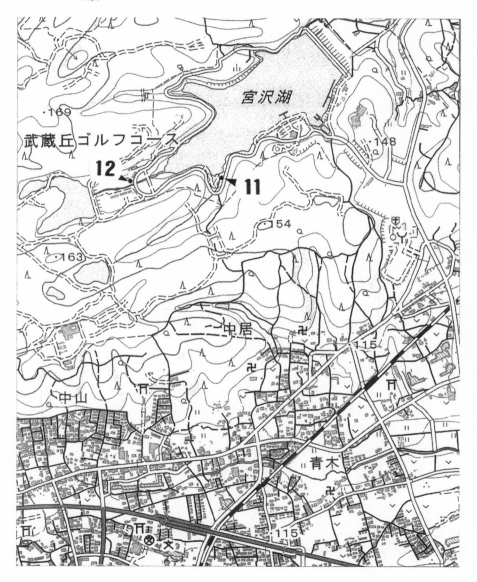

(16) 東京都葛飾区亀有：作者出身地・作品の舞台

設置施設等：「こちら葛飾区亀有公園前派出所」像

作者名：秋本治、1952年（昭和27年）〜

作品名：こちら葛飾区亀有公園前派出所（通称：こち亀）

　亀有駅は、1897年（明治30年）日本鉄道常磐線駅として開業、1906年（明治39年）国有化された。秋本治氏は亀有出身、1976年（昭和51年）「週刊少年ジャンプ」に「こちら葛飾区亀有公園前派出所」連載開始、一躍人気作品となり、1985年（昭和60年）テレビアニメ化された。

　「こちら葛飾区亀有公園前派出所」像は、2006年（平成18年）2月11日に、亀有駅北口に両津勘吉像が、同年11月18日に、駅南口交番前に両津勘吉像（祭り姿）が、連載開始30周年記念で設置されたのが最初である。同年3月3日に、アリオ亀有に、「こち亀ゲームぱ〜く」が開設された。実物大の亀有公園前派出所、両津勘吉、中川圭一、秋本・カトリーヌ・麗子、大原部長、本田速人の像、こち亀関連の展示とゲームがある。2008年（平成20年）11月8日に、少年両さん像がゆうロードのポケットパーク（亀有郵便局前）に、2010年（平成22年）3月13日に、ダブルピース両さん像が亀有公園に、敬礼両さん像が亀有血液センター入口交差点に、サンバ両さん像が亀有中央商店街に、ワハハ両さん像がコスモ亀有シティフォルム前に、少年よあの星を目指せ！両さん像が香取神社に、秋本・カトリーヌ・麗子像が駅北口派出所前に、中川圭一像がリリオ弐番館前、本田速人像が亀有信用金庫前に、同年11月6日に秋本・カトリーヌ・麗子像がリリオ館に設置された。2011年（平成23年）8月6日に、ひとやすみ両さん像が亀有公園に、ようこそ亀有へ両さん像が駅南口バス乗り場に設置、連載開始35周年記念である。2016年（平成28年）8月7日に、ようこそ！こち亀の街への初のカラー銅像が亀有駅南口に設置、連載開始40周年記念で、野外設置だけでも銅像は通算15体となった。

　葛飾区は、1943年（昭和18年）7月1日に、東京都葛飾区となった。葛飾区の人口は、1955年（昭和30年）294,133人、1970年（昭和45年）462,954人に増加したがその後は減少に転じ、2015年（平成27年）442,913人、1955〜2015年の60年間の人口増加率は51％である。

地形図24：2万5千分の1地形図「草加」令和元年調整を4倍に拡大・加工
⑬両津勘吉像　⑭アリオ亀有「こち亀ゲームぱ～く」　⑮ようこそ！こち亀
の街へのカラー銅像

（17）　東京都葛飾区柴又：作品の舞台

設置施設等：葛飾柴又寅さん記念館・寅さん像・さくら像

作者名：山田洋次（原作者）、1931 年（昭和 6 年）〜

作品名：男はつらいよ

　葛飾柴又は、東京都と千葉県の境界、江戸川のほとりで、江戸時代の 1629 年（寛永 6 年）開創の帝釈天題経寺がある。柴又駅開業により、駅前から帝釈天に続く参道に門前町が形成された。1969 年（昭和 44 年）の映画「男はつらいよ」第一作以来、映画ロケ地で舞台となったことから、一躍、有名観光地となった。1897 年（明治 30 年）日本鉄道（現・東北線・常磐線等）金町駅開業、1899 年（明治 32 年）に帝釈人車鉄道が金町〜柴又で開業、1912 年（大正元年）に京成が柴又まで開業、1913 年（大正 2 年）柴又〜金町まで京成となり、金町線が全通した。2010 年（平成 22 年）に金町線高砂駅付近が高架化され、本線から分離され、高砂駅改札も分離された。門前商店の名物は草団子・川魚だが、近年、老舗の閉店もあり、駅近くには新規出店の新しい商品を売る店もある。帝釈天裏の江戸川には矢切の渡しがあり、「男はつらいよ」でも登場したが、1983 年（昭和 58 年）に細川たかしの「矢切の渡し」が大ヒット、一躍、有名となった。映画「男はつらいよ」終了後四半世紀経つが、今も帝釈天・葛飾柴又寅さん記念館・矢切の渡しと、葛飾柴又は人気の観光地であり続けている。

　葛飾柴又寅さん記念館は、1997 年（平成 9 年）11 月 16 日に、江戸川高規格堤防整備事業の柴又公園下に開館した。1996 年（平成 8 年）に主演の渥美清氏が逝去、松竹大船撮影所から移設した「くるまや」「朝日印刷所」のスタジオセット、帝釈天参道店舗のジオラマ・実物大の列車座席など、「男はつらいよ」の資料が展示されている。1998 年（平成 10 年）にテレビアニメ「男はつらいよ」が放映されたので、このアニメ地域に加えた。2012 年（平成 24 年）には「山田洋次ミュージアム」も開設された。

　寅さん像は、1999 年（平成 11 年）8 月、地元商店街と観光客の募金により、いつものカバンの旅立ち姿で、京成柴又駅前広場に設置された。

　さくら像は、2017 年（平成 29 年）3 月 25 日に、京成柴又駅前広場で、いつものエプロン姿で、寅さん像を見送る位置に、葛飾区が設置した。

地形図25：2万5千分の1地形図「松戸」令和元年調整を4倍に拡大・加工
⑯寅さん像・さくら像　⑰帝釈天山門　⑱葛飾柴又寅さん記念館

地形図26：2万5千分の1地形図「松戸」「船橋」「草加」大正6年測図・「東京首部」大正8年鉄道補入　1899年（明治32年）帝釈人車鉄道柴又～金町間開業

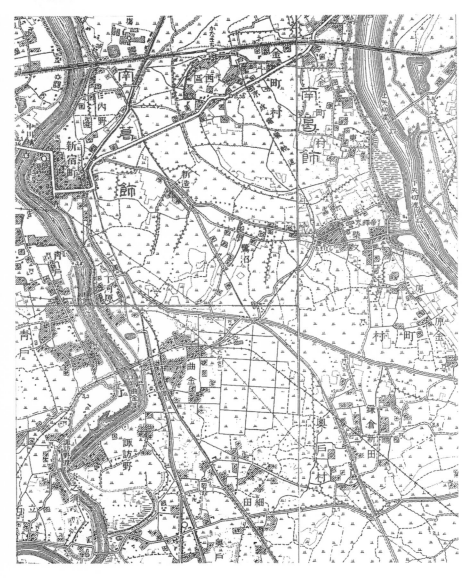

地形図27：2万5千分の1地形図「松戸」平成17年更新・「船橋」平成19年更新・「草加」「東京首部」平成20年更新　1991年（平成3年）北総鉄道京成高砂〜新鎌ヶ谷間開業

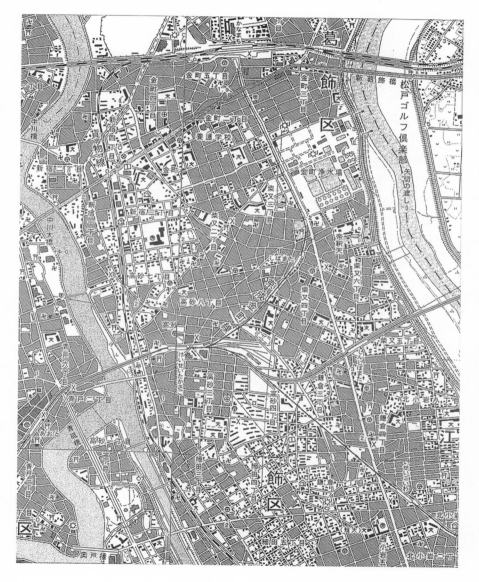

（18）東京都葛飾区四ツ木・立石：作者出身地・作品の舞台

設置施設等：キャプテン翼像

作者名：高橋陽一、1960 年（昭和 35 年）〜

作品名：キャプテン翼

　東京都葛飾区四ツ木・立石は、荒川放水路と中川の間で海抜 1 m 前後、京成押上線が通過する。1912 年（大正元年）京成押上線開通軌間 1372mm、四ツ木駅・立石駅開業、1923 年（大正 12 年）荒川放水路開削により、路線変更となるが、特に道路上の併用軌道を専用軌道とし、四ツ木駅・立石駅ともに現在地に移転、1945 年（昭和 20 年）軌道法から地方鉄道法準拠に、1959 年（昭和 34 年）軌間を 1435mm に改軌、1960 年（昭和 35 年）都営浅草線と相互直通運転開始、1999 年（平成 11 年）四ツ木駅高架化、2024 年（令和 6 年）〜 2030 年（令和 12 年）立石駅の高架化工事が行われる。

　高橋陽一氏は、東京都葛飾区四つ木出身、東京都立南葛飾高校卒業、1980 年（昭和 55 年）「週刊少年ジャンプ」に読み切りデビュー作の「キャプテン翼」掲載、1981 年（昭和 56 年）より「週刊少年ジャンプ」に「キャプテン翼」連載開始、1983 年（昭和 58 年）テレビアニメ化された。

　キャプテン翼の大空翼像は、2013 年（平成 25 年）3 月 31 日に、四つ木つばさ公園に設置された。2014 年（平成 26 年）3 月 16 日に、東京都葛飾区の四ツ木駅から立石駅間を中心に、キャプテン翼の銅像が多数設置された。四ツ木駅から、四つ木駅前ポケットパークに石崎了像、四つ木公園に日向小次郎像、四つ木めだかの小道にロベルト本郷と大空翼像、四つ木葛飾郵便局前に中沢早苗像、渋江公園に岬太郎像、立石一丁目児童公園に大空翼像、立石みちひろばに若林源三像で、京成立石駅前には案内看板が設置されている。また、荒川河川敷・四つ木つばさ公園・立石フェスタ・立石一丁目児童公園に、作者描き下ろしの葛飾区オリジナルイラストが提示されている。2018 年（平成 30 年）3 月 18 日に、作者の母校である南葛飾高校の校門横に、キャプテン翼の名場面を再現した銅像が設置された。2019 年（令和 2 年）2 月に、京成電鉄四ツ木駅構内が、側面・床面・天井・階段等、キャプテン翼のキャラクターが描かれた仕様に改装され、改札横には大空翼の実物大フィギュアが設置された。

地形図28：2万5千分の1地形図「東京首部」平成27年調製を2倍に拡大・
加工　⑲大空翼像　⑳名場面再現銅像

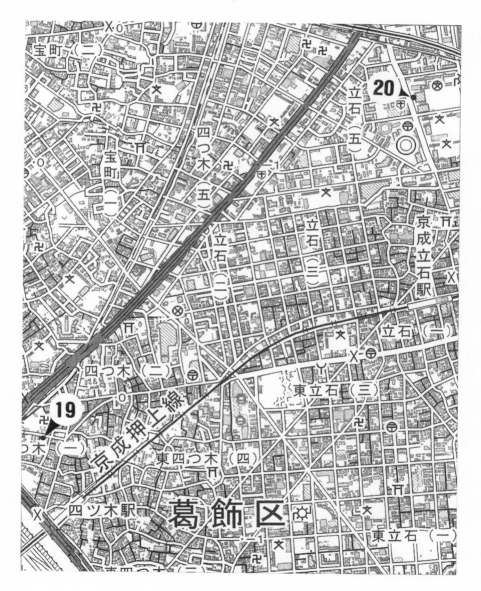

地形図 29：2 万 5 千分の 1 地形図「東京首部」大正 8 年鉄道補入　1922 年（大正 11 年）四ツ木〜立石間の併用軌道は専用軌道に

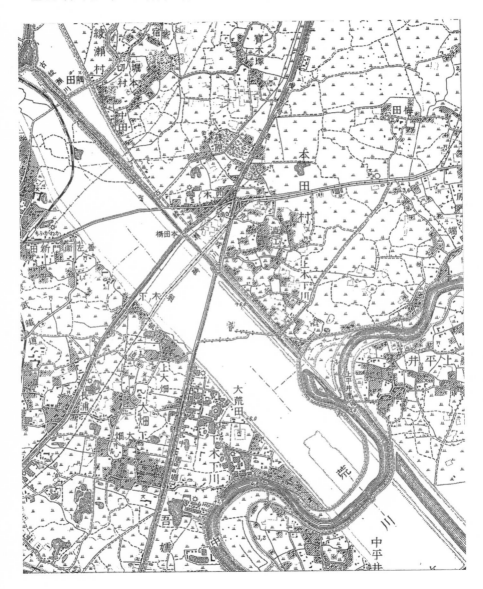

地形図 30：2 万 5 千分の 1 地形図「東京首部」平成 20 年更新　1913 年（大正 2 年）〜 1930 年（昭和 5 年）荒川放水路工事

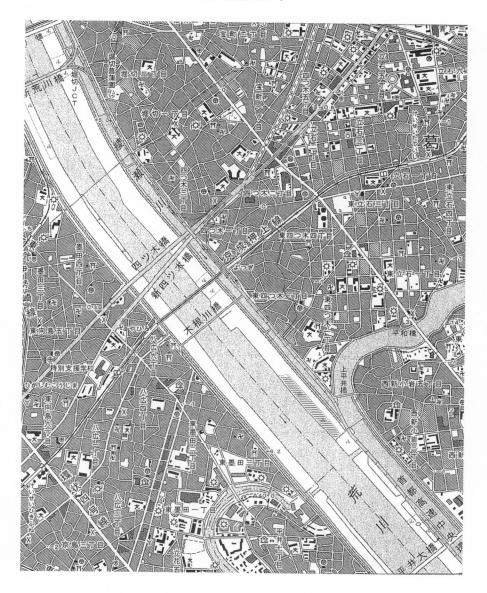

(19) 東京都台東区いろは会商店街：作品の舞台

設置施設等：あしたのジョー像・パネル

作者名：梶原一騎（本名、高森朝雄）、1936 年（昭和 11 年）～ 1987 年（昭和 62 年）

　　　　ちばてつや（本名、千葉徹彌）、1939 年（昭和 14 年）～

作品名：あしたのジョー

　東京都台東区南千住は、常磐線・東京メトロ日比谷線・つくばエクスプレスの各駅があり、駅の南側に、かつて山谷と称された地域があった。いろは会商店街は、その東西の商店街で、「あしたのジョー」の舞台である。江戸期は、奥州街道・日光街道に沿った宿があり、現在でも比較的安価な宿が多く、鉄道交通の要衝で、2000 年代以降は、バックパッカーなどの外国人観光客の宿泊地とされることもある。1986 年（明治 29 年）日本鉄道（現・常磐線）南千住駅開業、1906 年（明治 39 年）日本鉄道国有化、1961 年（昭和 36 年）営団地下鉄（現・東京メトロ）日比谷線南千住駅開業、2005 年（平成 17 年）つくばエクスプレス南千住駅が開業した。

　梶原一騎氏は、東京出身、1966 年（昭和 41 年）から「週刊少年マガジン」に連載された「巨人の星」の原作者で、「あしたのジョー」「タイガーマスク」も原作者で、「スポ根もの」分野の漫画原作者として知られる。

　ちばてつや氏は、東京出身、1968 年（昭和 43 年）から「週刊少年マガジン」に連載された「あしたのジョー」の作画を担当、大ヒットした。

　あしたのジョーは、ボクシングをテーマにしたスポーツ漫画で、1970 年（昭和 45 年）から虫プロダクション制作でテレビアニメ化された。山谷のドヤ街を舞台に、ボクサーの矢吹丈（ジョー）が主人公である。

　あしたのジョー像は、2012 年（平成 24 年）11 月 24 日に、東京都台東区いろは会商店街と土手通りの交差点北東角に設置、作品の舞台である。また、近くの玉姫稲荷神社には、あしたのジョーのふるさととして、主人公の矢吹丈と作品のヒロインの白木葉子のパネルが設置された。

　台東区は、1947 年（昭和 22 年）下谷区と浅草区が合併して発足、台東区の人口は、1955 年（昭和 30 年）310,058 人、1995 年（平成 7 年）153,918 人、以後は増加に転じ、2015 年（平成 27 年）198,073 人、60 年間の人口減少率は 36％である。約半分に減少後、約 3 分の 2 まで回復した。

地形図 31：2万5千分の1地形図「東京首部」平成 27 年調製を 4 倍に拡大・
加工　①あしたのジョー像　②玉姫稲荷神社

(20) 東京都台東区駒形：キャラクター商品販売

設置施設等：バンダイキャラクターストリート

　　　　　　アンパンマン・孫悟空・ドラえもん・ウルトラマン・

　　　　　　仮面ライダー等のキャラクター像（ＦＲＰ像）

　東京都台東区は、1883年（明治16年）開業の上野駅と、1927年（昭和2年）開業の東京地下鉄道（現・東京メトロ銀座線）上野～浅草間があり、東京の鉄道の歴史の始点でもある。浅草には金龍山浅草寺があり、神田川にかかる浅草橋から隅田川沿いの、蔵前から駒形はその参道で、土産物屋に端を発する玩具問屋が並び、現在も、中小のおもちゃ問屋と共に、エポック社やバンダイの本社がある「おもちゃのまち」である。

　バンダイは、1950年（昭和25年）に萬代屋として設立、1961年（昭和36年）にバンダイに変更、バンダイ・タカラ・エポック社で玩具三社会を設立、1963年（昭和38年）トミー工業とニチガンが加わり、玩具五社会となり、テレビキャラクターの鉄腕アトムを販売、初のテレビキャラクター商品となった。1967年（昭和42年）模型メーカーコグレの製品金型を買収、模型市場参入、学研が加わり玩具六社会に、1969年（昭和44年）模型メーカー今井科学の工場・金型譲受、1971年（昭和46年）仮面ライダー変身ベルト販売、1972年（昭和47年）超合金マジンガーＺ発売、1978年（昭和53年）ウルトラシリーズの商品ライセンス取得、1980年（昭和55年）ガンダムプラモデル発売など、テレビアニメ等のキャラクター商品の製造・販売によって、トップ玩具メーカーとして発展した。

　バンダイキャラクターストリートは、2004年（平成16年）4月に、東京都台東区駒形に、バンダイ本社が移転、同年夏に、本社前北側通りにドラえもん・アンパンマン・ウルトラマン・仮面ライダー・孫悟空の各キャラクター像を設置して開設されたものである。企業によるアニメキャラクターの通り開設は画期的であり、多数の様々なアニメキャラクターの製造・販売ができるという、ライセンス取得の効果が大きい。

　2008年（平成20年）円谷プロダクションの33.4％の株式取得、2009年（平成21年）追加取得して、49.0％の株式を持つこととなった。2014年（平成26年）妖怪ウオッチ関連商品を発売した。

地形図 32：2万5千分の1地形図「東京首部」平成 27 年調製を4倍に拡大・加工　③バンダイキャラクターストリート

(21) 東京都江東区お台場：立像設置

設置施設等：ガンダム立像

原作・総監督：富野由悠季（本名、富野喜幸）、1941 年（昭和 16 年）～

作品名：機動戦士ガンダム

　東京都江東区は、1947 年（昭和 22 年）に旧・深川区と旧・城東区が合併、隅田川と荒川に挟まれたデルタ地帯に旧・市街地、東京湾の旧・台場周辺が埋め立てられ東京臨海副都心として開発された新・市街地では人口が増加している。お台場は、1854 年（嘉永 7 年）に築造されて一部が完成、ペリーの東京上陸を阻止した。大正期から台場は民間や当時の東京市に払い下げられ、昭和期から周辺が埋め立てられて一部の台場は陸続きとなった。1979 年（昭和 54 年）に 13 号埋立地が完成、南部が江東区となり、東京ビッグサイトやテレコムセンターがある。1995 年（平成 7 年）ゆりかもめ東京臨海新交通臨海線新橋～有明間が開通、2006 年（平成 18 年）有明～豊洲間が開通した。東京臨海高速鉄道りんかい線は、1996 年（平成 8 年）新木場～東京テレポート間が開通、2001 年（平成 13 年）東京テレポート～天王洲アイル間が開通、2002 年（平成 14 年）天王洲アイル～大崎間が開通、ＪＲ埼京線との相互乗り入れ開始で便利になった。

　ガンダム立像（実物大・18 m）は、2009 年（平成 21 年）7 月 11 日～8 月31 日に、東京都江東区のお台場潮風公園に設置・公開された。2010 年（平成 22 年）7 月 24 日～2011 年（平成 23 年）1 月 10 日に、静岡県静岡市の東静岡駅横に、ガンダム立像が設置・公開された。2012 年（平成 24 年）4月 19 日～2017 年（平成 29 年）3 月 5 日に、東京都江東区のダイバーシティ東京プラザ前に、ガンダム立像が設置・公開され、ガンダムフロント東京が開設、映像体験ゾーン・企画展示ゾーン・フォトショップ・ガンプラ展示・オフィシャルショップがある。2017 年（平成 29 年）9 月 24 日に、東京都江東区のダイバーシティ東京プラザに、ユニコーンガンダム立像が設置、2020 年（令和 2 年）12 月 19 日に、神奈川県横浜市山下ふ頭内に、ガンダム立像が設置・公開、期間限定から期間延長された。

　江東区の人口は、1955 年（昭和 30 年）277,971 人、2015 年（平成 27 年）498,109 人、60 年間の人口増加率は 79％で、約 1.8 倍となった。

地形図 33： 2万5千分の1地形図「東京南部」令和3年調製を3倍に拡大・
加工 ④ユニコーンガンダム立像

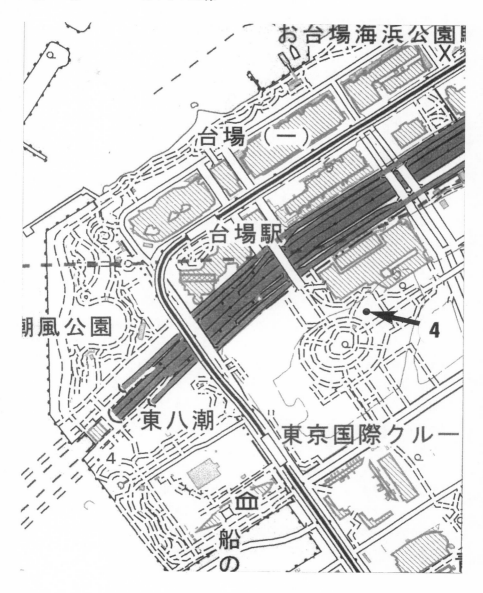

(22) 東京都文京区本駒込：作品出版社

設置施設等：アンパンマン像、アンパンマンと仲間たちの像
作者名：やなせたかし（本名、柳瀬嵩）、1919年（大正8年）～2013年（平成25年）
作品名：アンパンマン

　東京都文京区は、山手線の内側に位置し、区名どおり、東京大学など大学が多い。江戸時代に諸藩の下屋敷や武家屋敷が置かれたことから、明治期に高級住宅街となり、かつて夏目漱石や森鴎外などが住んだ。大学などの学校が多いことと関連して、出版印刷業が多く、区内製造業出荷額の7割を占め、大学病院も多く、医療機器や製薬業も多い。本駒込を代表するのが国の特別名勝である六義園で、徳川五代将軍の徳川綱吉の側用人であった柳澤吉保が、下屋敷に和歌を庭園に取り入れて回遊式築山泉水の大名庭園を作らせたとされ、小石川後楽園とともに、江戸の二大庭園とされる。明治に入って岩崎弥太郎が購入、東京都に寄贈した。文京区弥生には東京大学があり、弥生式土器発掘ゆかりの地碑がある。

　フレーベル館は、1993年（平成5年）に本社屋を神田小川町から文京区本駒込の現在地に移転、山手線駒込駅南の六義園の南東である。本社屋玄関前にアンパンマンの銅像が設置され、ショーケースの上にはメロンパンナちゃん・アンパンマン・ドキンちゃんの3体のFRP像、地下一階に「えほんとおもちゃの店」、入り口横に、アンパンマンと仲間たちの小さな石像が7体設置されている。アンパンマンとフレーベル館の関係は、1973年（昭和48年）にフレーベル館の月刊絵本『キンダーおはなしえほん』の一冊で「あんぱんまん」を発表してからで、1988年（昭和63年）にテレビアニメ「それいけ！アンパンマン」が放映されて大人気番組となり、フレーベル館の「アンパンマン」シリーズ本も大人気作品となった。書籍以外に、アンパンマンのオリジナル商品も扱っている。

　文京区は、1947年（昭和22年）小石川区と本郷区が合併して文京区となった。文京区の人口は、1960年（昭和35年）259,383人、1995年（平成7年）172,474人に減少したがその後は増加に転じ、2015年（平成27年）219,724人、1960～2015年の55年間の人口減少率は15％である。

地形図34：2万5千分の1地形図「東京首部」平成27年調製を4倍に拡大・加工　⑤アンパンマン銅像

（23）東京都千代田区神田猿楽町：マンガコレクション収蔵

設置施設等：明治大学米沢嘉博記念図書館・現代マンガ図書館

蒐集者名：米沢嘉博、1953年（昭和28年）〜2006年（平成18年）

蒐集者名：内記稔夫、1937年（昭和12年）〜2012年（平成24年）

　千代田区は、日本の首都である東京都の中でも、首都機能が集中するとともに、中心業務地区であり、神田古書店街や秋葉原電気街など、特色ある街並みが存在、特に「アキバ」はサブカルチャーの街である。

　米沢嘉博記念図書館は、2009年（平成21年）10月31日に、開館した。漫画蒐集家で著名な米沢嘉博氏の膨大な蔵書が母校の明治大学に寄贈され、明治大学が開設したものである。米沢嘉博氏は、1975年（昭和50年）〜2006年（平成18年）までコミックマーケット準備会代表（第2代）を、1985年（昭和60年）に株式会社コミケットを設立、社長を務めた。漫画評論家としても著名で、『戦後少女マンガ史』『戦後ＳＦマンガ史』『戦後ギャグマンガ史』の戦後マンガ史三部作が、特に代表的な著書である。2010年（平成22年）に第14回手塚治虫文化賞特別賞を受賞した。

　現代マンガ図書館は、1955年（昭和30年）に新宿区早稲田鶴巻町で貸本屋「山吹文庫」を開業した内記稔夫氏が、1978年（昭和53年）11月1日に開設したもので、昭和30年代の貸本専用貸本マンガ以外、私財を投じてマンガの単行本・雑誌・入門書・評論集・研究書などを蒐集、日本初のマンガ図書館と称され、1997年（平成9年）6月3日に第1回手塚治虫文化賞特別賞を受賞した。2009年（平成21年）に蔵書が明治大学に寄贈され、引き続き運用後、2019年（令和元年）12月に休館となった。

　明治大学米沢嘉博記念図書館・現代マンガ図書館は、2021年（令和3年）3月19日に、2009年（平成21年）開設の米沢嘉博記念図書館に、現代マンガ図書館が移転・再開、両者が共通運用されることとなった。日本最大規模のまんが図書館で、米沢嘉博氏の蔵書約14万冊、内記稔夫氏の蔵書約27万冊、開架式の閲覧室もあるが、ほとんどは閉架式である。

　千代田区の人口は、1955年（昭和30年）122,745人、都心空洞化で、1995年（平成7年）34,780人、その後の都心回帰で2015年（平成27年）58,406人、60年間の人口減少率は52％で、約半分となった。

地形図 35：2 万 5 千分の 1 地形図「東京首部」平成 27 年調製を 4 倍に拡大・
加工　⑥明治大学米沢嘉博記念図書館・現代マンガ図書館

(24) 東京都新宿区神楽坂：作者居住地

設置施設等：コボちゃん像

作者名：植田まさし（本名、植松正通）、1947年（昭和22年）〜

作品名：コボちゃん

　東京都新宿区は、1991年（平成3年）東京都庁が移転、都庁所在区となった。新宿は、江戸期に甲州街道の宿場町で、新宿駅は、中央線・山手線、京王線・小田急線、東京メトロ丸の内線、東京都営新宿線など、多くの鉄道が通過する東京一の大ターミナルである。神楽坂は、新宿区の東端に位置、「神楽」は、神輿の神楽に由来する。また、神楽坂は、1958年（昭和33年）から全国的にも極めて珍しい「逆転式一方通行」となっており、午前中は「坂上→坂下」、午後は「坂下→坂上」となる。この付近は、大正期には花街で、関東大震災以降は商店街となり、近年はマンション建設が進む住宅街ともなっている。1964年（昭和39年）地下鉄東西線高田馬場〜九段下間が開通、神楽坂駅が開業、1966年（昭和41年）中野まで開通、1969年（昭和44年）西船橋まで開通して、全線開業した。

　植田まさし氏は、東京都世田谷区出身、新宿区神楽坂には35年以上居住、1982年（昭和57年）4月1日から「讀賣新聞」朝刊に「コボちゃん」を連載、1992年（平成4年）テレビアニメ化、2022年（令和4年）4月1日には連載40周年、同年6月休載、2023年（令和5年）3月再開された。「コボちゃん」の名前は、田畑小穂で、作者自身が子供のころに呼ばれていた「こぼちゃん」に由来する。「讀賣新聞」朝刊の4コマ漫画は、1973年（昭和48年）に「轟先生」が終了、1980年（昭和55年）〜1982年（昭和57年）の「あっぱれサン」の後を受けて、指名により、連載開始となった。

　コボちゃん像は、2015年（平成27年）8月16日に、東京都新宿区神楽坂6丁目のパークリュクス神楽坂前に設置された。近所の人が季節に合わせて、各種の衣装を着せ、楽しみとなっている。東京メトロ東西線神楽坂駅出口の商店街案内板にも、コボちゃん一家が描かれている。

　新宿区の人口は、1960年（昭和35年）413,690人、1995年（平成7年）279,048人、35年間で33%と3分の2まで減少、以後は増加に転じ、2015年（平成27年）333,560人、55年間の人口減少率は19%である。

地形図36：2万5千分の1地形図「東京西部」令和3年調製を4倍に拡大・加工　⑦コボちゃん像

（25）東京都渋谷区宮下公園：立体都市公園に誘致

設置施設等：ドラえもんみらいの扉像

作者名：藤子・F・不二雄（本名、藤本弘）、1933年（昭和8年）〜 1996年（平成8年）

作品名：ドラえもん

　東京都渋谷区は、ターミナル駅である渋谷駅を中心に、多くは武蔵野台地上の山手地区である。渋谷駅付近は、名前のとおり「谷」で、東京メトロ銀座線渋谷駅は地上駅である。渋谷駅は、1885年（明治18年）日本鉄道が官鉄と接続すべく赤羽〜品川を開業させ、途中駅として開業、1906年（明治39年）日本鉄道国有化、1907年（明治40年）玉川電気鉄道（後の東急玉川線）が軌道法で開業、1927年（昭和2年）東京横浜電鉄（現・東急）東横線開業、1933年（昭和8年）帝都電鉄（現・京王井の頭線）開業、1938年（昭和13年）東京高速鉄道（現・東京メトロ銀座線）開業、1969年（昭和44年）東急玉川線廃止、1977年（昭和52年）東急新玉川線（現・田園都市線）開業、1978年（昭和53年）営団地下鉄（現・東京メトロ）半蔵門線開業、東急新玉川線と相互乗り入れ、1996年（平成8年）埼京線ホーム設置、2008年（平成20年）東京メトロ副都心線開業、2013年（平成25年）東急東横線渋谷駅地下化、東京メトロ副都心線と相互乗り入れ、2020年（令和2年）東京メトロ銀座線渋谷駅移転、埼京線ホームが移設された。

　宮下公園は、渋谷駅北側山手線と明治通り間に、1953年（昭和28年）開園、立体都市公園制度を活用して公園を再整備、2020年（令和2年）に低層複合商業施設のミヤシタパーク開設、公園は屋上に移設された。

　ドラえもんは、1969年（昭和44年）に「コロコロコミック」小学館に連載、1973年（昭和48年）に日本テレビ系列でテレビアニメ化された。

　ドラえもんみらいのとびら像は、2021年（令和3年）12月1日に、ミヤシタパーク屋上に、マンガ「ドラえもん」誕生50周年を記念して設置、扉の前には、ドラえもんと野比のび太の像、他にパーマンなどの藤子・F・不二雄氏のアニメキャラクターも扉枠に配置されている。

　渋谷区の人口は、1960年（昭和35年）282,687人、1995年（平成7年）188,472人、35年間で33％と3分の2まで減少、以後は増加に転じ、2015年（平成27年）224,533人、55年間の人口減少率は21％である。

地形図 37：2万5千分の1地形図「東京西南部」平成 27 年調製を 4 倍に拡大・
加工　⑧ドラえもんみらいのとびら像

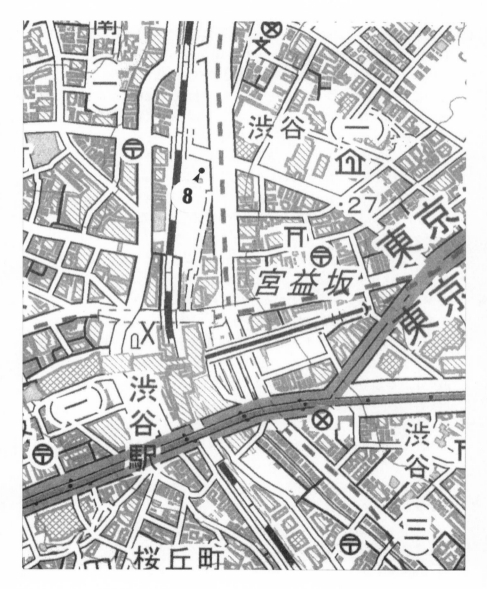

（26）東京都豊島区南長崎：作者居住地

設置施設等：豊島区立トキワ荘マンガミュージアム

ときわ荘モニュメント・作品パネル・トキワ荘通りお休み処

　東京都豊島区南長崎にあったトキワ荘は、著名な漫画家の居住で知られ、1952 年（昭和 27 年）上棟、1982 年（昭和 57 年）解体、跡地は日本加除出版の社屋となり、中華料理店「松葉」が残る。1915 年（大正 4 年）西武池袋線東長崎駅開業、1924 年（大正 13 年）西武池袋線椎名町駅開業、1997 年（平成 9 年）都営 12 号線（現・大江戸線）落合南長崎駅が開業した。

　記念碑「トキワ荘のヒーローたち」は 2009 年（平成 21 年）4 月 4 日南長崎花咲公園に、トキワ荘跡地モニュメントは 2012 年（平成 24 年）4 月 6 日トキワ荘跡地（日本加除出版敷地内）に、トキワ荘通りお休み処（テラさんの部屋の再現やトキワ荘関係の展示、マンガの閲覧が可）は 2013 年（平成 25 年）12 月 15 日トキワ荘通りに、それぞれ設置された。

　「マンガの聖地としま！モニュメント」は、2016 年（平成 28 年）4 月 16 日に、東長崎駅南北自由通路に、手塚治虫「ジャングル大帝」レオ＆ライヤ、南長崎スポーツ公園に、寺田ヒロオ「背番号 0」ゼロくん、2016 年（平成 28 年）12 月 10 日に、南長崎公園に、鈴木伸一「ラーメン屋台」、特別養護老人ホーム風かおる里に、森安なおや「いねっ子わらっ子」マコちゃん、2018 年（平成 30 年）12 月 1 日に、落合南長崎駅構内に、水野英子「星のたてごと」リンダ＆ユリウス、2019 年（令和元年）6 月 29 日に、椎名町駅に、藤子不二雄Ⓐ「怪物くん」、石ノ森章太郎「サイボーグ 009」、赤塚不二夫「天才バカボン」、2020 年（令和 2 年）3 月 1 日に、区民ひろば富士見台に、よこたとくお「マーガレットちゃん」キャラクター、2021 年（令和 3 年）3 月 19 日に、南長崎はらっぱ公園に、山内ジョージ「あいうえお」モニュメントが、設置された。トキワ荘マンガミュージアムは、2020 年（令和 2 年）7 月 7 日に、南長崎花咲公園に開館、マンガにまつわる企画展示とトキワ荘の当時の様子が再現・体感できる。

　豊島区の人口は、1960 年（昭和 35 年）363,193 人、1995 年（平成 7 年）246,252 人、以後は増加に転じ、2015 年（平成 27 年）291,167 人、55 年間の人口減少率は 20％である。都心回帰はあるが、以前ほどではない。

地形図38：2万5千分の1地形図「東京西部」令和3年調製を2倍に拡大・加工　⑨トキワ荘マンガミュージアム　⑩トキワ荘跡地モニュメント

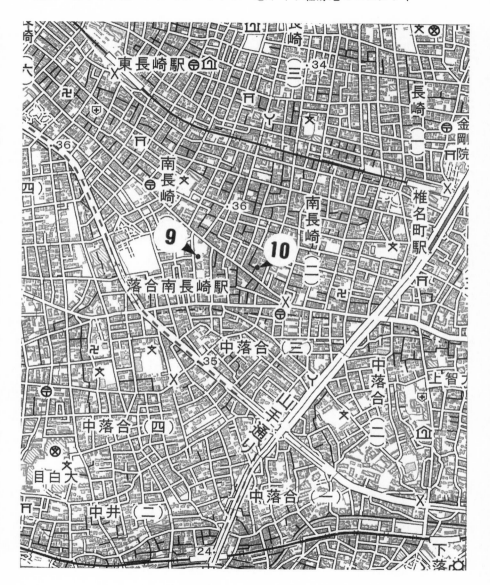

（27）東京都練馬区東大泉：日本アニメ発祥の地

設置施設等：東映アニメーションミュージアム

大泉駅前にアニメゲート（鉄腕アトム・銀河鉄道999・あしたの
ジョー・うる星やつら像）

作者名：手塚治虫・松本零士・高森朝雄・ちばてつや・高橋留美子

作品名：鉄腕アトム・銀河鉄道999・あしたのジョー・うる星やつら

　東京都練馬区は、かつては「練馬大根」に代表される近郊農業の地であっ
たが、西武鉄道池袋線が通過、東京都内で郊外住宅地として、急速に発展
した。1924年（大正13年）武蔵野鉄道東大泉駅開業、1933年（昭和8年）
東大泉駅は大泉学園駅に改称、1945年（昭和20年）武蔵野鉄道は西武農業
鉄道に、1946年（昭和21年）西武農業鉄道は西武鉄道となった。練馬区は、
東映アニメーションの前身である東映動画が1956年（昭和31年）創立さ
れたことから、西武池袋線桜台駅南口の「サイボーグ009の主人公」を描
いた観光案内板など、練馬区内全20駅に観光案内版を設置、「日本アニメ
発祥の地　練馬区」と称して、強くアピールしている。

　東映アニメーションギャラリーは、2003年（平成15年）3月29日に、
東映アニメーション大泉スタジオ特設スタジオに、開設された。東映アニ
メーション制作作品の資料を展示、企画展も開催された。2014年（平成26
年）9月23日に、大泉スタジオの建て替えで、長期休館となった。

　大泉学園駅では、2008年（平成20年）3月16日に、銀河鉄道999の車
掌を名誉駅長とし、そのキャラクター立像（FRP製）を改札内に、2009
年（平成21年）3月8日に、駅北口に銀河鉄道999の壁画を設置した。

　鉄腕アトム・銀河鉄道999のメーテルと星野鉄郎・あしたのジョー・う
る星やつらのラムの銅像は、2015年（平成27年）4月4日に、大泉学園駅
北側デッキに、大泉アニメゲートが開設され、そこに設置された。

　2018年（平成30年）7月28日に、東映アニメーションに、東映アニメー
ションミュージアムが開設、入り口に長靴をはいた猫のペロ立像、貴重な
制作作品資料やプリキュアなどの等身大パネルなどを展示している。

　練馬区の人口は、1955年（昭和30年）185,814人、2015年（平成27年）
721,722人、60年間の人口増加率は288％、約4倍となった。

地形図39：2万5千分の1地形図「吉祥寺」平成30年調製を3倍に拡大・加工　⑪大泉アニメゲート　⑫東映アニメーションミュージアム

（28） 東京都杉並区上萩：アニメ制作会社集積地

設置施設等：杉並アニメーションミュージアム

　　　　　機動戦士ガンダム像

　東京都杉並区は、日本のアニメ制作会社 811 社の内、149 社が集積する、市区町村別では日本一のアニメの街で、いわば「地場産業」となっている。その立地条件は、交通の利便性が高く、クリエーターにとっても住みやすい環境の両立が図れる位置にある。練馬区も、比較的類似した環境にあり、アニメ制作会社数は杉並区に次ぐ。1889 年（明治 22 年）甲武鉄道（現・中央線）新宿〜立川間開通、1891 年（明治 24 年）荻窪駅開業、1922 年（大正 11 年）西荻窪駅が開業した。1927 年（昭和 2 年）西武村山線（現・新宿線）高田馬場〜東村山間開通、上井草駅が開業した。

　杉並アニメ資料館は、2003 年（平成 15 年）5 月に、東京都杉並区上窪の杉並会館 3 階に開館、杉並区が地場産業のアニメ制作を支援する意図で開設され、アニメーション全般を対象としていることが特色である。

　杉並アニメーションミュージアムは、2005 年（平成 17 年）3 月 5 日に、杉並アニメ資料館を改称したもので、日本のアニメの歴史、これからの日本のアニメ、日本のアニメ全般を体系的に学ぶことができ、アニメ制作過程、アニメに関する資料や、クリエーターのインタビュー映像など、多くのライブラリー、人気テレビアニメや新しいアニメなどの企画展、150 インチスクリーンと 5.1 サラウンドによる保有するアニメ作品の上映、アフレコ・効果音などのアニメ制作過程の体験も可能となっている。杉並区の期間限定命名権の対象で、前後にスポンサー名が入る。

　機動戦士ガンダム像は、2008 年（平成 20 年）3 月に、杉並区の西武新宿線上井草駅前に、設置された。ガンダム制作会社のサンライズ（現・バンダイナムコフィルムワークス）がかつて上井草にあり、杉並区とサンライズによって設置されたもので、上井草商店街が維持管理を担う。

　杉並区は、1932 年（昭和 7 年）東京市と豊多摩郡などの周辺 5 郡が合併して、東京市域が拡大し、東京市杉並区となった。1943 年（昭和 18 年）東京都杉並区となった。杉並区の人口は、1955 年（昭和 30 年）405,656 人、2015 年（平成 27 年）563,997 人、60 年間の人口増加率は 39％である。

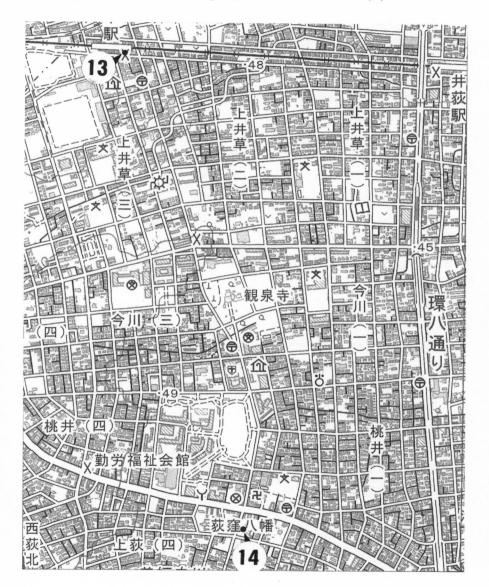

地形図40：2万5千分の1地形図「吉祥寺」平成30年調製を2倍に拡大・加工　⑬機動戦士ガンダム像　⑭杉並アニメーションミュージアム

（29）東京都世田谷区祖師谷：プロダクション近接地

設置施設等：ウルトラマン商店街・ウルトラマン像

監督（監修）名：円谷英二（本名、圓谷英一）、1901 年（明治 34 年）〜 1970 年（昭和 45 年）

作品名：ウルトラマン

　1948 年（昭和 23 年）円谷英二氏が自宅に円谷映画特殊技術研究所を設立、円谷プロダクションの始まりで、1964 年（昭和 39 年）3 月 30 日に東宝 砧撮影所近くの敷地を円谷特技プロダクション本社とした。1966 年（昭和 41 年）1 月 2 日に特撮テレビドラマシリーズ「ウルトラ Q」放映開始、同年 7 月 17 日に同「ウルトラマン」放映開始、同年 12 月 6 日円谷プロダクションに、1979 年（昭和 54 年）4 月 4 日テレビアニメ「ザ☆ウルトラマン」放映開始、2005 年（平成 17 年）4 月本社を八幡山に移転、旧本社は砧社屋に、2008 年（平成 10 年）砧社屋閉鎖、2011 年（平成 13 年）渋谷区桜丘町に移転した。1927 年（昭和 2 年）4 月 1 日小田原急行電鉄開通・祖師ヶ谷大蔵駅開業、1999 年（平成 11 年）〜 2004 年（平成 16 年）高架化・複々線化完成、駅構内柱にはウルトラマンのポスターが掲示されている。1907 年（明治 40 年）開通の玉川電気鉄道と 1913 年（大正 2 年）開通の京王電気軌道の間に開業、両者が明治・大正期の従来の街道の影響を受ける軌道法に対し、昭和期の従来の街道の影響を受けない地方鉄道法による開業のため、接続が義務付けられた新宿駅付近を除き線形が極めてよく、2018 年（平成 30 年）に代々木上原〜登戸間複々線開通した。

　ウルトラマン商店街は、2005 年（平成 17 年）4 月に、祖師ヶ谷大蔵駅前の 3 商店街を命名、2006 年（平成 18 年）3 月に、駅前広場にウルトラマンシンボル像を設置、駅北側と西側が祖師谷商店街、商店街西側入口にゾフィーアーチ、カネゴン像、ウルトラマンショップ SHOTM78、北側続きが祖師谷昇進会商店街で商店街北側入口にウルトラマンアーチ、駅南側が祖師谷南商店街で駅前にウルトラマンモニュメント、商店街南側入り口にウルトラマンジャックアーチ（このさらに南に円谷プロダクションがあった）がそれぞれ設置された。街灯も、ウルトラマン・ウルトラマンタロウ・ウルトラセブンやバルタン星人を、イメージしている。

地形図41：2万5千分の1地形図「溝口」平成30年調製を1.4倍に拡大・
加工　⑮ウルトラマンシンボル像　⑯⑰ウルトラマン商店街　ウルトラマン
アーチ

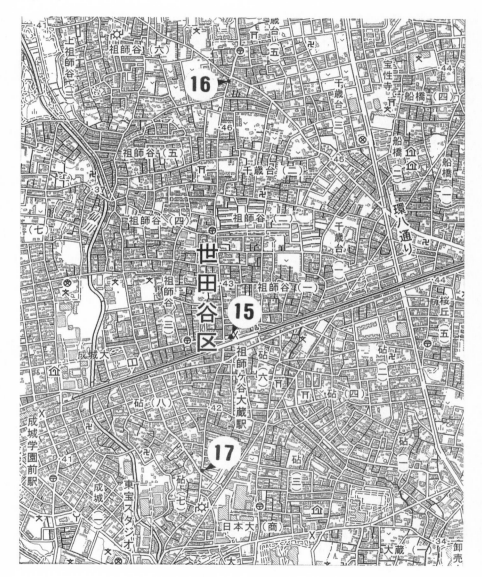

(30) 東京都世田谷区桜新町：作者居住地・作品の舞台

設置施設等：長谷川町子美術館・長谷川町子記念館

　　　　　　サザエさん通り・サザエさん像

作者名：長谷川町子、1920 年（大正９年）〜 1992 年（平成４年）

作品名：サザエさん、いじわるばあさん、エプロンおばさん

　東京都世田谷区は、住宅地が中心で、区内は、世田谷・北沢・玉川・砧・烏山の各地区に区分され、桜新町は玉川地区である。1907 年（明治 40 年）玉川電気鉄道渋谷〜玉川間開通、桜新町電停設置、1938 年（昭和 13 年）東急玉川線となり，1969 年（昭和 44 年）玉川線廃止，1977 年（昭和 52 年）東急新玉川線開通、2000 年（平成 12 年）に田園都市線となった。

　長谷川美術館は、1985 年（昭和 60 年）11 月３日に開館、「サザエさん」出版のために長谷川家の家族４人で設立した出版社「姉妹社」の書庫・流通センター跡地である。収集した美術品が中心で、「サザエさん」関連のコーナーもあった。1992 年（平成４年）に長谷川町子美術館に改名、2020 年（令和２年）７月 11 日に美術館分館の長谷川町子記念館が開館、玄関に「サザエさん・長谷川町子・いじわるばあさん」の像が設置された。長谷川町子氏は、1946 年（昭和 21 年）「夕刊フクニチ」に「サザエさん」を掲載、1946 年（昭和 21 年）上京、1950 年（昭和 25 年）世田谷区桜新町一丁目に住居を新築・居住、1970 年（昭和 45 年）用賀に転居した。

　サザエさん通りは、1987 年（昭和 62 年）７月に、桜新町商店会（現・桜新町商店振興組合）が東急桜新町駅から長谷川美術館までを命名することを美術館に承認要請、命名された。2012 年（平成 24 年）３月 25 日には、桜新町駅西口に「サザエさん・タラちゃん・マスオさん」像、「波平さん・カツオくん・ワカメちゃん・フネさん」像、北口に「カツオくん・ワカメちゃん」像、南口に「サザエさん・タラちゃん」像が設置され、他に交番前に「サザエさん」像、美術館横のサザエさん公園に「サザエさん・タラちゃん・ワカメちゃん・カツオくん・波平さん」像がある。

　世田谷区は、1943 年（昭和 18 年）７月１日に、東京都世田谷区となった。世田谷区の人口は、1955 年（昭和 30 年）523,630 人、2015 年（平成 27 年）903,346 人、1955 〜 2015 年の 60 年間の人口増加率は 73％である。

地形図42：2万5千分の1地形図「東京西南部」平成27年調製を4倍に拡大・
加工　⑱サザエさん通り　⑲長谷川町子記念館

地形図 43：2 万 5 千分の 1 地形図「東京西南部」昭和 41 年改測　1969 年（昭和 44 年）東急玉川線渋谷～二子玉川園間廃止

地形図44：2万5千分の1地形図「東京西南部」平成25年更新　1977年（昭和52年）東急新玉川線渋谷～二子玉川間開通

（31）東京都三鷹市井の頭恩賜公園：アニメ制作スタジオ

設置施設等：三鷹市立アニメーション美術館（三鷹の森ジブリ美術館）

作者名：宮崎駿、1941 年（昭和 16 年）～、高畑勲、1935 年（昭和 10 年）
　　～ 2018 年（平成 30 年）など

作品名：となりのトトロ、千と千尋の神隠し、崖の上のポニョなど

　三鷹市は、東京 23 区に隣接する武蔵野台地上に位置、1917 年（大正 6 年）
開園の井の頭恩賜公園がある。1889 年（明治 22 年）甲武鉄道（現・中央線）
武蔵境駅開業、1899 年（明治 32 年）吉祥寺駅開業、1930 年（昭和 6 年）三
鷹駅開業、1934 年（昭和 9 年）帝都電鉄（現・京王井の頭線）吉祥寺駅開業、
新宿駅・渋谷駅へとつながり、鉄道交通の利便性が高い。

　三鷹市立アニメーション美術館（三鷹の森ジブリ美術館）は、2001 年（平
成 13 年）10 月 1 日に、東京都三鷹市井の頭恩賜公園に開館した。スタジ
オジブリは、1986 年（昭和 61 年）「天空の城ラピュタ」、1988 年（昭和 63
年）「となりのトトロ」「火垂るの墓」、1989 年（平成元年）「魔女の宅急
便」、1991 年（平成 3 年）「おもいでぽろぽろ」、1992 年（平成 4 年）「紅の豚」、
1994 年（平成 6 年）「平成狸合戦ぽんぽこ」、1995 年（平成 7 年）「耳をすま
せば」、1997 年（平成 9 年）「もののけ姫」、1999 年（平成 11 年）「ホーホケキョ
となりの山田君」、2001 年（平成 13 年）「千と千尋の神隠し」と、開館時に
11 作品を制作・公開、ジブリ映画の世界を体感できる施設の開設が待望
されていた。開館後も、2002 年（平成 14 年）「猫の恩返し」、2004 年（平成
16 年）「ハウルの動く城」、2006 年（平成 18 年）「ゲド戦記」、2008 年（平成
20 年）「崖の上のポニョ」、2010 年（平成 22 年）「借りぐらしのアリエッティ」、
2011 年（平成 23 年）「コクリコ坂から」、2013 年（平成 25 年）「風立ちぬ」「か
ぐや姫の物語」、2014 年（平成 26 年）「思い出のマーニー」、2016 年（平成
28 年）「レッドタートル ある島の物語」、2021 年（令和 3 年）「劇場版 アー
ヤと魔女」、36 年間で 22 作品を制作・公開と、日本を代表する長編アニ
メーション映画製作会社である。

　三鷹市は、1940 年（昭和 15 年）三鷹町、1950 年（昭和 25 年）三鷹市と
なった。三鷹市の人口は、1955 年（昭和 30 年）69,466 人、2015 年（平成
27）186,936 人、60 年間の人口増加率は 169％で、約 2.5 倍となった。

地形図45：2万5千分の1地形図「吉祥寺」平成30年調製を2倍に拡大・
加工　⑳三鷹市立アニメーション美術館（三鷹の森ジブリ美術館）

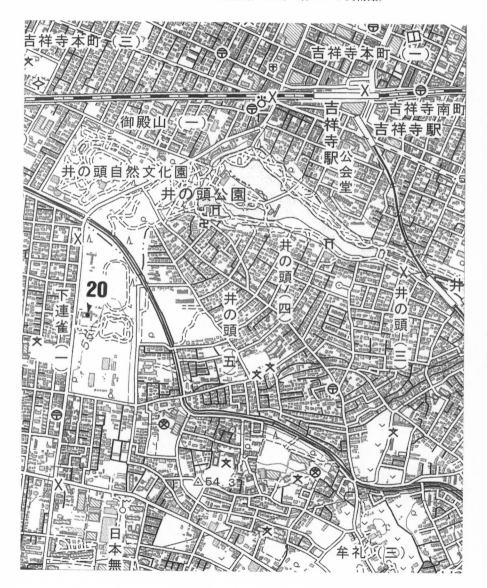

(32) 東京都調布市：作者居住地・作品の舞台

設置施設等：「鬼太郎通り」「鬼太郎茶屋」「鬼太郎ひろば」

作者名：水木しげる（本名、武良茂）、1922 年（大正 11 年）～ 2015 年（平成 27 年）

作品名：ゲゲゲの鬼太郎・河童の三平・悪魔くん

　調布市は、甲州街道が通過する住宅都市で、1913 年（大正 2 年）京王電気軌道（現・京王電鉄）調布駅開業、1928 年（昭和 3 年）新宿追分～東八王子間直通運転開始された。調布飛行場は、伊豆諸島への航空路がある。

「鬼太郎通り」は、1996 年（平成 8 年）10 月に、東京都調布市天神通り商店街に「ゲゲゲの鬼太郎」像 7 体が設置されて、「鬼太郎通り」と称されるようになったものである。1993 年（平成 5 年）7 月の境港市「水木しげるロード」開設を受けて、調布市在住の水木しげる氏に天神通り商店街が鬼太郎像設置を依頼、実現した。天神通り商店街は、布多天神社の京王線調布駅からの表参道で、調布駅からの南入口上に鬼太郎像、通り横に目玉おやじを手に乗せた鬼太郎像、横たわるねずみ男像、一反木綿に乗ったねこ娘像、切株に座るぬりかべ像、頭に目玉おやじを乗せた鬼太郎像、布多天神社方面出口上に鬼太郎像が設置されている。「水木しげるロード」は銅像であるが、「鬼太郎通り」はカラフルなＦＲＰ像である。

「鬼太郎茶屋」は、2003 年（平成 15 年）10 月に、東京都調布市深大寺境内に開店、茶屋とキャラクターグッズ販売の土産物店で、寺の境内は雰囲気が適し、鬼太郎像・ねずみ男像・パネルも設置された。

「鬼太郎ひろば」は、2019 年（令和元年）5 月 18 日に、東京都調布市の京王電鉄京王線が 2012 年（平成 24 年）8 月 19 日に地下化された跡地に開園した。カラフルなＦＲＰ像で、鬼太郎像、やまびこ像、ぬらりひょん像、ぬりかべ像、鬼太郎ハウス、一反木綿のベンチが設置されており、2021 年（令和 3 年）4 月には、「河童の三平池」が追加設置された。

　調布駅前の観光案内所には、市内観光のパンフレットが置かれている。

　調布市は、1955 年（昭和 30 年）調布町と神代町が合併して調布市となった。調布市の人口は、1955 年（昭和 30 年）45,362 人、2015 年（平成 27 年）229,061 人、60 年間の人口増加率は 404％、約 5 倍となった。

地形図46：2万5千分の1地形図「溝口」平成30年調製を1.8倍に拡大・
加工　①鬼太郎通り　②鬼太郎茶屋　③鬼太郎ひろば

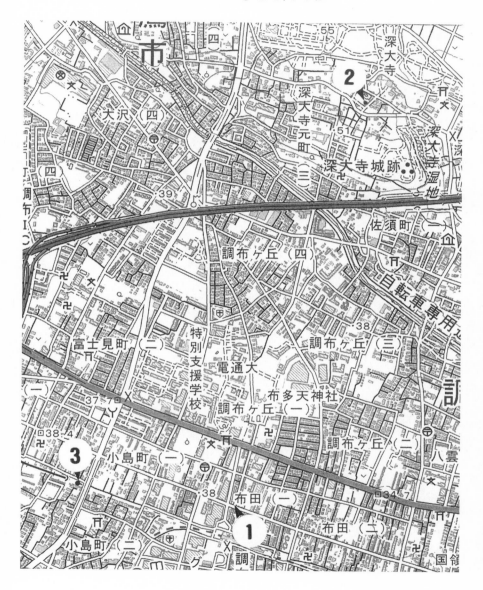

地形図47：2万5千分の1地形図「溝口」昭和41年改測　1916年（大正5年）
多摩河原駅（現・多摩川駅）開業

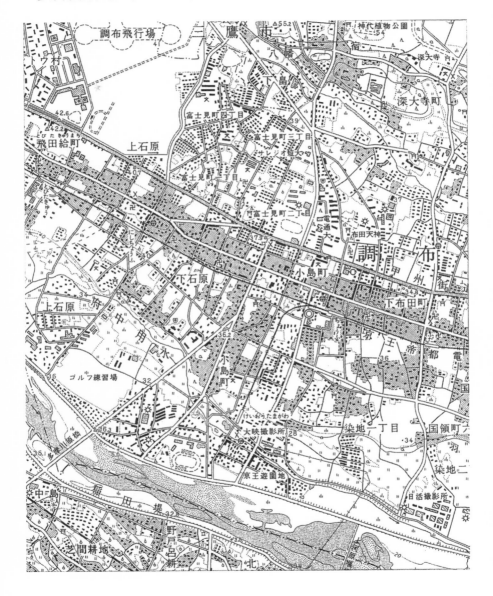

地形図 48：2万5千分の1地形図「溝口」平成5年修正測量　1971年（昭和46年）京王相模原線よみうりランド駅まで延伸

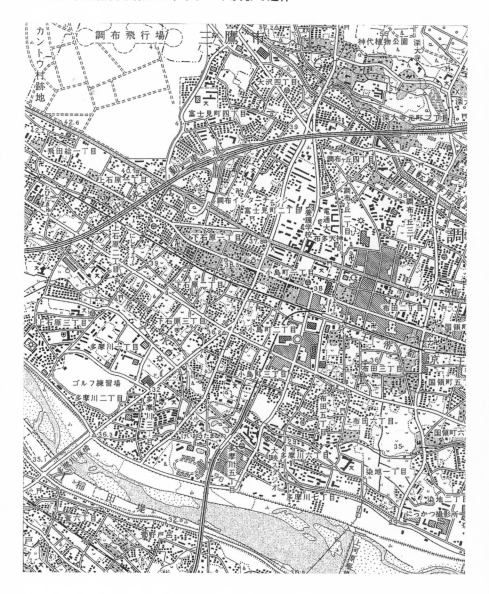

（33）　東京都青梅市：昭和の街に会館誘致

設置施設等：青梅赤塚不二夫会館（2020 年〈令和 2 年〉閉館）

作者名：赤塚不二夫(本名、赤塚藤雄)、1935 年(昭和 10 年)〜 2008 年(平成 20 年)

作品名：天才バカボン・おそ松くん・ひみつのアッコちゃん

　青梅市は、武蔵野台地に出た多摩川扇状地扇端部で、典型的な谷口集落、青梅街道宿場町、かつては綿工業や林業が盛ん、石灰石鉱山もある。1894年（明治 27 年）青梅鉄道（現・青梅線）が開通、1988 年（昭和 63 年）青梅特快運転開始、1962 年（昭和 37 年）開設の青梅鉄道公園もある。

　赤塚不二夫氏は、1962 年（昭和 37 年）「週刊少年サンデー」に「おそ松くん」、「リボン」に「ひみつのアッコちゃん」の連載を開始した。

　青梅赤塚不二夫会館は、2003 年（平成 15 年）10 月 18 日に、青梅市に開館、明治期建築土蔵造りの医院を転用、入口横に「バカボンのパパ」像・イヤミのパネル・「菊千代」像、入口でキャラクターグッズ販売、赤塚不二夫の写真、「おそ松くん」「ひみつのアッコちゃん」「天才バカボン」のパネル、生原稿、掲載雑誌、「バカ田神社」、トキワ荘の再現部屋などが展示されていた。作者ゆかりの地・作品の舞台のいずれでもなく、商店街が、活性化のために昭和の映画看板を掲げた「昭和の街」で街おこしを推進、誘致・実現した。「町はシュールな映画館　青梅赤塚不二夫シネマチックロード」の旗が通りに掲示、すぐ横の「昭和レトロ商品博物館」で包装資材や紙芝居自転車一式の展示、同じ通りの「昭和幻燈館」で「猫街キネマ通り」と称した猫の世界の展示がある。残念ながら、2020 年（令和 2 年）3 月 27日に閉館、建物は撤去、跡地は駐車場に。閉館に伴い、同年 3 月 31 日に青梅駅の「バカボンのパパ」像、キャラクターパネルも撤去、「ひみつのアッコちゃん」の発車メロディも変更された。

　青梅市は、1951 年（昭和 26 年）青梅町・霞村・調布村が合併して青梅市に、1955 年（昭和 30 年）吉野村・三田村・小曽木村・成木村を編入、青梅市の人口は、1955 年（昭和 30 年）55,218 人、2005 年（平成 17 年）142,354 人に増加したが、以後は減少に転じ、2015 年（平成 27 年）137,381 人，60 年間の人口増加率は 157％、約 2.5 倍となった。

地形図 49： 2万5千分の1地形図「青梅」平成29年調製を4倍に拡大・加工 ④青梅赤塚不二夫会館跡

（34）東京都町田市：サテライト（別館）を誘致

設置施設等：スヌーピーミュージアム

作者名：チャールズ・モンロー・シュルツ、1922 年（大正 11 年）～ 2000 年（平成 12 年）

作品名：スヌーピー

　東京都町田市は、東京都中央南端、神奈川県に入り込んだ場所にある。横浜線は、町田市で東京都を通過し、小田急線は東京都から神奈川県を通過して町田市に至る。1908 年（明治 41 年）横浜線原町田駅開業、1927 年（昭和 2 年）小田急線新原町田駅開業、1976 年（昭和 51 年）小田急線新原町田駅が町田駅と改称、同年東急田園都市線南町田駅開業、1980 年（昭和 55 年）横浜線原町田駅が小田急線町田駅側に移転、町田駅と改称、2000 年（平成 12 年）南町田駅南側にグランベリーモール開業、2017 年（平成 29 年）グランベリーモール閉館、2019 年（令和元年）南町田グランベリーパーク開業、南町田駅は南町田グランベリーパーク駅と改称した。

　チャールズ・M・シュルツは、アメリカ合衆国ミネソタ州ミネアポリス出身、1950 年（昭和 25 年）「ピーナッツ」の新聞連載で主人公チャーリー・ブラウン少年の飼い犬であるスヌーピーが登場、アメリカでテレビアニメ化、日本でも 2015 年（平成 27 年）テレビアニメが放映された。

　スヌーピーミュージアムは、2016 年（平成 28 年）4 月 23 日に、東京都港区六本木 5 丁目の麻布保育園跡地に開館、2018 年（平成 30 年）9 月 24 日閉館、跡地は、2019 年（平成 31 年）1 月からソニーミュージック六本木ミュージアムとなった。2019 年（令和元年）12 月 14 日に、東京都町田市の東急田園都市線南町田グランベリーパーク駅南側の南町田グランベリーパーク内に、スヌーピーミュージアムが移転・開館、アメリカ合衆国カリフォルニア州サンタローザにあるチャールズ・M・シュルツ美術館のサテライト（世界で唯一の別館）で、スヌーピーの版権を管理するソニー・クリエイトプロダクツが運営、スヌーピーと「ピーナッツ」の仲間たちを展示、駅ホームから入口まで 5 体のスヌーピー像、公園に 6 体の像、ミュージアム内のホールに 6 体（内 1 体は長さ 8 m）の像がある。

　町田市の人口は、1955 年（昭和 30 年）58,342 人、2015 年（昭和 27 年）432,348 人、60 年間の人口増加率は 641％、約 7 倍となった。

地形図50：２万５千分の１地形図「原町田」令和元年調整を４倍に拡大・
加工　⑤スヌーピーミュージアム

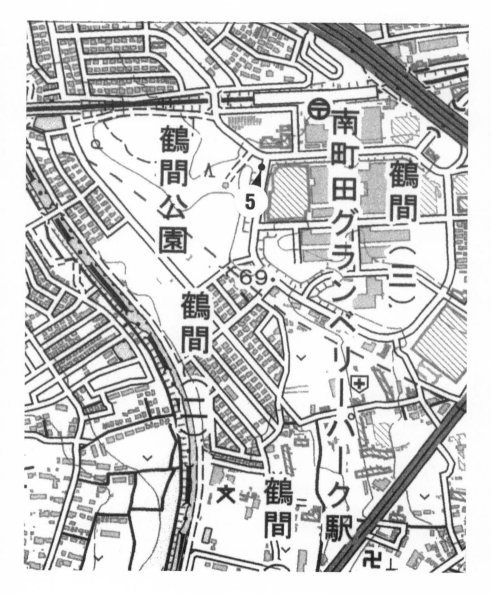

(35) 神奈川県大和市：球場愛称から

設置施設等：ドカベンスタジアム・山田太郎と里中智像

作者名：水島新司、1939年（昭和4年）～2022年（令和4年）

作品名：ドカベン・あぶさん・野球狂の詩

　大和市は、相模原台地上の都市で、戦後、住宅開発により、急速に人口が増加した。1926年（大正15年）神中鉄道（現・相模鉄道）が開通、大和駅開設、1929年（昭和4年）小田急江ノ島線が開通、西大和駅開業、1944年（昭和19年）江ノ島線西大和駅が大和駅に改称、1984年（昭和59年）東急田園都市線が開通、中央林間駅開業となった。以上のように、市内に3線が乗入、横浜・新宿・渋谷に直通できる利便性から、住宅都市として急速に発展した。隣接する綾瀬市にまたがって、在日米軍と海上自衛隊が使用する厚木基地があり、広大な滑走路が設置されている。

　ドカベンスタジアムは、1980年（昭和55年）引地台野球場として完成、1996年（平成8年）に全面人工芝、電光掲示板を設置した本格的野球場となった。その時に、「ドカベン」の作者である水島新司氏からアドバイスを受けたことが縁で、「ドカベン」のキャラクターのイラスト3点が掲げられて「ドカベンスタジアム」の愛称になった。1997年（平成9年）7月に「ドカベン」の山田太郎と里中智のブロンズ像を設置、ドカベン像設置は初めてである。1998年（平成10年）「かながわ・ゆめ国体」で野球場が使用された。2014年（平成26年）大和スタジアムに名称変更、人工芝張替えなどの改修工事も行われた。水島新司氏は、新潟県新潟市出身、大阪へ移り住んで貸本漫画家となった。上京して「週刊少年キング」に作品を掲載、1969年（昭和44年）に野球漫画「エースの条件」を発表、1972年（昭和47年）「週刊少年マガジン」に「野球狂の詩」、「週刊少年チャピオン」に「ドカベン」、1973年（昭和48年）「ビッグコミックオリジナル」に「あぶさん」を掲載で、野球漫画の第一人者となった。

　大和市は、1891年（明治24年）大和村に、1943年（昭和18年）大和町に、1959年（昭和34年）大和市となる。大和市の人口は、1955年（昭和30年）30,375人、2015年（平成27年）232,922人、60年間の人口増加率は667%、約7倍となった。

地形図 51： 2 万 5 千分の 1 地形図「座間」平成 29 年調製を 4 倍に拡大・加工　⑥ドカベン山田太郎・里中智のブロンズ像

(36) 神奈川県川崎市：作者居住地

設置施設等：藤子・Ｆ・不二雄ミュージアム

作者名：藤子・Ｆ・不二雄（本名、藤本弘）、1933 年（昭和 8 年）〜 1996 年（平成 8 年）

作品名：ドラえもん

　川崎市は、1924 年（大正 13 年）市制施行、京浜工業地帯の工業都市として知られるが、内陸部では東京都への交通の利便性から住宅都市としても発展、人口が急増している。1927 年（昭和 2 年）南武鉄道登戸駅開業、同年小田急稲田多摩川駅・稲田登戸駅開業、1944 年（昭和 19 年）南武鉄道国有化、1955 年（昭和 30 年）小田急稲田多摩川駅は登戸多摩川駅に、稲田登戸駅は向ヶ丘遊園駅に改称、1958 年（昭和 33 年）小田急登戸多摩川駅は登戸駅に改称した。向ケ丘遊園は、1927 年（昭和 2 年）小田急線開通と同時に開業、豆汽車が向ケ丘遊園まで運行開始、1965 年（昭和 40 年）豆汽車撤去、1966 年（昭和 41 年）向ヶ丘遊園モノレール向ヶ丘遊園駅〜向ケ丘遊園正門前駅間運行開始、2000 年（平成 12 年）モノレール運行休止、2001 年（平成 13 年）モノレール廃止、2002 年（平成 14 年）向ケ丘遊園営業終了、園内のバラ苑は川崎市が管理を引き継ぎ、保全している。

　藤子・Ｆ・不二雄ミュージアムは、2011 年（平成 23 年）9 月 3 日に開館、川崎市は作者居住地、1999 年（平成 11 年）漫画原画約 5 万点の展示公開の申し入れで、モノレール向ヶ丘公園正門前駅跡や向ケ丘遊園ボウル跡地に設置、原画によるドラえもんの歴史、先生の部屋の再現、中庭に先生とキャラクターの銅像、ショップ・カフェ、屋上「はらっぱ」などにドラえもん像と土管など、キャラクター像 10 体が点在している。

　小田急線登戸駅は、2019 年（平成 31 年）2 月 26 日に、ドラえもん像・どこでもドアが設置され、駅名標は青と赤に鈴柄など、ドラえもん仕様となった。向ケ丘遊園駅・登戸駅・宿川原駅の各駅からミュージアムまでの道沿いに、ドラえもん・ドラミ・オバケのＱ太郎・コロ助・パーマン 1 号 2 号・チンプイ・21エモンの銅像計 9 体が設置されている。

　川崎市の人口は、1955 年（昭和 30 年）445,520 人、2015 年（平成 27 年）1,475,213 人、60 年間の人口増加率は 231％、約 3.3 倍となった。

地形図52：2万5千分の1地形図「溝口」平成30年調製を2.4倍に拡大・
加工　⑦藤子・F・不二雄ミュージアム

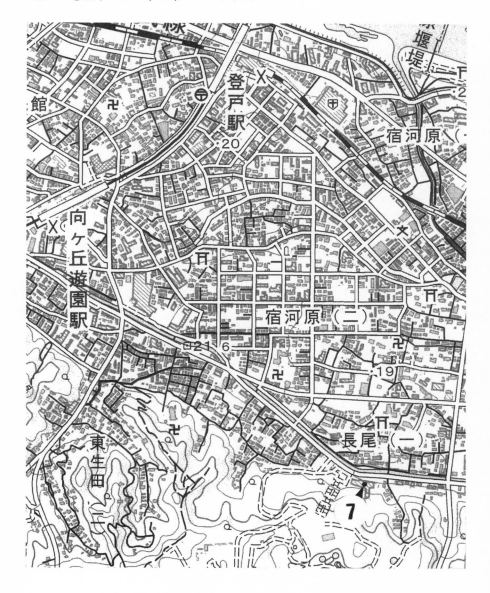

地形図53：2万5千分の1地形図「溝口」昭和41年改測を2.4倍に拡大・加工　1966年（昭和41年）向ヶ丘遊園モノレール運行開始

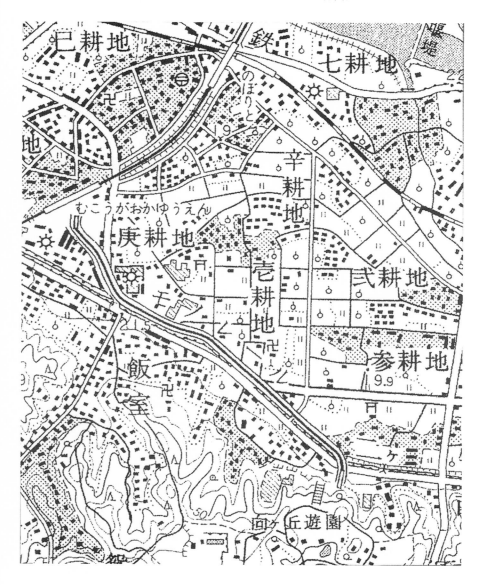

地形図54：2万5千分の1地形図「溝口」平成5年修正測量を2.4倍に拡大・加工　2001年（平成13年）向ヶ丘遊園モノレール廃止

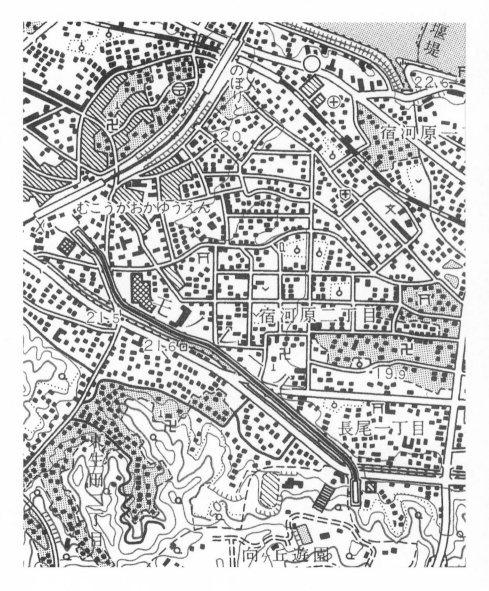

（37） 神奈川県横浜市西区：みなとみらい地区に開設

設置施設等：横浜アンパンマンこどもミュージアム

作者名：やなせたかし（本名、柳瀬嵩）、1919年（大正8年）～2013年（平成25年）

作品名：アンパンマン

　横浜みなとみらい21は、横浜港に面した再開発地域で、港湾施設が広がっていた場所である。大きく中央地区のオフィスビル地区、新港地区の赤レンガ倉庫・コスモワールド地区、横浜駅東口地区の新都市ビル・スカイビルの68街区に区分される。1985年（昭和60年）日本丸メモリアルパーク完成、日本丸一般公開、1989年（平成元年）横浜博覧会開催、横浜マリタイムミュージアム（現・横浜みなと博物館）開館、1993年（平成5年）横浜ランドマークタワー開業、1999年（平成11年）よこはまコスモワールド開業、2004年（平成6年）みなとみらい線開通、新高島駅・みなとみらい駅が開業、東急東横線との相互乗り入れを開始した。

　横浜アンパンマンこどもミュージアムは、2007年（平成19年）4月20日に、横浜市のみなとみらい地区の48街区に、暫定施設として開設された。アンパンマンこどもミュージアムとしては、初の施設である。

　横浜アンパンマンこどもミュージアム＆モールは、2019年（令和元年）7月7日に、横浜市のみなとみらい地区の48街区から61街区に移転した。入り口前に、アンパンマン像（ＦＲＰ像・約4ｍ）が設置され、1階は、フード・レストラン＆ショップ（入場無料）、2階がミュージアムショップとチケットカウンター、3階がミュージアムで、「ぱんこうじょう」「みんなのまち」「わんぱくアイランド」「ひろば（メインステージ会場、アンパンマンのショー開催）」「がっこう（ベビーエリア併設）」「わいわいパーク」「ボールパーク」「アンパンマンごう」から構成されている。

　名古屋アンパンマンこどもミュージアム＆パークは、2010年（平成22年）4月に、三重県桑名市のナガシマスパーランドに開設された、横浜に次ぐ施設で、中京テレビ・長島観光開発が運営に加わっている。

　横浜市の人口は、1955年（昭和30年）1,143,687人、2015年（平成27年）3,724,844人、60年間の人口増加率は226％、約3.3倍となった。

地形図 55：2万5千分の1地形図「横浜東部」令和元年調整を2倍に拡大・
加工　⑧横浜アンパンマンこどもミュージアム＆モール

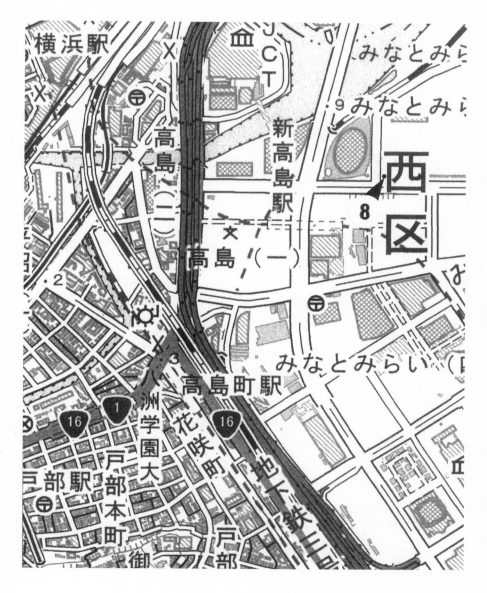

(38) 神奈川県箱根町：作品の舞台

設置施設等：えゔぁ屋・前哨基地トイレ・キャラクター像

原作・監督：庵野秀明、1960年（昭和35年）〜

作品名：新世紀エヴァンゲリオン

　箱根町は、温泉と旧関所の街として有名であるが、新世紀エヴァンゲリオンで箱根町の各地が登場、特に仙石原が「要塞都市第3新東京市」とされた。1988年（明治21年）小田原馬車鉄道国府津〜湯本間開通、1919年（大正8年）小田原電気鉄道湯本〜強羅間開通、1928年（昭和3年）箱根登山鉄道に改称、1935年（昭和10年）鉄道線小田原〜湯本間開通、1950年（昭和25年）小田急が小田原〜湯本間に三線軌条で乗入を開始した。

　庵野秀明氏は、山口県宇部市出身、1995年（平成7年）テレビアニメ新世紀エヴァンゲリオンの放送開始、大ヒットし、代表作となった。エヴァンゲリヲン新劇場版は、2007年（平成19年）第1作：序、2009年（平成21年）第2作：破、2012年（平成24年）第3作：Q、2021年（令和3年）第4作：シン・エヴァンゲリオン新劇場版でシリーズが完結した。

　箱根町観光協会は、2009年（平成21年）6月11日に、観光パンフレット「エヴァンゲリオン箱根補完マップ」配布開始、2012年（平成24年）7月14日に、箱根湯本駅に、箱根湯本えゔぁ屋が開店、綾波レイの等身大フィギュア展示、2020年（令和2年）1月10日に、「エヴァンゲリオン×箱根2020」開催、コラボスポット期間限定設置、箱根ロープウェイ桃源台駅では「ネルフ本部」ラッピングと初号機フィギュア展示、同年2月27日に、仙石原金時公園公衆トイレが「仙石原前哨基地」のエヴァンゲリオン仕様に、同年7月1日〜9月30日に、箱根強羅公園（一色堂茶廊店内）に綾波レイ、大涌谷駅入口横（売店内）に式波・アスカ・ラングレー、元箱根港下船口横に渚カヲルの等身大フィギュアが展示された。

　箱根町は、1892年（明治25年）箱根駅より改称、1954年（昭和29年）元箱根村・芦之湯村と合併、1956年（昭和31年）湯本町・温泉村・宮城野村・仙石原村と合併した。箱根町の人口は、1955年（昭和30年）17,284人、1965年（昭和40年）23,462人、以後は減少に転じ、2015年（平成27年）11,786人、60年間の人口減少率は31％、ピーク時の約半分となった。

地形図56：2万5千分の1地形図「関本」平成27年調製を2倍に拡大・加工　⑨仙石原金時公園公衆トイレ　エヴァンゲリオン仕様

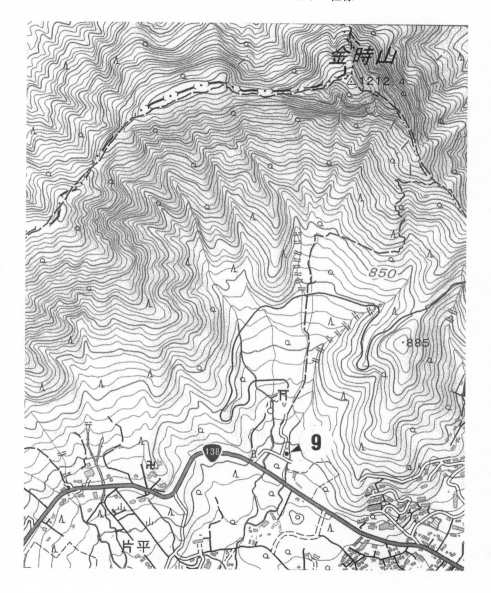

写真 17：箱根登山鉄道　箱根湯本駅

写真 18：上越新幹線・信越線　新潟駅

写真 19：飯田線　田切駅

写真 20：飯田線　飯田駅

写真 21：静岡市立清水入江小学校

写真 22：静岡市清水区　みつや

写真 23：北陸新幹線・城端線　新高岡駅

写真 24：氷見線　氷見駅

(39) 静岡県静岡市清水：作者出身地・作品の舞台

設置施設等：ちびまる子ちゃんランド

作者名：さくらももこ（本名、三浦美紀）、1965 年（昭和 40 年）～ 2018 年（平成 30 年）

作品名：ちびまる子ちゃん

　静岡県清水市（現・静岡市）は、世界文化遺産に登録された典型的な砂嘴地形の「三保の松原」があり、天然の良港である折戸湾の清水港がある。幕末から明治期に活躍した人物では清水次郎長が有名で、実家が残されている。1908 年（明治 42 年）大日本軌道静岡支社鷹匠町（現・新静岡）～辻村（現・新清水）間開業、1919 年（大正 8 年）駿遠電気に、1923 年（大正 12 年）静岡電気鉄道に、1943 年（昭和 18 年）静岡鉄道となった。

　ちびまる子ちゃんランドは、1999 年（平成 11 年）10 月 8 日に、清水港線清水港駅跡に開業した複合商業施設のエスパルスドリームプラザ内に開設、2008 年（平成 20 年）7 月 19 日にリニューアルオープン、2020 年（令和 2 年）7 月 18 日に再リニューアルオープンした。「まる子の日常」ゾーンに、さくら家の日常 4 コマ劇場・3 年 4 組教室・ちびまる子ちゃんシアタールーム・公園・ひみつ基地・さくらももこ資料館・ちびまる子ちゃん神社、「夢いっぱい」ゾーンに、まる子と夢のちんちん電車・夕焼けに染まるまる子と象・まる子と星空に浮かぶ船・まる子と魔法のランプ　まる子と旅するラクダ・まる子と星空のかき氷、「まる子の遊園地ゾーン」に、富士山オブジェ～ちびまる子ちゃんカーニバル～・まる子とジェットコースターオブジェ等がある。「ちびまる子ちゃん」は、1984 年（昭和 59 年）「りぼんオリジナル」に掲載、1986 年（昭和 61 年）「りぼん」で連載開始、1990 年（平成 2 年）テレビアニメ化、実写ドラマ化や新聞連載も行われた。作者の出身地、作品の舞台で、静岡鉄道入江岡駅・入江小学校・みつや跡・三浦青果店（実家）跡などゆかりの地がある。

　静岡市は、2003 年（平成 15 年）に清水市と合併して、静岡市となった。静岡市の人口は、1955 年（昭和 30 年）524,827 人、1990 年（平成 2 年）739,300 人に増加したがその後は減少に転じ、2015 年（平成 27 年）704,989 人、1955 ～ 2015 年の 60 年間の人口増加率は 34％である。

地形図57：2万5千分の1地形図「清水」平成29年調製を1.3倍に拡大・
加工　⑩ちびまる子ちゃんランド　⑪清水入江小学校

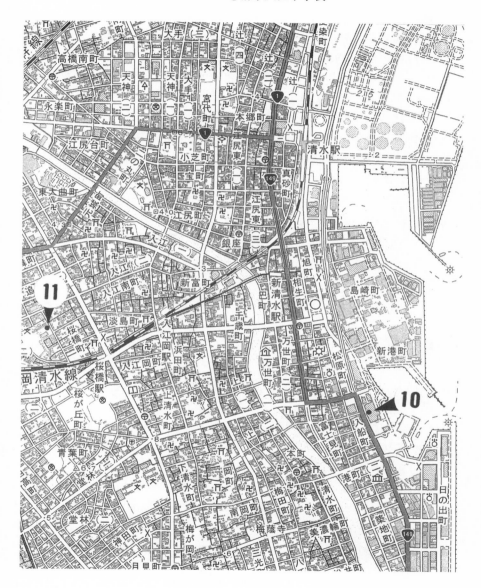

（40）静岡県川根本町・島田市：列車運行

設置施設等：大井川鐵道できかんしゃトーマス号等の列車運行

作者名：ウィルバート・オードリー、1911 年（明治 44 年）〜 1997 年（平成 9 年）

作品名：きかんしゃトーマス

　大井川鐵道は、1931 年（昭和 6 年）大井川本線全線開通、1935 年（昭和10 年）大井川専用鉄道開通、1949 年（昭和 24 年）大井川本線電化、1954 年（昭和 29 年）大井川専用鉄道は中部電力専用鉄道に、1959 年（昭和 34 年）中部電力専用鉄道を井川線として営業運行開始、1976 年（昭和 51 年）ＳＬ急行運転開始、1990 年（平成 2 年）井川線にアプト区間線開通、2013 年（平成25 年）貸切バス走行距離規制強化により首都圏からの日帰りバスツアーが困難に、2014 年（平成 26 年）3 月 26 日ダイヤ改正・列車本数削減、2015年（平成 27 年）名鉄グループからエクリプス日高の子会社に、以後、他社とのタイアップなど、観光をより重視することとなった。

　きかんしゃトーマスは、1945 年（昭和 20 年）創刊の『汽車のえほん』が原作で、1984 年（昭和 59 年）英国で放映の人形劇、1990 年（平成 2 年）日本でも放映開始、2010 年（平成 22 年）日本でもアニメ放送となった。

　きかんしゃトーマス号は、2014 年（平成 26 年）7 月 12 日に、本線で運転開始、きかんしゃジェームス号は、2015 年（平成 27 年）7 月 11 日に本線で運転開始、バスのバーティーは、2016 年（平成 28 年）6 月 11 日に、本線沿いで運行開始、2 階建てバスのバルジーは、2020 年（令和 2 年）5 月 16 日に、静岡県静岡駅南口〜新金谷駅間で、運行開始、トピー号は、2022 年（令和 4 年）8 月 19 日に、井川線で運行を開始した。

　川根本町は、2005 年（平成 17 年）に中川根町と本川根町が合併して発足、川根本町の人口は、1955 年（昭和 30 年）20,995 人、2015 年（平成 27 年）7,102人、60 年間の人口減少率は 66％で、約 3 分の 1 となった。

　島田市は、1948 年（昭和 23 年）市制施行、2005 年（平成 17 年）金谷町と合併、2008 年（平成 20 年）川根町を編入した。島田市の人口は、1955年（昭和 30 年）91,231 人、1995 年（平成 7 年）103,490 人、以後は減少に転じ、2015 年（平成 27 年）98,112 人、60 年間の人口減少率は 8％である。

地形図 58： 2 万 5 千分の 1 地形図「千頭」平成 17 年更新　大井川鉄道千頭駅

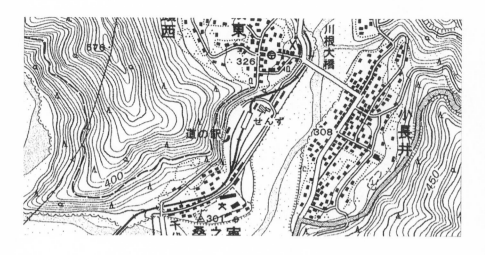

地形図 59： 2 万 5 千分の 1 地形図「島田」平成 21 年更新　大井川鉄道新金谷駅

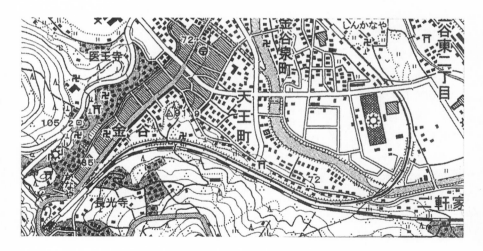

(41) 長野県飯島町田切・飯田市：作品の舞台

設置施設等：アニメ聖地巡礼発祥の地碑

作者名：ゆうきまさみ（本名、佐藤修治）、1957年（昭和32年）～

作品名：究極超人あ～る

　長野県飯島町と飯田市は、伊那市や駒ヶ根市とともに、天竜川沿い、伊那谷に位置する町と市で、飯田市が伊那谷の中心都市、中央自動車道や飯田線によって、愛知県方面とのつながりが強い。東側の伊那山地を越えて、中央構造線（メジアンライン）が通過する。1918年（大正7年）伊那電気鉄道が飯島駅まで開通、田切停留所が開業、1923年（大正12年）飯田駅まで開通、飯田駅が開業、1937年（昭和12年）三信鉄道が全線開通、飯田線が全通、1943年（昭和18年）伊那電気鉄道・三信鉄道国有化、飯田線となり、田切停留所は田切駅に、1984年（昭和59年）田切駅が現在地に移転、1998年（平成10年）田切駅の現在の待合室が完成した。

　究極超人あ～るは、1985年（昭和60年）「週刊少年サンデー」に連載開始、1991年（平成3年）オリジナル・ビデオ・アニメで、飯田線田切駅や下山村駅～伊那上郷駅間のΩカーブにおける電車との競争の下山ダッシュが描かれ、代表的シーンとなった。それにちなみ、2012年（平成24年）田切駅～伊那市駅間の自転車イベントが開催された。アニメ聖地巡礼発祥の地の宣言「田切駅を『究極超人あ～るとそのファンによって図らずも誕生した聖地巡礼発祥の地』である」は、2013年（平成25年）7月27日に、田切駅前で行われた。アニメ聖地巡礼発祥の地の石碑は、2018年（平成30年）7月28日に、田切駅前聖徳寺駐車場に設置された。

　飯島町は、1954年（昭和29年）飯島村が町制施行、1956年（昭和31年）七久保村と合併した。飯島町の人口は、1955年（昭和30年）11,614人、2015年（平成27年）9,530人、60年間の人口減少率は18％である。

　飯田市は、1937年（昭和12年）飯田町と上飯田町が合併して飯田市となり、1956年（昭和31年）座光寺村・松尾村・竜岡村・三穂村・伊賀良村・山本村・下久堅村と合併して飯田市に、2005年（平成17年）には上村・南信濃村を編入した。飯田市の人口は、1955年（昭和30年）111,658人、2015年（平成27年）101,581人、60年間の人口減少率は9％である。

地形図 60： 2 万 5 千分の 1 地形図「赤穂」平成 27 年調製を 4 倍に拡大・加工　⑫アニメ聖地巡礼発祥の地の石碑

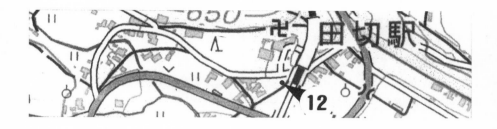

地形図 61： 2 万 5 千分の 1 地形図「飯田」平成 10 年修正を加工　⑬伊那上郷駅　⑭下山村駅

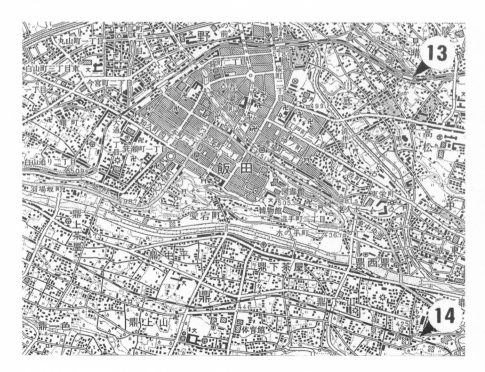

(42) 新潟県新潟市：作者出身地

設置施設等：ドカベンロード

　　　　　　　新潟市マンガの家、新潟市マンガ・アニメ情報館

作者名：水島新司、1939 年（昭和 4 年）～ 2022 年（令和 4 年）

作品名：ドカベン、野球狂の詩、あぶさん

　新潟市は、本州日本海側最大の都市である。1904 年（明治 37 年）新潟駅（初代）開業、1931 年（昭和 6 年）上越線開通・上野～新潟間急行列車運転開始、開通前の信越線経由急行で 11 時間 6 分が開通後は 7 時間 10 分に短縮、1958 年（昭和 33 年）新潟駅移転（現位置）、1962 年（昭和 37 年）特急とき（161 系）・急行弥彦（80 系）運転開始、特急で 4 時間 40 分に、1972 年（昭和 47 年）特急で 3 時間 51 分に、1982 年（昭和 57 年）上越新幹線開通、1985 年（昭和 60 年）新幹線上野延伸、1988 年（昭和 63 年）上野～新潟間最短 1 時間 39 分に、1991 年（平成 3 年）新幹線東京延伸、東京～新潟間最短 1 時間 40 分に、過去と比べれば、飛躍的に短縮された。

　ドカベンロードは、2002 年（平成 14 年）12 月に、古町通 5 番町商店街（ふるまちモール 5）にドカベンを中心としたアニメキャラクターのブロンズ像 7 体が設置され、命名された。北側入口駐車場前に「あぶさん（影山安武）」、イワシタ歯科前に「水原勇気（野球狂の詩）」、Ｂｕｅｎａ古町通五番町前に「里中智」、はり糸まえに「ドカベン山田太郎」、駐車場前に「岩田鉄五郎（野球狂の詩）」、雪松前に「殿馬一人」、ＺＯＥＴＲＯＰＥティティ前に「葉っぱの岩鬼（岩鬼正美）」で、南側入口となる。

　新潟市マンガの家は、2013 年（平成 25 年）3 月 31 日に、古町通 6 番町に、開設された。新潟県ゆかりのギャグ漫画家（赤塚不二夫・新沢基栄・えんどコイチ・魔夜峯央）作品展示、ワークショップコーナーがある。

　新潟市マンガ・アニメ情報館は、2013 年（平成 25 年）5 月 2 日に、万代シティビルボードプレイス 2 に、開館した。新潟市の「マンガ・アニメを活用したまちづくり構想」によるもので、新潟県ゆかりの漫画家である赤塚不二夫・高橋留美子・小林まことなどの紹介などがある。

　新潟市の人口は、1960 年（昭和 35 年）577,713 人、2015 年（平成 27 年）810,157 人、55 年間の人口増加率は 40％である。

地形図62：2万5千分の1地形図「新潟南部」令和4年調製を1.4倍に拡大・加工　⑮⑯ドカベンロード　⑰新潟市マンガの家　⑱新潟市マンガ・アニメ情報館

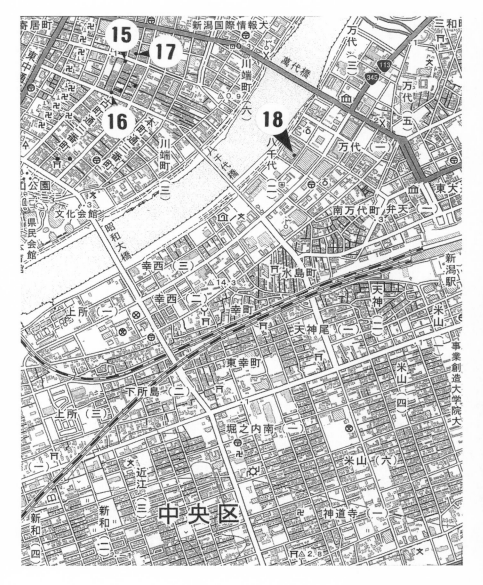

（43）富山県氷見市：作者出身地

設置施設等：氷見市藤子不二雄Ⓐまんがワールド・まんがロード
　　　　　　氷見市潮風ギャラリー（藤子不二雄Ⓐアートコレクション）
作者名：藤子不二雄Ⓐ（本名、安孫子素雄）、1934 年（昭和 9 年）～ 2022 年
（令和 4 年）
作品名：忍者ハットリくん・プロゴルファー猿・笑ゥせぇるすまん

　氷見市は、代表的水産都市で、1912 年（大正元年）氷見駅開業、2004 年
（平成 16 年）氷見・城端線で忍者ハットリくん列車が運転開始された。

　1964 年（昭和 39 年）「少年」（光文社）に「忍者ハットリくん」掲載、忍
者ハットリくんからくり時計は、1992 年（平成 4 年）8 月設置、作者生
家の光前寺に近い比美商店街に忍者ハットリくん像設置、「ハットリくん
ロード」と命名、1996 年（平成 8 年）3 月サカナ紳士録像 8 種 16 体設置、
2007 年（平成 19 年）10 月氷見市潮風ギャラリー開館、ハットリくん像設
置、2009 年（平成 21 年）3 月忍者ハットリくん・怪物くん・プロゴルファー
猿・喪黒福造の石造が光前寺に、ハットリくん銅像も設置、2012 年（平成
24 年）9 月喪黒福造の立像設置、2015 年（平成 27 年）8 月 7 日、氷見市潮
風ギャラリーが大規模リニューアル、藤子不二雄Ⓐアートコレクション
となり、潮風通りを「氷見市藤子不二雄Ⓐまんがワールド」「まんがロー
ド」に、2017 年（平成 29 年）3 月 23 日ポケットパークにプロゴルファー
猿像設置、2019 年（令和元年）12 月 15 日藤子Ⓐキャラクターブリッジ開
通、忍者ハットリくん・怪物くん・喪黒福造・プロゴルファー猿像が橋柱
上に設置、2020 年（令和 2 年）10 月 31 日「怪物くんストリート」に怪物
太郎・フランケン・ドラキュラ・オオカミ男の像設置、2020 年（令和 2 年）
12 月 5 日喪黒福造のスマイルベンチ設置、2022 年（令和 4 年）8 月 27 日
ビリ犬・ウルトラ B・パラソルヘンべえの像設置、2023 年（令和 5 年）3
月 12 日黒べエ像設置、氷見駅から北の橋（中央町）まで「まんがロード」
整備完了、総延長 1.8km に計 63 体のモニュメントが並ぶ。

　氷見市は、1952 年（昭和 27 年）氷見市に、1954 年（昭和 29 年）氷見郡
全域が氷見市になった。氷見市の人口は、1955 年（昭和 30 年）68,622 人、
2015 年（平成 27 年）47,992 人、60 年間の人口減少率は 30％である。

地形図63：2万5千分の1地形図「氷見」令和2年調製を2倍に拡大・加工
①氷見市潮風ギャラリー（藤子不二雄Ⓐアートコレクション）　②まんがロード
③忍者ハットリくんからくり時計④怪物くんストリート

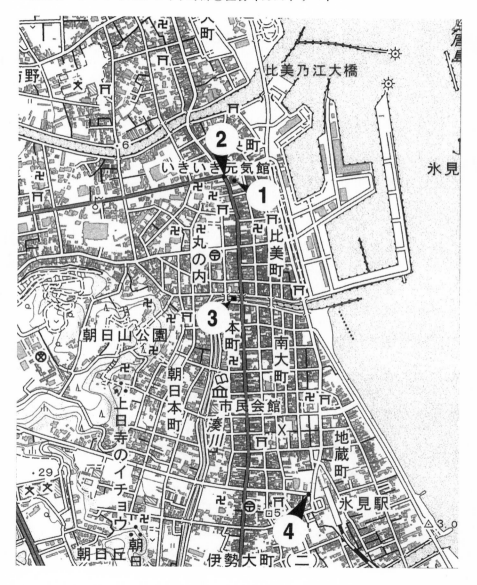

(44) 富山県高岡市：作者出身地

設置施設等：ドラえもんの散歩道像、ドラえもんの空き地像

　　　　　　高岡市美術館高岡市藤子・Ｆ・不二雄ふるさとギャラリー

　　　　　　ドラえもんポスト

作者名：藤子・Ｆ・不二雄（本名、藤本弘）、1933 年（昭和 8 年）〜 1996 年

　（平成 8 年）

作品名：ドラえもん・パーマン・キテレツ大百科・エスパー摩美

　高岡市は、江戸期は城下町、伝統工芸の高岡銅器が有名な鋳物の街である。1898 年（明治 31 年）北陸線高岡駅開業、1913 年（大正 2 年）北陸線全通、1964 年（昭和 39 年）電化、特急雷鳥・しらさぎ運転開始、2015 年（平成 27 年）北陸新幹線新高岡駅が開業した。1948 年（昭和 23 年）富山地方鉄道高岡軌道線開通、1959 年（昭和 34 年）加越能鉄道に、2002 年（平成 14 年）万葉線に、2014 年（平成 26 年）高岡駅停留所が移転開設された。

　ドラえもんの散歩道像は、1994 年（平成 6 年）7 月に、末広町の「万葉の杜」に設置、ドラえもん・のび太・ドラミ・しずかちゃん・ジャイアン・スネ夫、各 2 体計 12 体で、1937 年（昭和 12 年）開店の丸越（のちの大和）高岡店が 1994 年（平成 6 年）御旅屋セリオに移転（2019 年閉店）、跡地に開設の「万葉の杜」に設置されたが、2011 年（平成 23 年）3 月に駐車場化のために撤去された。ドラえもんの空き地像は、2006 年（平成 18 年）10 月 11 日に、おとぎの森公園に、ＦＲＰ像のドラえもん・のび太・ドラミ・しずかちゃん・ジャイアン・スネ夫の 6 体が土管 3 本と共に設置、ドラえもんの散歩道像は、2011 年（平成 23 年）8 月に、高岡駅前のウイングウイング高岡に移設された。ドラえもんポスト像は、2013 年（平成 25 年）12 月に、藤子・Ｆ・不二雄氏生誕 80 周年記念で高岡駅内に設置された。2015 年（平成 27 年）12 月 1 日、高岡古城公園内の高岡美術館に高岡市藤子・Ｆ・不二雄ふるさとギャラリーが開設された。

　高岡市は、1889 年（明治 22 年）高岡市に、2005 年（平成 17 年）福岡町と合併、高岡市となった。高岡市の人口は、1955 年（昭和 30 年）159,918 人、1985 年（昭和 60 年）188,006 人に増加、以後は減少に転じ、2015 年（平成 27 年）172,125 人、60 年間の人口増加率は 8 ％である。

地形図64：2万5千分の1地形図「高岡」平成27年調整を加工　⑤ドラえもんの散歩道像　⑥ドラえもんの空き地像　⑦高岡美術館に高岡市藤子・F・不二雄ふるさとギャラリー

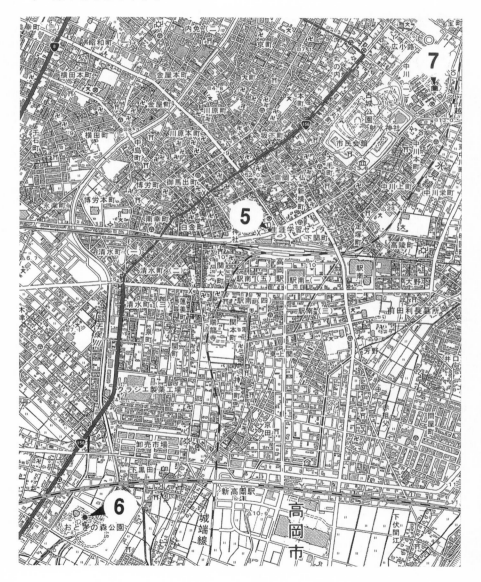

(45) 石川県輪島市：作者出身地

設置施設等：永井豪記念館

作者名：永井豪（本名、永井潔）、1945 年（昭和 20 年）～

作品名：マジンガー Z・デビルマン・キューティーハニー

　輪島市は、能登半島の北海岸に位置し、江戸期には北前船の寄港地であった。漁業が盛んな水産都市、観光では朝市、工業では輪島塗が有名である。1935 年（昭和 10 年）七尾線が輪島駅まで開通、戦後、人口が増加、1950 年（昭和 25 年）には 6 万人を超えた。しかし、能登半島への高速道路は、北陸自動車道に小矢部砺波ジャンクションで接続する能越自動車道で七尾インターチェンジまで、金沢からの「のと里山海道」は「のと里山空港インターチェンジ」までであり、2001 年（平成 13 年）に七尾線穴水駅～輪島駅間廃止となった。高速道路が未開通のところへ、追い打ちをかけるように、鉄道も廃止という、極めて交通不便な地となった。そこへ、2003 年（平成 15 年）能登空港が開港した。いわば、交通上、「半島の離島化」となり、半島という陸続きにもかかわらず、航空交通を利用せざる負えない状況が作り出されるという、特異な地域である。その結果、2005 年（平成 17 年）以降は、人口減少率がより一層高くなった。

　永井豪記念館は、2009 年（平成 21 年）4 月 25 日に、石川県輪島市河井町に、開館した。輪島市の朝市通りに面する町屋風の建物で、マジンガー Z のモニュメントが飾られている。年表・フィギュア・直筆原稿など、映像とパネル展示がある（2024 年 1 月能登半島地震で被災、休館中）。永井豪氏は、輪島市出身、小学校より東京都豊島区在住、石ノ森章太郎氏のアシスタントを務め、特に、1972 年（昭和 47 年）に「デビルマン」「マジンガー Z」などが大ヒットした。

　輪島市は、1954 年（昭和 29 年）輪島町・大屋村・河原田村・鵠巣村・西保村・三井村・南志見村が合併して輪島市となった。2006 年（平成 18 年）門前町と合併し、輪島市となった。輪島市の人口は、1955 年（昭和 30 年）59,526 人、2015 年（平成 27 年）27,216 人、60 年間の人口減少率は 54％で、半分以下となった。2020 年（令和 2 年）24,608 人（国勢調査人口）、2022 年（令和 4 年）8 月 1 日 23,148 人（推計人口）で、国勢調査人口から推計人口への人口減少率は 6％、市としては減少率が最も高い。

地形図65：2万5千分の1地形図「輪島」令和4年調製を3倍に拡大・加工
⑧永井豪記念館　⑨七尾線輪島駅跡

(46) 福井県敦賀市：シンボルロード開設

設置施設等：宇宙戦艦ヤマト像・銀河鉄道999像
作者名：松本零士（本名、松本晟）、1938年（昭和13年）～2023年（令和5年）
作品名：宇宙戦艦ヤマト・銀河鉄道999

　福井県敦賀市は、敦賀湾に面した天然の良港で、1882年（明治15年）敦賀港に鉄道が開通、1912年（明治45年）新橋～敦賀港～ウラジオストク航路の欧亜国際連絡列車が運行、2006年（平成18年）北陸線が敦賀まで直流化、京阪神方面から新快速が直通した。北海道苫小牧へのフェリー航路もある。敦賀港には、旧敦賀港駅舎や赤レンガ倉庫が残る。

　シンボルロードは、1999年（平成11年）7月に、敦賀開港百周年記念として開設された。敦賀駅前から駅前通り・本町通の気比神宮前まで、銀河鉄道999と宇宙戦艦ヤマトのキャラクター像28体が設置された。銀河鉄道999像は、駅前に星野哲郎とメーテル、駅前通北側に銀河鉄道999、少年星野哲郎、メーテルとの出会い、母との記憶、ポケットパーク、本町通東側に永遠の星への海へ、迷いの星、ガラスのクレア、エメラルダス、時間城、友の眠る星、プロメシューム、限りある命のための戦い、別離、青春の幻影の16体、宇宙戦艦ヤマト像は、本町通西側にアナライザー、英雄の丘、スターシャ、別れ－出会い、サーシャ、サーシャの最期、スカルダートの罠、惑星デザリアム、駅前通南側に雪とアルファン、帰還、信じ合う愛、佐渡酒造の12体、計28体である。宇宙戦艦ヤマト像はここだけであり、銀河鉄道999像は他にもあるが、数は圧倒的に多い。2019年（令和元年）道路工事で、本町通の像は一時撤去、本町第三公園や赤レンガ倉庫のキハ28の横に並べられたが、2020年（令和2年）夏には元の位置にもどされた。松本零士氏は、福岡県生まれ、1974年（昭和49年）テレビアニメ「宇宙戦艦ヤマト」放映、1977年（昭和52年）「少年キング」に「銀河鉄道999」掲載、いずれも大ヒットした。

　敦賀市は、1937年（昭和12年）に敦賀町と松原村が合併して敦賀市となった。敦賀市の人口は、1955年（昭和30年）51,197人、2005年（平成17年）68,402人に増加したがその後は減少に転じ、2015年（平成27年）66,165人、1955～2015年の60年間の人口増加率は29％である。

地形図66：2万5千分の1地形図「敦賀」平成26年調製を2倍に拡大・加工　⑩星野哲郎とメーテル像　⑪⑫シンボルロード

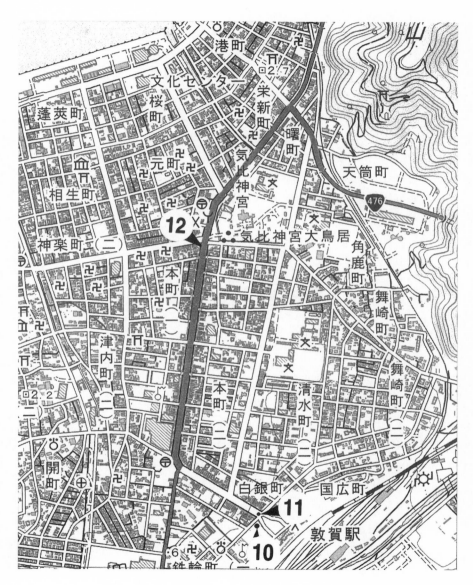

（47）愛知県長久手市：愛・地球博記念公園に誘致

設置施設等：ジブリパーク

作者名：宮崎駿、1941年（昭和16年）〜、

　　　　高畑勲、1935年（昭和10年）〜2018年（平成30年）など

作品名：天空の城ラピュタ、となりのトトロ、ハウルの動く城など

　愛知県長久手市は、洪積台地の東部丘陵上に位置し、天正年間の小牧・長久手の戦いの地で、現在は名古屋の住宅都市、人口増加率が全国の市の中で最も高く、また、全国で住民平均年齢が最も若い自治体である。

　愛・地球博は、2005年日本国際博覧会の略称で、2005年（平成17年）3月25日〜9月25日に開催された。愛知青少年公園だった場所は長久手会場となり、開幕前の同年3月6日に名古屋市営地下鉄東山線藤が丘駅から愛知環状鉄道八草まで、愛知高速鉄道東部丘陵線がリニアモーターカーで開業、閉幕後の会場跡は愛・地球博記念公園となり、リニモは存続している。人気だった「となりのトトロ」に登場した「サツキとメイの家」は閉幕後も、そのまま残されて、一般公開をされていた。

　ジブリパークは、2022年（令和4年）11月1日に、第一期の3施設が、愛・地球博記念公園に開園した。地元愛知県と中日新聞社の熱心な誘致によるもので、株式会社ジブリパークが運営、「ジブリの大倉庫」では、「天空の城ラピュタ」の廃墟庭園、ネコバス、映像上映のオリヲン座、ジブリのキャラクターを展示、「青春の丘」では、「耳をすませば」の骨董品店地球屋、「猫の恩返し」の猫の事務所を再現、「どんどこの森」では、従来から設置のサツキとメイの家に、裏山に木の遊具を設置した。2023年（令和5年）11月1日に開園の「もののけの里」では、「もののけ姫」のタタラ場や乙事主をモチーフとした施設が、2024年（令和6年）3月16日に開園の「魔女の谷」では、「魔女の宅急便」のオキノ邸やグーチョキパン屋、「ハウルの動く城」の実物大や帽子屋が再現される。

　長久手市は、1971年（昭和46年）に長久手村から長久手町となり、2012年（平成24年）に長久手市となった。長久手市の人口は、1955年（昭和30年）6,490人、2015年（平成27年）57,598人、1955〜2015年の60年間の人口増加率は787％で、約9倍となった。

地形図 67：2万5千分の1地形図「瀬戸」平成 26 年調製・「平針」令和2年調製を加工　⑬ジブリの大倉庫　⑭青春の丘　⑮どんどこの森

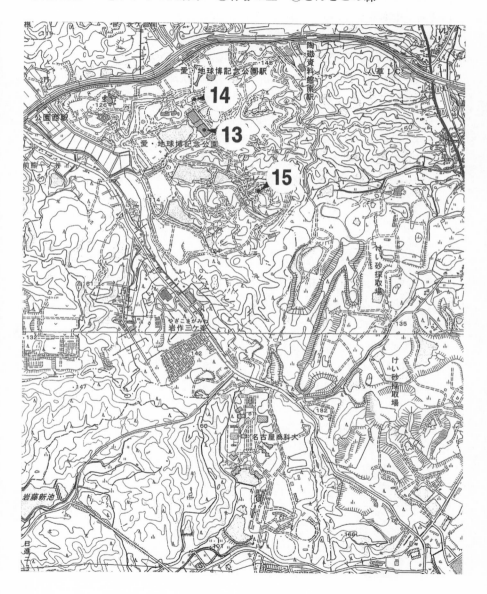

(48) 三重県伊賀市：銅像設置

設置施設等：銀河鉄道999像（メーテルと星野鉄郎）

作者名：松本零士（本名、松本晟）、1938年（昭和13年）〜2023年（令和5年）

作品名：銀河鉄道999

　上野市（現・伊賀市）は、上野盆地に位置、忍者の里、松尾芭蕉生誕の地の城下町である。1897年（明治30年）関西鉄道（現・関西線）上野駅開業、1898年（明治31年）大阪・名古屋方面への直通列車運転開始、1907年（明治40年）関西鉄道国有化、1916年（大正5年）上野駅は伊賀上野駅に、2006年（平成18年）急行「かすが」廃止となった。加茂〜亀山間は非電化で、ＪＲ西日本の「鉄道に優位性が発揮できていない線区」リストに入った。1916年（大正5年）伊賀軌道上野駅連絡所〜上野町駅間開通、1917年（大正6年）伊賀鉄道に、1920年（大正9年）上野駅連絡所は伊賀上野駅に、1922年（大正11年）上野町駅〜名張（後・西名張）駅間開通、伊賀電気鉄道に社名変更、1929年（昭和4年）大阪電気軌道伊賀線に、1930年（昭和5年）参宮急行電鉄（現・近鉄大阪線）開通・伊賀神戸駅が開設、1941年（昭和16年）関西急行鉄道に、上野町駅は上野市駅に、1944年（昭和19年）近畿日本鉄道に、1964年（昭和39年）伊賀神戸駅〜西名張駅間廃止、1997年（平成9年）松本零士氏デザインの忍者列車運転開始、2007年（平成19年）伊賀線は近鉄から分離され、伊賀鉄道となった。

　銀河鉄道999像（メーテルと星野哲郎）は、1997年（平成9年）10月に、伊賀新都市ゆめぽりす伊賀街びらきの後、「三重県立ゆめドームうえの」前芝生広場に設置、2013年（平成25年）10月に、伊賀鉄道上野市駅前に移設された。前述した松本零士氏が列車デザインした縁で、伊賀新都市に像が設置されたものである。新都市によって、一時期は人口が増加したが、大阪・名古屋方面へは遠く、通勤圏としては限界地域である。

　伊賀市は、2004年（平成16年）に上野市・伊賀町・阿山町・青山町・島ヶ原村・大山田村が合併して、伊賀市となった。伊賀市の人口は、1960年（昭和35年）99,821人、2000年（平成12年）101,527人に増加したがその後は減少に転じ、2015年（平成27年）90,581人、1955〜2015年の55年間の人口減少率は9％である。今後も人口減少の継続が予想される。

地形図 68：2万5千分の1地形図「上野」令和4年調製を2倍に拡大・加工
⑯銀河鉄道 999 像（メーテルと星野哲郎）

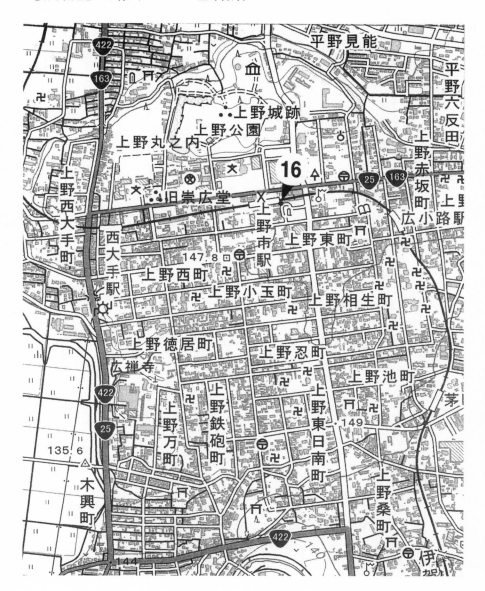

地形図69：2万5千分の1地形図「伊勢路」昭和43年測量　伊賀新都市ゆめぽりす伊賀の開発前

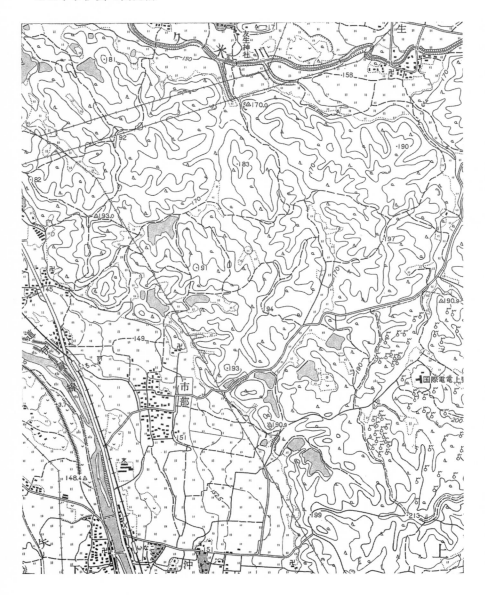

地形図70：2万5千分の1地形図「伊勢路」平成17年更新　伊賀新都市ゆ
めぽりす伊賀街びらき後

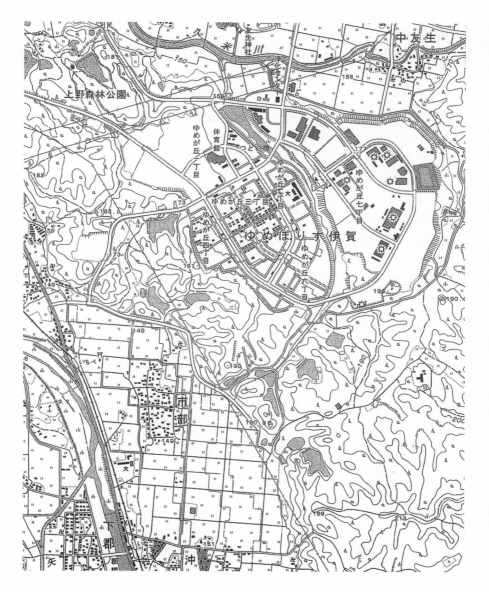

(49) 滋賀県米原市：パーク設置

設置施設等：ひつじのショーンファームガーデン

作者名：ニック・パーク、1958 年（昭和 33 年）〜

作品名：ひつじのショーン

　米原市は、交通都市で、古くは中山道と北陸道の、現在も名神高速道路と北陸自動車道の分岐点、鉄道も東海道本線と北陸線の分岐点である。1889 年（明治 22 年）官設鉄道米原駅開業、1931 年（昭和 6 年）近江鉄道米原駅開業、1956 年（昭和 31 年）東海道本線全線電化、1964 年（昭和 39 年）東海道新幹線米原駅開業、1972 年（昭和 47 年）東海道新幹線「ひかり」一部停車開始、1975 年（昭和 50 年）関西〜北陸間優等列車湖西線経由に、1991 年（平成 3 年）北陸線長浜まで直流化・直通運転開始となった。

　ニック・パークは、イギリスのランカシャーのプレストン出身、1980 年（昭和 55 年）「ウォレスとグルミット」シリーズの第一作「チーズ・ホリデー」を制作、1995 年（平成 7 年）「ウォレスとグルミット危機一髪」に登場したひつじのショーンが主人公の「ひつじのショーン」は、2007 年（平成 19 年）英国放送協会で放送、同年、日本でも N H K 教育（現・N H K E テレ）で放送開始、ひつじのショーンは、牧場の羊のリーダーで、好奇心旺盛、様々な騒動に機転を利かせて行動する。ビッツァーは羊を見張る牧羊犬、ビッツァーに羊の世話を任せっきりの牧場主も登場する。

　ローザンベリー多和田は、採石場跡地に 2003 年（平成 15 年）秋から建設開始、2011 年（平成 23 年）9 月 17 日に、西日本最大級の体験型観光農園として開園、約 200 万平米の敷地にバラや山野草、30 種 3000 本のブルーベリー畑、レストランとカフェ、羊の放牧場が開設された。

　ひつじのショーンファームガーデンは、2019 年（平成 31 年）3 月 31 日ローザンベリー多和田に開設された。ひつじのショーンで登場する石積みの囲いに石積みの牧場主の家や羊たちの小屋、ひつじのショーンたちのキャラクター像 16 体（F R P 製）やパネルを展示、グッズ売店もある。

　米原市は、2005 年（平成 17 年）米原町・伊吹町・山東町が合併して発足、近江町を編入、米原市の人口は、1955 年（昭和 30 年）43,496 人、2015 年（平成 27 年）38,719 人、60 年間の人口減少率は 11％である。

地形図71：2万5千分の1地形図「長浜」平成31年調製・「彦根東部」令和
元年調整を加工　⑰ローザンベリー多和田入口　⑱ひつじのショーンファー
ムガーデン

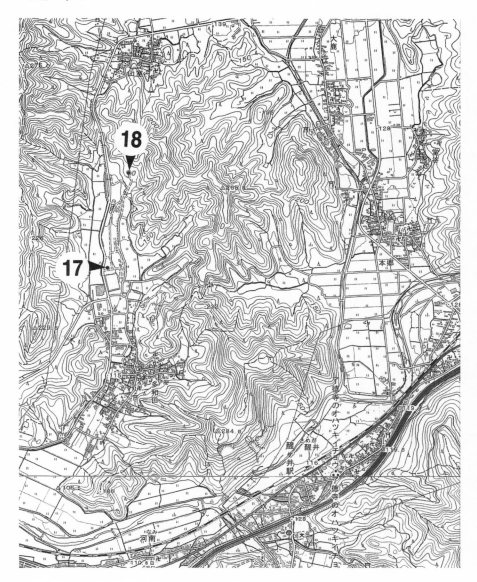

(50) 滋賀県豊郷町：作品の舞台

設置施設等：豊郷小学校旧校舎群

作者名：かきふらい

作品名：けいおん

　豊郷町は、湖東平野に位置する田園地帯、「近江商人」輩出地域である。1889年（明治22年）東海道線湖東線開通、豊郷村（現・豊郷町）を通過せず、同じく通過しなかった湖東地域に鉄道を敷設すべく、1898年（明治31年）近江鉄道彦根～愛知川間開通、1899年（明治32年）豊郷駅仮停車場開業、1900年（明治33年）彦根～貴生川間全通、1906年（明治39年）豊郷駅本停車場開業、1913年（大正2年）湖南鉄道新八幡（現・近江八幡）～八日市口（現・新八日市）間開業、八日市乗り換えで東海道線近江八幡駅に接続、1944年（昭和19年）近江鉄道八日市線となった。1964年（昭和39年）東海道新幹線開通、近江鉄道高宮～豊郷～五箇荘間で並走、新幹線と私鉄並走区間では最も長く、阪急京都線の並走区間より長い。

「けいおん！」は、2007年（平成19年）「まんがタイムきらら」に連載開始、2009年（平成21年）4月3日に、京都アニメーション制作によるテレビアニメ放映が開始され、大ヒット作品となった。特に、1937年（昭和12年）ヴォーリズ建築事務所設計の豊郷町立豊郷小学校旧校舎群が、「けいおん！」に登場する高校校舎に似ており、注目されることとなった。「けいおん！」放映中の同年5月30日に、豊郷小学校旧校舎群がリニューアルされ、一般公開が開始、来訪者が激増、豊郷町観光協会は観光案内所を設置、商工会もカフェ営業を開始、2013年（平成25年）3月29日には、登録有形文化財に登録された。「けいおん！」のみならず、2012年（平成24年）の映画「逆転裁判」、2013年（平成25年）の映画「だいじょうぶ3組」、2020年（令和2年）のNHK連続テレビ小説「おちょやん」、2021年（令和3年）のNHK連続テレビ小説「カムカムエヴリバディ」でも登場、代表的な歴史的学校建築として認識されている。

　豊郷村は、1971年（昭和46年）に豊郷町となった。豊郷町の人口は、1955年（昭和30年）7,620人、2015年（平成27年）7,422人、60年間の人口減少率は3％である。大都市への住宅都市化が進まず、増加がない。

地形図72：2万5千分の1地形図「能登川」令和4年調製を4倍に拡大・加工　⑲豊郷町立豊郷小学校旧校舎群

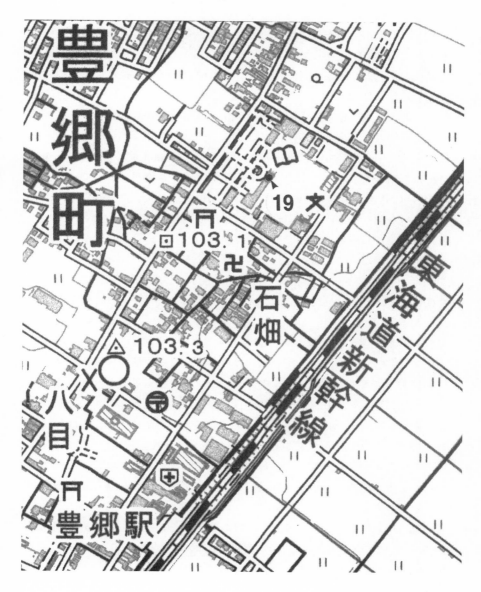

(51) 京都府京都市中京区烏丸通：マンガコレクション収蔵

設置施設等：京都国際マンガミュージアム

　京都市中京区は、京都市役所本庁舎があるなど、京都市の行政的な中心であり、京都市営地下鉄の烏丸線と東西線が交差する烏丸御池駅があって、地下鉄交通の要衝となっている。1981年（昭和56年）に京都市営地下鉄烏丸線京都〜北大路間が開通、1988年（昭和63年）に烏丸線京都〜竹田間が開通、近鉄京都線と相互乗り入れ開始、1997年（平成9年）に東西線醍醐〜二条間が開通、京阪京津線と相互乗り入れ開始された。

　京都国際マンガミュージアムは、2006年（平成18年）11月25日に、京都府京都市中京区烏丸通御池上ルに、開館した。2003年（平成15年）4月に、京都精華大学が京都市に、マンガミュージアム構想について提案、同年12月に基本合意をしたものである。場所は、1995年（平成7年）に廃校となった旧・龍池小学校の校舎を改築・増築して再活用したもので、校庭には芝生が張られ、野外でもマンガが読めるようになっている。京都精華大学は、1973年（昭和48年）京都精華短期大学美術科マンガクラス開設、2000年（平成12年）芸術学部マンガ学科開設、2001年（平成13年）表現研究機構マンガ文化研究所開設、2006年（平成18年）マンガ学部を開設した。2008年（平成20年）7月に、京都国際マンガミュージアムの建物が国の登録有形文化財に登録され、2016年（平成28年）4月に、第20回手塚治虫文化賞特別賞を受賞した。館内は、ギャラリー・研究・資料収集・地域利便施設等で構成、ミュージアムショップ・喫茶も併設されている。漫画の歴史の展示があり、江戸期の浮世絵から明治・大正・昭和の漫画雑誌、戦後期の貸本漫画、現在に至る単行本・雑誌を約30万点収集しており、「マンガの壁」と称する巨大な棚には5万点が並べられ、壮観な光景である。開架式の漫画図書館としては、最大級である。土・日・祝日には、似顔絵を描いてもらえるコーナーを開設、地下鉄烏丸御池駅が最寄り駅、観光名所としても人気がある。

　京都市中京区の人口は、1970年（昭和45年）130,482人、都心の空洞化で、1995年（平成7年）91,062人、その後の都心への回帰で2015年（平成27年）109,341人、45年間の人口減少率は16％である。

地形図 73：2万5千分の1地形図「京都東北部」平成28年調製を2倍に拡大・
加工　⑳京都国際マンガミュージアム

(52) 大阪府東大阪市荒本：マンガコレクション収蔵

設置施設等：大阪府立中央図書館国際児童文学館

東大阪市は、中河内とも称されるように、旧・大和川等の「河の内」側で、低湿地帯である。江戸期に、大和川の付け替え工事が行われ、「河内綿」の木綿産地として著名で、原料産地の木綿工業が発達したが、明治期に衰退、機械工業に転換して、中小企業の街となった。しかし、製造品出荷額では、隣接の八尾市を下回る状況である。1986年（昭和61年）に、近鉄東大阪線が開通、地下鉄中央線と相互乗り入れを開始した。

大阪府立国際児童文学館は、1984年（昭和59年）5月5日に、大阪府吹田市千里万博公園に開館した。1970年（昭和45年）に開催された日本万国博覧会の跡地である。同種の施設では、日本最大の規模であった。特に、漫画単行本・漫画雑誌（ただし、少年漫画・少女漫画）を多数所蔵、その功績から、2008年（平成20年）に第12回手塚治虫文化賞特別賞を受賞した。開館以降、出版社から資料が無償で寄贈され、一般からの寄贈も受け付けていた。「可能な限り刊行時の状態のまま保管」を基本とし、補強・バーコード・製本等は行わず、付録や挟み込みも保存していた。2009年（平成21年）12月27日に閉館、2010年（平成22年）3月末で廃止され、その所蔵資料は、大阪府立中央図書館に移管・移送された。

大阪府立中央図書館国際児童文学館は、2010年（平成22年）5月5日に、大阪府立中央図書館内に開館した。大阪府立国際児童文学館から引き継いだ資料を所蔵、公立単独の図書館で、特に膨大な漫画資料の収集では著名な存在である。漫画単行本が約8万4千点、漫画雑誌が約4万6千点、三大週刊少年漫画雑誌の「少年サンデー」「少年マガジン」「少年ジャンプ」などは、ほぼ創刊号から揃い、貴重な漫画単行本も多い。漫画資料については、閉架式であることは勿論、前日までの予約制で、書庫から取り出して、館内で閲覧、館外貸し出しは行われていない。

東大阪市は、1967年（昭和42年）に、布施市・河内市・枚岡市が合併して、東大阪市となった。東大阪市の人口は、1955年（昭和30年）263,136人、1975年（昭和50年）524,750人、その後は減少に転じ、2015年（平成27年）502,784人、60年間の人口増加率は91％である。

地形図74：2万5千分の1地形図「大阪東北部」令和元年調整を3倍に拡大・加工　①大阪府立中央図書館国際児童文学館

（53）大阪府大阪市中央区大阪ビジネスパーク：アニメ放映局

設置施設等：名探偵コナン像

作者名：青山剛昌、1963 年（昭和 38 年）〜

作品名：名探偵コナン

　大阪ビジネスパークは、明治期に大日本帝国陸軍大阪砲兵工廠が設置され、空襲で被災、戦後は長期間放置されていた場所で、1970 年代から、ようやく建物が立ち始め、2020 年代まで建設が続いている。城東線（現・大阪環状線）は上町台地上末端を地上走行、台地上の大阪砲兵工廠への引込線も設置された。なお、台地横断の天王寺駅付近は掘割である。1885 年（明治 28 年）大阪鉄道城東線開通、開通当初は蒸気鉄道で、線路勾配を少なくすることが理由である。1983 年（昭和 58 年）大阪城公園駅開業、1996 年（平成 8 年）大阪市営地下鉄大阪ビジネスパーク駅が開業した。

　名探偵コナン像（ブロンズ製）は、2002 年（平成 14 年）12 月に、大阪市中央区大阪ビジネスパークの讀賣テレビ（旧社屋・1988 年移転）玄関前に設置された。2019 年（平成 31 年）1 月 31 日に、大阪市中央区大阪ビジネスパークの讀賣テレビ新社屋前に、江戸川コナンと少年探偵団（小嶋元太・円谷光彦・吉田歩美・灰原哀）のブロンズ像を設置、同年 9 月 1 日に、名探偵コナン像を新社屋屋上庭園に移設、同年 9 月 2 日より 1 階のエントランスロビーを一般公開、大型ビジョンによるオリジナル映像「コナン時報」が定時の決まった時間に上映、ソファーに座った眠りの小五郎像と 2 階手すり上に怪盗キッド像（FRP 像）が設置された。青山剛昌氏は、鳥取県大栄町（現・北栄町）出身、1994 年（平成 6 年）週刊少年サンデーに「名探偵コナン」の連載開始、1996 年（平成 8 年）読売テレビと東京ムービー（現・トムス・エンタテイメント）制作で、読売テレビ・日本テレビ系列でテレビアニメ「名探偵コナン」の放送開始、「それいけ！アンパンマン」に続いて、四半世紀を超える人気テレビアニメとなった。

　大阪市中央区は、1989 年（平成元年）に東区と南区の合区によって発足した。大阪市中央区の人口は、1970 年（昭和 45 年）88,256 人、1995 年（平成 7 年）52,874 人まで減少したが、以後は増加に転じ、2015 年（平成 27 年）93,069 人、45 年間の人口増加率は 5 ％である。

地形図 75：2万5千分の1地形図「大阪東北部」令和元年調整を3倍に拡大・加工　②江戸川コナンと少年探偵団のブロンズ像

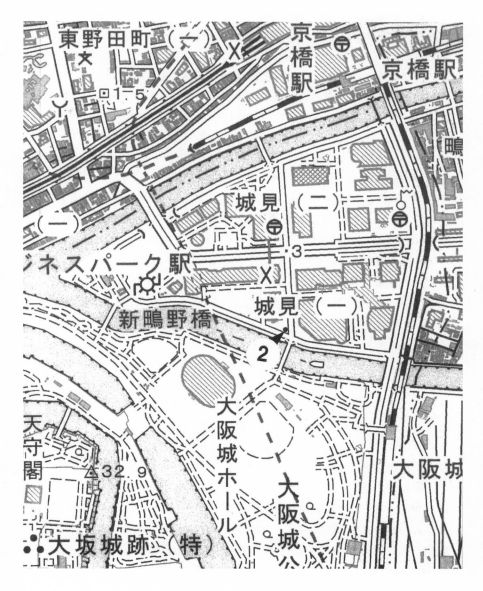

（54）兵庫県宝塚市：作者居住地

設置施設等：宝塚市立手塚治虫記念館・火の鳥像

作者名：手塚治虫（本名、治）、1928（昭和3年）～1989年（平成元年）

作品名：鉄腕アトム、火の鳥

　宝塚市は、六甲山地から流れる武庫川が、大阪平野に出る渓口に位置する、典型的な谷口集落で、山地と平地との交易集落である。江戸期は有馬街道宿場町の小浜宿があり、かつては小浜村であった。平野部と山間部との間に活断層があり、1995年（平成7年）の阪神淡路大震災では大きな被害を受けた。市域は圧倒的に山間部で、住宅開発で団塊の世代を中心に居住、現在は老齢化が急速に進行、住宅地と鉄道駅との間は、バス交通に依存している。1897年（明治30年）阪鶴鉄道池田駅～宝塚駅間開通、1898年（明治31年）大阪駅まで直行運転開始、1904年（明治37年）鉄道名どおりの大阪駅～舞鶴駅までの直通運行が開始、1907年（明治40年）国有化、福知山線となった。1981年（昭和56年）宝塚まで電化、1986年（昭和61年）福知山まで電化、それまではディーゼル機関車が客車を牽引する都会のローカル線であった。阪鶴鉄道の監査役であった小林一三が、1911年（明治44年）箕面有馬電気軌道を宝塚まで開通させたが、有馬まで到達せず、宝塚で宝塚大劇場・宝塚新温泉・宝塚ルナパークなどの開発を行った。宝塚温泉の宿泊施設は、現在、2軒のみである。

　宝塚市立手塚治虫記念館は、1994年（平成6年）4月25日開館、記念館前に火の鳥像が設置されている。手塚治虫氏は大阪府生まれ、のちに兵庫県小浜村（現・宝塚市）に転居、宝塚は観光開発で、当時としては画期的な人工都市の様相を示し、手塚治虫氏の作品に大きな影響を与えたとされる。1952年（昭和27年）上京、「鉄腕アトム」が「少年」（光文社）に連載され、1953年（昭和28年）トキワ荘に入居、その後転居した。

　宝塚市は、1951年（昭和26年）に小浜村が宝塚町となり、1954年（昭和29年）に宝塚町と良元村が合併して、宝塚市となった。宝塚市の人口は、1955年（昭和30年）55,084人、2010年（平成22年）225,587人に増加したがその後は減少に転じ、2015年（平成27年）224,903人、1955～2015年の55年間の人口増加率は308％で、約4倍となった。

地形図 76： 2 万 5 千分の 1 地形図「宝塚」平成 29 年調製を 3 倍に拡大・加工　③宝塚市立手塚治虫記念館

（55）兵庫県神戸市中央区：キャラクター商品化権取得・石像設置

設置施設等：スヌーピー像

作者名：チャールズ・モンロー・シュルツ、1922 年（大正 11 年）〜 2000 年（平成 12 年）

作品名：ピーナッツ

　神戸市中央区は、神戸の中心商店街である三宮や元町を有する商業機能とともに、兵庫県庁・神戸市役所も所在、行政機能も併せ持つ。

　チャールズ・モンロー・シュルツは、1947 年（昭和 22 年）に「ピーナッツ」の原型となった「リル・フォークス」を地元新聞に掲載、1950 年（昭和 25 年）に「ピーナッツ（困った人たちの意）」の連載が全米 8 誌に掲載された。主人公チャーリー・ブラウン少年の飼い犬がビーグル犬のスヌーピーである。主人公ではないにもかかわらず、スヌーピーが有名となり、主人公やアニメタイトルと思われることがある。特に、知的なキャラクターとして描かれ、様々な人物像に変装することで知られる。

　ファミリアは、1948 年（昭和 23 年）創業の子供用品メーカー、1950 年（昭和 25 年）にモトヤからファミリアに改称、1951 年（昭和 26 年）阪急百貨店梅田本店に出店、1956 年（昭和 31 年）数寄屋橋阪急百貨店に出店、1964 年（昭和 39 年）スヌーピーの商品化権を取得、衣料品とぬいぐるみを製造販売、1970 年（昭和 45 年）スヌーピーのキャラクター商品製造販売、1976 年（昭和 51 年）銀座ファミリアが開店した。1979 年（昭和 54 年）9 月に、兵庫県神戸市中央区相生町の「ファミリア」旧本社前に、御影石製のスヌーピー像が設置された。1995 年（平成 7 年）阪神淡路大震災で倒壊・破損、一時、大阪市鶴見区の鶴見はなぽ〜とブロッサム（現・三井アウトレットパーク大阪鶴見）内にあったスヌーピータウンに移設、1997 年（平成 9 年）に元の位置に復帰、2016 年（平成 28 年）5 月 31 日に、兵庫県神戸市中央区磯上通のファミリア本社前に、移転・設置された。

　神戸市中央区は、1980 年（昭和 55 年）に葺合区と生田区が合併して誕生した。神戸市中央区の人口は、1985 年（昭和 60 年）119,163 人、1995 年（平成 7 年）103,711 人、以後は増加に転じ、2015 年（平成 27 年）135,153 人、30 年間の人口増加率は 13％である。

地形図77：2万5千分の1地形図「神戸首部」平成27年調製を4倍に拡大・加工　④御影石製のスヌーピー像

（56）兵庫県神戸市中央区：神戸ハーバーランドに誘致

設置施設等：神戸アンパンマンこどもミュージアム＆モール

　　　　　　アンパンマン像

作者名：やなせたかし（本名、柳瀬嵩）、1919 年（大正 8 年）～ 2013 年（平成 25 年）

作品名：アンパンマン

　神戸ハーバーランドは、1985 年（昭和 60 年）貨物駅や工場跡地を再開発、1992 年（平成 4 年）街びらき、1993 年（平成 5 年）日本都市計画学会は「石川賞」授与、国土交通省は「都市景観 100 選」に選定、撤退が相次ぎ、2012 年（平成 24 年）神戸阪急撤退で、主要な商業施設の経営母体が開業時とすべて異なることになった。1874 年（明治 7 年）神戸駅開業、1889 年（明治 22 年）新橋～神戸間全通、山陽鉄道乗入、1906 年（明治 39 年）山陽鉄道国有化、2001 年（平成 13 年）神戸市営地下鉄海岸線（リニモ）新長田～三宮花時計前間開通、ハーバーランド駅開業、三宮花時計前駅は JR・阪急・阪神三宮駅と約 200 m 離れ、ハーバーランド駅は JR 神戸駅と駅名が異なり、和田岬駅は日曜休日が全面運休の JR 和田岬線和田岬そば、新長田駅は JR 快速が停車せず、この路線状況から、開業前輸送人員予想の3 割程度で、地下鉄路線で日本一の赤字路線である。

　神戸アンパンマンこどもミュージアム＆モールは、2013 年（平成 25 年）4 月 19 日に、神戸ハーバーランドモザイクガーデン跡地に開設、2007 年（平成 9 年）横浜、2010 年（平成 12 年）名古屋、2011 年（平成 13 年）仙台に次ぐ 4 番目で、2014 年（平成 26 年）に福岡が開設された。JR 神戸駅前から入口までの神戸ガス燈通り（アンパンマンストリート）には 10 体の石像が設置され、仙台と同様であるが、アンパンマン 4 体・ばいきんまん 3 体・ドキンちゃん 3 体と、キャラクターが集中している。大観覧車のすぐ横、前日リニューアルオープンした「umie　MOSAIC」に隣接する。アンパンマンの遊具や撮影スポット、ミュージアムショップやキャラクターショー、写真館、ジャムおじさんのパン工場などがある。

　神戸市の人口は、1955 年（昭和 30 年）986,344 人、2015 年（平成 27 年）1,537,273 人、60 年間の人口増加率は 56％で、約 1.5 倍となった。

地形図78：2万5千分の1地形図「神戸首部」平成27年調製を3.5倍に拡大・
加工　⑤神戸アンパンマンこどもミュージアム＆モール

（57） 兵庫県神戸市新長田：作者出身地・震災復興シンボル

設置施設等：鉄人 28 号像

作者名：横山光輝（本名、横山光照）、1934 年（昭和 9 年）～ 2004 年（平成 16 年）

作品名：鉄人 28 号・魔法使いサリー

　神戸市長田区は、長田神社があり、ケミカルシューズで有名である。1988 年（明治 21 年）山陽線兵庫～明石間開通、1910 年（明治 43 年）兵庫電気軌道（現・山陽電鉄）長田駅・西代駅開業、1954 年（昭和 29 年）山陽線新長田駅開業、1977 年（昭和 52 年）神戸市営地下鉄西神線新長田駅開業、1968 年（昭和 43 年）山陽電鉄が神戸高速鉄道に乗り入れ開始した。

　横山光輝氏は、神戸市出身、1956 年（昭和 31 年）月刊誌「少年」（光文社）に「鉄人 28 号」掲載、手塚治虫の「鉄腕アトム」と並ぶ人気作品となった。1959 年（昭和 34 年）ラジオドラマ「鉄人 28 号」放送、1960 年（昭和 35 年）実写テレビドラマ「鉄人 28 号」放映、1963 年（昭和 38 年）テレビアニメ第一作「鉄人 28 号」（白黒）放映、以後、1980 年（昭和 55 年）第 2 作、1992 年（平成 4 年）第 3 作、2004 年（平成 16 年）第 4 作、2013 年（平成 25 年）第 5 作と、ラジオドラマに始まり、白黒テレビを経て、テレビアニメにおいても長期放映と、戦後のラジオ・テレビの歴史と共に歩んだ。「鉄人 28 号」は、巨大ロボットアニメの先駆けとされ、「魔法使いサリー」も、魔法少女アニメの先駆けであり、いずれものちの作品に大きな影響を与え、手塚治虫氏・石ノ森章太郎氏と並ぶ漫画家とされる。

　鉄人 28 号像は、2009 年（平成 21 年） 9 月に、兵庫県神戸市長田区の新長田駅そばの若松公園内に設置、高さ 15.3 m、重量 50 t、ＦＲＰ製ではなく鋼板製で、再現性が極めて高く、高さ・重量共にアニメモニュメントでは最大級である。1995 年（平成 7 年）の阪神淡路大震災復興シンボルとして設置、新長田駅からの通りは鉄人ストリートと命名された。

　神戸市長田区は、1945 年（昭和 20 年）に林田区と須磨区の一部を長田区とした。神戸市長田区の人口は 、1955 年（昭和 30 年）189,806 人、1965 年（昭和 40 年）214,345 人、以後減少に転じ、2015 年（平成 27 年）97,912 人、60 年間の人口減少率は 48％で、約半分となった。

地形図 79：2 万 5 千分の 1 地形図「神戸南部」平成 31 年調製を 4 倍に拡大・加工　⑥鉄人 28 号像

地形図80：2万5千分の1地形図「神戸首部」「神戸南部」昭和42年改測
阪神淡路大震災前　山陽電鉄の西代～兵庫間は併用軌道

地形図81：2万5千分の1地形図「神戸首部」平成15年更新・「神戸南部」平成18年更新　阪神淡路大震災後

(58) 兵庫県淡路市岩屋：体験型施設開設

設置施設等：ニジゲンノモリ（クレヨンしんちゃんアドベンチャーパーク・ナ
　イトウォーク火の鳥・ＮＡＲＵＴＯ＆ＢＯＲＵＴＯ忍里・ゴジラ追撃作戦〜国
　立ゴジラ淡路島研究センター〜・ドラゴンクエストアイランド大魔王ゾーマと
　はじまりの島）

作品名：クレヨンしんちゃん・火の鳥・ＮＡＲＵＴＯ・ゴジラ・ドラゴンク
　エスト

　淡路市は、淡路島の北部を占める市で、岩屋は明石市と海峡を挟んで淡
路島の玄関口であり、1998 年（平成 10 年）4 月の明石海峡大橋の開通で大
きく変貌した。兵庫県立淡路島公園は、1985 年（昭和 60 年）に開催された
「淡路花博」に向けて整備された。1998 年（平成 10 年）4 月に、明石海峡
大橋開通とともに、神戸淡路鳴門自動車道の淡路サービスエリアに直結し
て淡路ハイウェイオアシスゾーンが増設・開設された。

　ニジゲンノモリは、2017 年（平成 29 年）7 月 15 日に、岩屋の兵庫県立
淡路島公園の「森のゾーン」と「交流ゾーン」に開設された。株式会社ニ
ジゲンノモリ（パソナグループ）が手掛けた、マンガ・アニメのコンテンツ
と自然を融合させた体験型施設で、クレヨンしんちゃんアドベンチャー
パークとともに、ナイトウォーク火の鳥も同時開設された。2019 年（令和
元年）4 月 20 日にはＮＡＲＵＴＯ＆ＢＯＲＵＴＯ忍里が開設され、2020
年（令和 2 年）10 月 10 日にはゴジラ追撃作戦〜国立ゴジラ淡路島研究セ
ンター〜を開設、2021 年（令和 3 年）4 月 29 日にはドラゴンクエストア
イランド大魔王ゾーマとはじまりの島も開設された。

　クレヨンしんちゃんアドベンチャーパークには、クレヨンしんちゃん
は勿論、野原ひろし・野原みさえ・野原ひまわり・シロ・園長先生・よし
なが先生・ボーちゃん・ネネちゃん・マサオクン・ぶりぶりざえもんなど、
54 体ものしんちゃんと仲間たちのＦＲＰ像を設置、2022 年（令和 4 年）9
月 10 日にはかくれんぼ迷路の「ふたば幼稚園」も開設された。

　淡路市は、2005 年（平成 17 年）に淡路町・津名町・北淡町・一宮町・
東浦町が合併して発足、淡路市の人口は、1955 年（昭和 30 年）78,073 人，
2015 年（平成 27 年）43,977 人，60 年間の人口減少率は 44％である。

地形図 82：２万５千分の１地形図「田之代」令和４年調製を加工　⑦クレヨンしんちゃんアドベンチャーパーク

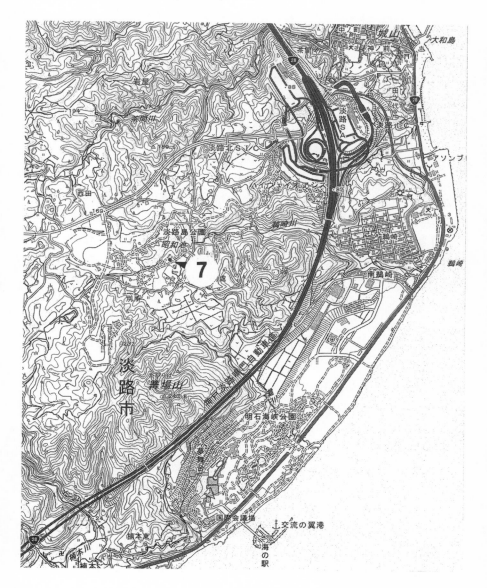

(59) 和歌山県橋本市・奈良県五條市：作者居住地

設置施設等：まことちゃん像・まことちゃん地蔵

作者名：楳図かずお（本名、楳図一雄）、1936 年（昭和 11 年）～

作品名：まことちゃん

　橋本市は、和歌山県の北東端、紀ノ川中流域、中央構造線（メジアンライン）が通過、高野山への宿場町、南海高野線で大阪府への通勤通学が多い。1898 年（明治 31 年）紀和鉄道（現・和歌山線）五条～橋本間開通、1900 年（明治 33 年）王寺～和歌山間全通した。1915 年（大正 4 年）高野登山鉄道（現・南海高野線）橋本駅まで開通、1925 年（大正 14 年）高野山駅（現・高野下駅）まで全通、1981 年（昭和 56 年）林間田園都市駅が開業した。

　五條市は、橋本市に隣接、紀ノ川中流域、中央構造線（メジアンライン）が通過、元・城下町である。1896 年（明治 29 年）南和鉄道（現・和歌山線）五条駅開業、1980 年（昭和 55 年）五条駅まで電化、1984 年（昭和 59 年）和歌山駅まで電化、2008 年（平成 20 年）五条駅まで快速が設定された。

　楳図かずお氏は、高野町出身、五條市育ち、1976 年（昭和 51 年）「週刊少年サンデー」に「まことちゃん」を連載、代表的ギャグ漫画である。

　まことちゃん石像は、2002 年（平成 14 年）12 月に、橋本駅前に、設置された。作者居住地は奈良県五條市だったが、橋本市の広報誌に「オテンバ日記」を掲載、県境を越えて橋本市までが作者の散歩コースという縁で設置されることとなった。2015 年（平成 27 年）に化粧直しされた。

　まことちゃん地蔵（フィギュア高さ 55cm）は、2010 年（平成 22 年）5 月 5 日に、和歌山線五条駅近くの踏切そばに設置、お披露目された。

　橋本町は、1955 年（昭和 30 年）岸上村・山田村・紀見村・隅田町・学文路村が合併して橋本市となった。橋本市の人口は、1955 年（昭和 30 年）47,477 人、2000 年（平成 12 年）70,469 人、以後減少に転じ、2015 年（平成 27 年）63,621 人、60 年間の人口増加率は 34％である。

　五條町は、1957 年（昭和 32 年）牧野村・北宇智村・大阿太村・南阿太村・野原町・阪合部村が合併して五條市となった。五條市の人口は、1955 年（昭和 30 年）49,416 人、2015 年（平成 27 年）30,997 人、60 年間の人口減少率は 37％である。大都市への通勤通学の不便さが要因である。

地形図83：2万5千分の1地形図「橋本」平成30年調製を4倍に拡大・加工　⑧まことちゃん石像

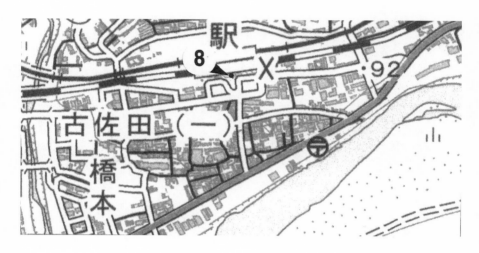

地形図84：2万5千分の1地形図「五條」平成29年調製を4倍に拡大・加工　⑨まことちゃん地蔵

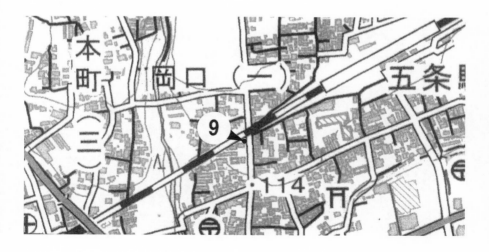

写真 25：滋賀県豊郷町　豊郷小学校校門

写真 26：滋賀県豊郷町　豊郷小学校校舎

写真 27：鳥取県境港市　水木しげるロード

写真 28：鳥取県境港市　水木しげる記念館

（60） 鳥取県鳥取市：作者出身地

設置施設等：鳥取砂丘コナン空港、モニュメント設置

作者名：青山剛昌、1963 年（昭和 38 年）～

作品名：名探偵コナン

　鳥取市は、元・城下町で、鳥取砂丘が有名、砂の美術館（2006 年より開催、2012 年より屋内展示が中心に）がある。1907 年（明治 40 年）山陰線鳥取仮停車場開場、1908 年（明治 41 年）鳥取駅開業、1912 年（明治 45 年）山陰線京都～出雲今市（現・出雲市）間全通、1919 年（大正 8 年）因美軽便線（現・因美線）鳥取～用瀬間開通、1932 年（昭和 7 年）因美線全通、1960 年（昭和 35 年）大阪～上井（現・倉吉）間の準急「みささ」、岡山～上井間の準急「ひるぜん」運転開始、1966 年（昭和 41 年）「みささ」「砂丘」（1962 年「ひるぜん」から変更）が急行に、1989 年（平成元年）急行「みささ」廃止、快速に、1994 年（平成 6 年）智頭急行開業、新大阪～倉吉間「スーパーはくと」運転開始、1997 年（平成 9 年）急行「砂丘」廃止・特急「いなば」運転開始された。鳥取飛行場は、1957 年（昭和 32 年）開場、1964 年（昭和 39 年）廃止となった。鳥取空港は、1967 年（昭和 42 年）開港、東京～米子便寄港、1969 年（昭和 44 年）東京便廃止・大阪便開設、1979 年（昭和 54 年）東京便再開、1995 年（平成 7 年）大阪便が休止となった。

　鳥取砂丘コナン空港は、2015 年（平成 27 年）3 月 1 日に鳥取空港の愛称として使用開始、1 階の到着ロビーに「鳥取砂丘コナン空港へようこそ‼ 青山剛昌」の文字と共に、コナンと毛利蘭のフィギュアが設置された。2018 年（平成 30 年）7 月 28 日に、屋上展望台にシンボルオブジェ、1 階に喫茶ポアロ（安室透・毛利小五郎像）を設置、2021 年（令和 3 年）4 月 23 日に、2 階に「緋色の領域」赤井秀一像を設置、同年 11 月 17 日に、1 階到着ロビー出口上に、怪盗キッド像が設置された。なお、1 階には、「コナン探偵社」と称する、名探偵コナンのキャラクターグッズ売店、かつて「スタバ」がなかったことから、「すなば」珈琲がある。

　鳥取市の人口は、1955 年（昭和 30 年）174,017 人、2005 年（平成 17 年）201,740 人、以後減少に転じ、2015 年（平成 27 年）193,717 人、60 年間の人口増加率は 11％である。県庁所在地で最も人口が少ない。

地形図85：2万5千分の1地形図「鳥取北部」平成28年調製を加工　⑩鳥取砂丘コナン空港

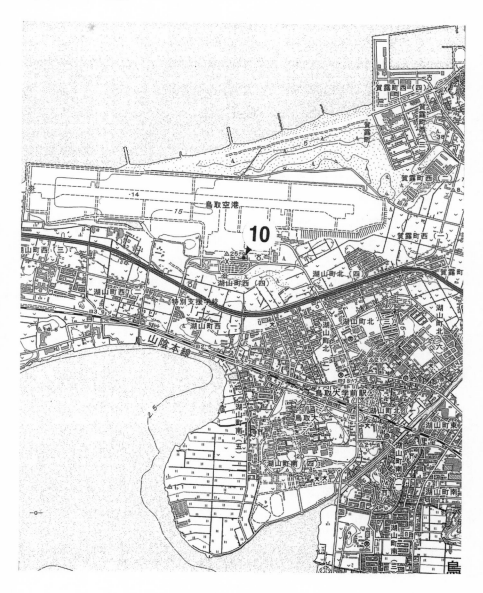

（61）鳥取県北栄町：作者出身地

設置施設等：コナン通り、青山剛昌ふるさと館

作者名：青山剛昌、1963 年（昭和 38 年）〜

作品名：名探偵コナン

　大栄町（現・北栄町）は、江戸期、由良宿で、由良台場が設置された。

　1999 年（平成 11 年）12 月コナン大橋橋柱にコナン像 4 体、コナン像 2 体街灯、2000 年（平成 12 年）8 月由良駅前にコナン像、コナン通りに新一登場像、道の駅大栄に変身ホームズ像（コナン）、2001 年（平成 13 年）3 月図書館前に待ち合わせ像（工藤新一）、2004 年（平成 16 年）11 月大栄小学校に未来への歩み像（コナンと蘭）、2007 年（平成 19 年）3 月 18 日青山剛昌ふるさと館開館、少年探偵団像設置、2008 年（平成 20 年）12 月コナン通りに石製モニュメント 30 基、2010 年（平成 22 年）7 月コナン通りにはじまりの瞬間像（工藤新一と毛利蘭）、2013 年（平成 25 年）12 月由良駅は愛称コナン駅に、2015 年（平成 27 年）3 月 21 日すいかコナン像（初のＦＲＰカラー像）、同年 11 月 22 日怪盗キッド像、2016 年（平成 28 年）9 月 18 日眠りの小五郎像（毛利小五郎とコナン）、同年 10 月 2 日由良駅前に迷宮なしの名探偵像（コナン・以後の基本はＦＲＰカラー像に）、2017 年（平成 29 年）3 月 18 日コナンの家・米花商店街開設、3 月 18 日あくび姫像（灰原哀）、8 月 11 日優しいガキ大将像（小嶋元太）、9 月 16 日そばかす少年像（円谷光彦）、10 月 28 日キュートな少女探偵像（吉田歩）、2018 年（平成 30 年）4 月 28 日空手娘像（毛利蘭・最後の銅像）、同年 5 月 19 日ビートル車内に自称天才発明家像（あがさ博士）、2020 年（令和 2 年）3 月 11 日小さくなった名探偵像（コナン）、同年 10 月 2 日怪盗と名探偵像（怪盗キッドとコナン）、2021 年（令和 3 年）7 月 17 日おすわりコナン像、狙い撃ち像（コナン）・令和の魔術師像（怪盗キッド）、同年 12 月 18 日道に迷った平次と和葉像（服部平次・遠山和葉）、2022 年（令和 4 年）3 月 12 日 2 人で 1 人の名探偵像（新一＆コナン像）が、設置された。

　大栄町は、2005 年（平成 17 年）北条町と合併して、北栄町となった。北栄町の人口は、1955 年（昭和 30 年）17,922 人、2015 年（平成 27 年）14,820 人、60 年間の人口減少率は 17％である。

地形図86：2万5千分の1地形図「倉吉」平成22年更新を2倍に拡大・
加工　⑪コナン通り　⑫コナンの家・米花商店街　⑬青山剛昌ふるさと館

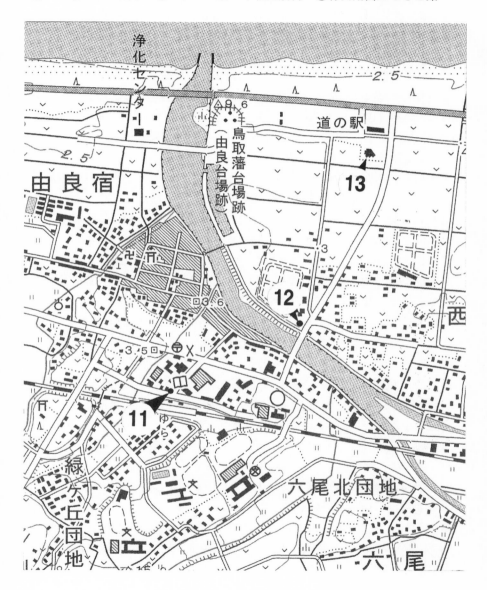

(62) 鳥取県境港市：作者出身地・作品の舞台

設置施設等：水木しげるロード・水木しげる記念館

作者名：水木しげる（本名、武良茂）、1922年（大正11年）～2015年（平成27年）

作品名：ゲゲゲの鬼太郎・河童の三平・悪魔くん

　鳥取県境港市は、典型的な砂州地形である弓ヶ浜の先端で、美保関半島の南側に位置、名前の通り、鳥取県と島根県の境界に位置する日本海側有数の漁港、島根県隠岐諸島航路発着地でもある。境港線は、1902年（明治35年）開通、1993年（平成5年）鬼太郎列車運行開始、1995年（平成7年）境港駅駅舎新築、2005年（平成17年）妖怪を駅名の愛称とする。

　水木しげるロードは、1989年（平成元年）に境港市が整備を決議、1992年（平成4年）に6体のブロンズ像、1993年（平成5年）7月18日に17体が追加されて、計23体を200mの距離に設置して開設された。その後も追加は続き、1996年（平成8年）には計80体が800mの距離に設置された。その後も像の増設は続き、2018年（平成30年）にはリニューアルも行われ、177体と20年で倍増した。2006年（平成18年）観光お土産店大漁市場なかうらにゲゲゲの鬼太郎石像が、2011年（平成23年）2月4日鳥取県庁前に水木しげる夫妻像、米子空港にも鬼太郎像が設置された。

　水木しげる記念館は、2003年（平成15年）3月8日に開館、2012年（平成24年）にリニューアル、2018年（平成30年）に再リニューアル、2023年（令和5年）3月9日より、老朽化・建て替えで1年間の休館となった。漫画ワールド・ギャラリー・ねぼけ人生の間・のんのんばあとオレ・妖怪洞窟・妖怪ひろば・人生絵巻の回廊などの展示があった。水木しげる氏は大阪生まれだが、幼少時から境港で育つ。戦後上京、1960年（昭和35年）「墓場鬼太郎」発表、1965年（昭和40年）「ゲゲゲの鬼太郎」「河童の三平」が「週刊少年マガジン」「週刊少年サンデー」に掲載、1968年（昭和43年）「ゲゲゲの鬼太郎」テレビアニメ化、大ヒットとなった。

　境港市は、1954年（昭和29年）境港町となり、1956年（昭和31年）境港市となった。境港市の人口は、1955年（昭和30年）33,256人、1995年（平成7年）37,365人に増加したがその後は減少に転じ、2015年（平成27年）34,174人、1955～2015年の60年間の人口増加率は3％である。

地形図87：2万5千分の1地形図「境港」平成29年調製を3倍に拡大・
加工　⑭⑮水木しげるロード　⑯水木しげる記念館

地形図88：2万5千分の1地形図「境港」昭和50年改測　1902年（明治35年）
境駅開業、1919年（大正8年）境港駅に改称

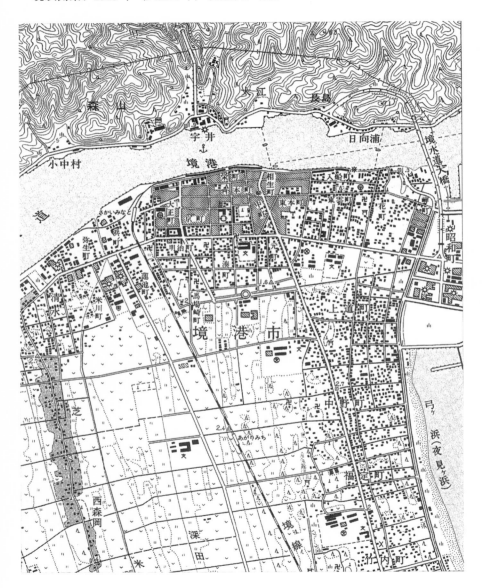

地形図 89：2万5千分の1地形図「境港」平成 20 年更新　1995 年（平成 7 年）
境港駅駅舎新築移転

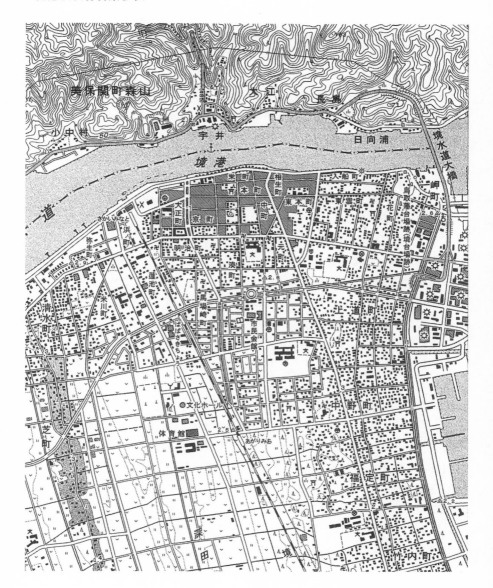

(63) 島根県隠岐の島町・西ノ島町：作者ゆかりの地

設置施設等：水木しげるロード　隠岐

作者名：水木しげる（本名、武良茂）、1922 年（大正 11 年）～ 2015 年（平成 27 年）

作品名：ゲゲゲの鬼太郎・河童の三平・悪魔くん

　隠岐の島町は、2004 年（平成 16 年）に隠岐諸島島後島全域の西郷町・布施村・五箇村・都万村が合併して発足、西ノ島町は、隠岐諸島島前の西之島全域である。隠岐航路は、1885 年（明治 18 年）英国製木造蒸気船隠岐丸就航、1895 年（明治 28 年）隠岐汽船株式会社設立、1933 年（昭和 8 年）松江港就航、1972 年（昭和 47 年）フェリーくにが、1984 年（昭和 59 年）高速船マリンスター、1993 年（平成 5 年）超高速船レインボー、2014 年（平成 26 年）超高速船レインボージェットが就航した。隠岐空港は、1965 年（昭和 40 年）場外離着陸場開港、1968 年（昭和 43 年）第三種空港に、1975 年（昭和 50 年）大阪便開設、2006 年（平成 18 年）新空港開港・ジェット化、2015 年（平成 27 年）隠岐世界ジオパーク空港の愛称となる。

　踊る水木先生像は、2008 年（平成 20 年）10 月 5 日に、隠岐の島町中村の武良祭り場唐笠の松そばに設置された。水木氏のルーツが、同町中村の武良郷とされていることから、「水木しげるロード　隠岐」の最初の設置場所とされた。妖怪焼火権現像は、2009 年（平成 21 年）8 月 5 日に、西ノ島町別府港に、設置された。「水木しげるロード　隠岐」の 2 体目である。2010 年（平成 22 年）4 月 8 日には計 8 体を隠岐の島町内に設置、河童像が八尾川沿いのかっぱ公園に、琵琶ぼくぼく像が玉若酢命神社前に、五体面像が隠岐国分寺そばに、天吊し像が中条の八尾川と銚子川合流点そばに、ちょうちんお化け像が銚子川の銚子ダムそばに、せこ像が中村川上流に、アマビエ像・さざえ鬼像が中村に、さらに鬼太郎親子とねずみ男像が西郷港に設置、隠岐の島町計 10 体、隠岐諸島計 11 体となった。

　隠岐の島町の人口は、1955 年（昭和 30 年）27,887 人、2015 年（平成 27 年）14,608 人、60 年間の人口減少率は 48％で、約半分となった。

　西ノ島町の人口は、1955 年（昭和 30 年）7,111 人、2015 年（平成 27 年）3,027 人、60 年間の人口減少率は 57％で、半分以下となった。

地形図90：2万5千分の1地形図「西郷」平成26年調製を加工　①鬼太郎
親子とねずみ男像②河童像③琵琶ぼくぼく像④五体面像

地形図91：2万5千分の1地形図「布施」平成29年調製を0.7倍に縮小・加工　⑤天吊し像　⑥ちょうちんお化け像　⑦せこの像

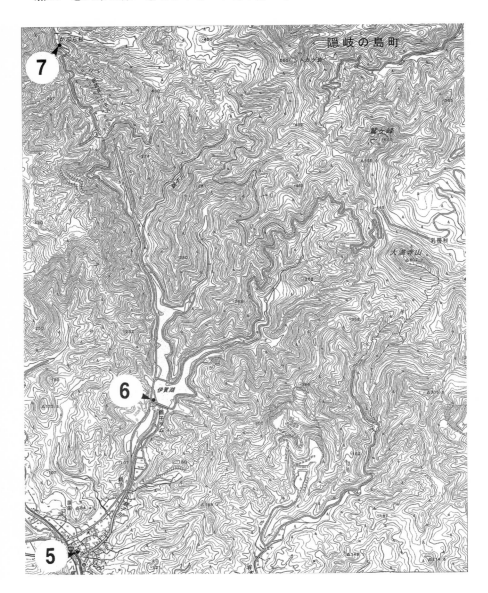

地形図92：2万5千分の1地形図「西村」平成30年調製を加工　⑧さざえ
鬼像　⑨踊る水木先生像　⑩アマエビの像

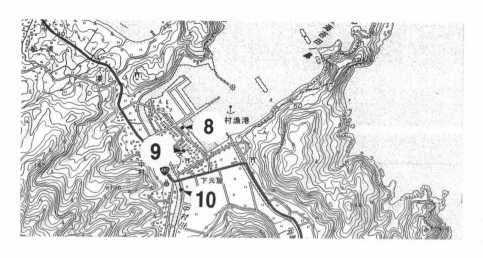

地形図93：2万5千分の1地形図「浦郷」平成30年調製を加工　⑪妖怪焼
火権現の像

(64) 島根県松江市：作者出身地

設置施設等：平太とガタピシ像・はじめ人間ギャートルズ像

作者名：園山俊二、1935 年（昭和 10 年）～ 1993 年（平成 5 年）

作品名：ペエスケ・はじめ人間ギャートルズ・がんばれゴンベ

　松江市は、宍道湖と中海の間にある元・城下町である。1908 年（明治 41 年）山陰線松江駅開業、1912 年（明治 45 年）山陰線京都～出雲今市（現・出雲市）間全通、1928 年（昭和 3 年）伯備線全通・一畑電鉄北松江駅（現・松江しんじ湖温泉）開業、1961 年（昭和 36 年）特急まつかぜ運転開始、1972 年（昭和 47 年）特急やくも・出雲運転開始、1982 年（昭和 57 年）伯備線電化・特急やくも電車化、1985 年（昭和 60 年）特急まつかぜ米子発着に、1988 年（昭和 63 年）特急くにびき運転開始、1998 年（平成 10 年）サンライズ出雲運転開始、2003 年（平成 15 年）特急スーパーまつかぜ運転開始、2006 年（平成 18 年）客車寝台特急の出雲が廃止となった。

　園山俊二氏は、松江市出身、1979 年（昭和 54 年）朝日新聞夕刊に「ペエスケ」連載開始、1990 年（平成 2 年）テレビ朝日でテレビアニメ「ガタピシ」が放映開始された。ペエスケは主人公の平野平助のこと、平太はペエスケ夫妻の長男、ガタピシは近所の犬の子供で、平野家のペットの犬、ペエスケの相棒、「ペエスケ」は本来、平野家の物語だが、このガタピシが人気となり、テレビアニメとなった。「ガタピシ」の由来は、雨戸をあける「ガタピシ」音が朝の散歩という合図で、飛び跳ねて喜んだことに由来する。「ギャートルズ」は、1965 年（昭和 40 年）「週刊漫画サンデー」に連載開始、1974 年（昭和 49 年）朝日放送でテレビアニメ「はじめ人間ギャートルズ」が、1996 年（平成 8 年）ＮＨＫで「はじめ人間ゴン」が放映開始された。原始時代という設定で、ユニークな作品である。

　平太とガタピシ像は、1998 年（平成 10 年）松江市の岸公園（宍道湖畔）に設置された。はじめ人間ギャートルズ像（ゴンとマンモスの像）は、2009 年（平成 21 年）5 月、松江市の松江テルサ前に、設置された。

　松江市の人口は、1955 年（昭和 30 年）166,907 人、2000 年（平成 12 年）211,564 人、以後減少に転じ、2015 年（平成 27 年）206,230 人、60 年間の人口増加率は 24％である。山陰地方最大の都市である。

地形図94：2万5千分の1地形図「松江」平成28年調製を2倍に拡大・加工　⑫平太とガタピシ像　⑬はじめ人間ギャートルズ像

(65) 岡山県岡山市：ミュージアム開設・リアル電車運行

設置施設等：おかでんチャギントンミュージアム

おかでんチャギントンリアル電車（ウィルソン・ブルースター号）

製作：Ｌｕｄｏｒｕｍ　ｐｉｃ（英）、フジテレビ

作品名：チャギントン（コンピューターアニメーション）

　岡山は、鉄道交通の要衝で、1891年（明治24年）山陽鉄道岡山駅開業、1904年（明治37年）中国鉄道本線（現・津山線）吉備線岡山駅乗り入れ、1906年（明治39年）山陽鉄道国有化、1910年（明治43年）宇野線開通、1944年（昭和19年）中国鉄道国有化、1972年（昭和47年）山陽新幹線新大阪～岡山間開業、特急やくも運転開始、1975年（昭和50年）山陽新幹線岡山～博多間開通、1988年（昭和63年）瀬戸大橋線開通、岡山駅より松山・高知方面等への特急運転開始となった。岡山電気軌道は、両備グループの中核企業、1912年（明治45年）岡山駅前～西大寺町間開通、1923年（大正12年）東山線全通、1946年（昭和21年）清輝橋線全通、2017年（平成29年）東山駅を東山・おかでんミュージアム駅に改称した。

　チャギントンは、2008年（平成20年）イギリスで放映開始、2009年（平成21年）日本でも放映開始、同年幼児向け雑誌にも連載開始、2017年（平成29年）フジテレビが全著作権獲得、オリジナル展開可となった。

　おかでんチャギントンミュージアムは、2016年（平成28年）12月21日に、岡山電気軌道東山駅前に開館した。工場の一角をリノベーション、シアター・グッズ販売・プラレール・チャギントンの壁面展示がある。

　おかでんチャギントンリアル電車（ウィルソン・ブルースター号）は、2019年（平成31年）3月16日に、岡山電気軌道で運転が開始された。水戸岡鋭治氏デザインで、実物大でリアルな観光電車、ボンバルディア・トランスポーテーション製造、新潟トランシス組立・改造、岡山駅前→清輝橋→岡山駅前→東山（乗車・車内イベント・ミュージアム入場・記念品・1日乗車券）と岡山駅前→東山の体験版直行便がある。2022年（令和4年）鹿児島市交通局等でもラッピング電車の運転が開始された。

　岡山市の人口は、1960年（昭和35年）432,177人、2015年（平成27年）719,474人、55年間の人口増加率は66％である。

地形図95：2万5千分の1地形図「岡山南部」平成28年調製を加工　⑭お
かでんチャギントンミュージアム

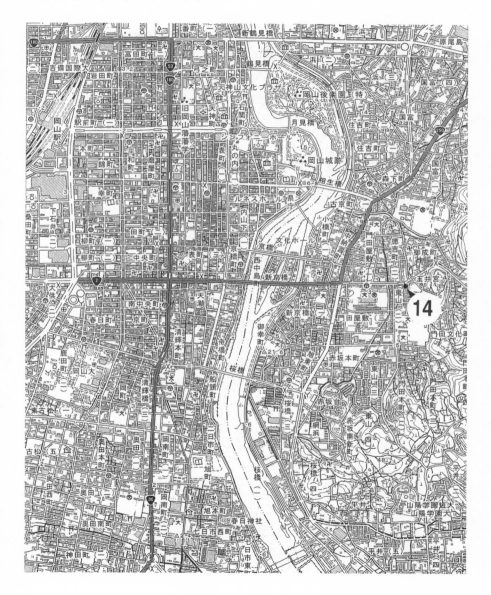

（66） 岡山県倉敷市美観地区：作者選定地

設置施設等：いがらしゆみこ美術館・倉敷

作者名：いがらしゆみこ（本名、五十嵐優美子）、1950年（昭和25年）～

作品名：キャンディ・キャンディ（原作：水木杏子〈名木田恵子〉）

　倉敷市は、岡山県の繊維工業都市、美観地区の観光都市であるが、児島市・玉島市と合併したことによって、水島臨海工業地帯を有する重化学工業都市となった。江戸期は幕府直轄地、1891年（明治24年）に山陽鉄道（現・山陽線）倉敷駅開業、1921年（大正10年）に児島で学生服生産開始、1926年（大正15年）に大原孫三郎氏が倉敷絹織（後の倉敷紡績、クラボウ）を設立、1930年（昭和5年）に倉敷川畔に大原美術館開館、1953年（昭和28年）に水島臨海工業地帯の建設開始、1965年（昭和40年）に児島でジーンズ生産が開始、1967年（昭和42年）に倉敷市伝統美観保存条例制定、美観地区の整備が開始され、1969年（昭和44年）に倉敷川畔特別美観地区となった。戦前、クラボウ社長の大原總一郎がドイツのローテンブルクを訪れ、倉敷を「日本のローテンブルク」にと考え、整備したものである。1947年（昭和22年）昭和天皇の倉敷訪問時に、倉敷川に今橋を架橋、以後、倉敷川沿いに移築された蔵屋敷に倉敷民芸館や倉敷考古館などが整備され、倉敷を代表する観光地区となった。なお、1997年（平成9年）開園の倉敷チボリ公園は、2008年（平成20年）閉園した。

　いがらしゆみこ美術館・倉敷は、2000年（平成12年）5月に、倉敷市の美観地区に開館した。倉敷は、作者の出身地等ではなく、作者が選定したものである。いがらしゆみこ氏の作品展示、喫茶店、各種衣装レンタルがあり、美観地区を散策できる。いがらしゆみこ氏は、北海道旭川市出身、1975年（昭和50年）「キャンディ・キャンディ」の連載開始、1976年（昭和51年）「キャンディ・キャンディ」がアニメ化された。

　倉敷市は、1891年（明治24年）に倉敷町となり、1928年（昭和3年）に倉敷市となった。1967年（昭和42年）に児島市・玉島市と合併し、倉敷市となった。倉敷市の人口は、1960年（昭和35年）286,902人、2015年（平成27年）477,118人、55年間の人口増加率は66％である。

地形図96：2万5千分の1地形図「倉敷」平成28年調製を3倍に拡大・加工　⑮いがらしゆみこ美術館・倉敷

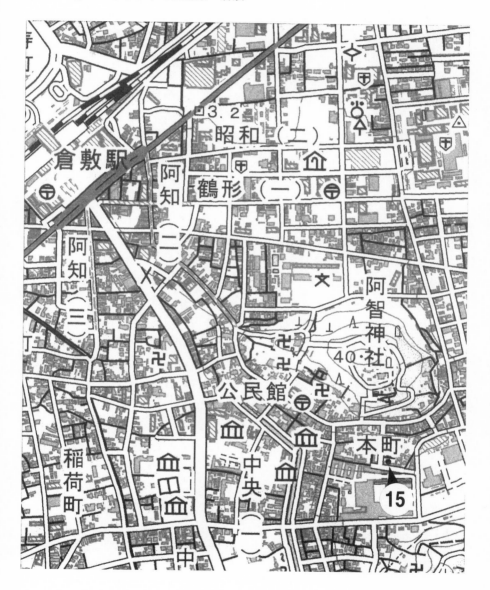

（67）岡山県高梁市川上町地頭：地域活性化で設置

設置施設等：吉備川上ふれあい漫画美術館

作者名：富永一郎、1925 年（大正 14 年）～ 2021 年（令和 3 年）名誉館長

作品名：チンコロ姐ちゃん

　岡山県川上町（現・高梁市）は、岡山県吉備高原の中山間町で、三沢川が領家川に合流する地点の地頭はその中心地、役場や学校が設置された。高梁市への合併により、旧町役場は、高梁市川上地域局となった。成羽川に沿って、1908 年（明治 41 年）に吉岡鉱山私設軌道が敷設され、山陽山陰間の鉄道敷設が期待されたが、高梁経由となり 1926 年（大正 15 年）に伯備南線備中高梁駅開業、1928 年（昭和 3 年）に伯備線が全通した。1943 年（昭和 18 年）に備北バス設立、現在川上町領家に本社バスセンターがあり、高梁～領家～地頭（川上小学校前）間がバスで結ばれている。

　吉備川上ふれあい漫画美術館は、1988 年（昭和 63 年）7 月、岡山県川上町が「マンガによる地域活性化推進要綱」を制定、1989 年（平成元年）11月に「川上町立川上町郷土資料館」（現・高梁市川上郷土資料館）に「ふれあい漫画館」を開設、1994 年（平成 6 年）4 月 29 日に「吉備川上ふれあい漫画美術館」が開館、特定の作者や作品とかかわりがなく、富永一郎氏を名誉館長・名誉町民（名誉市民）とした地方町の地域活性化を目的とした先駆例である。富永一郎氏の原画・作品・愛蔵品以外、全国から寄贈された漫画本を含めて、10 万冊以上が所蔵されている。富永一郎氏の作品展示施設には、山梨県道志村の「ギャラリー永源の森」、静岡県伊豆市の「虹の郷　富永一郎漫画館」、三重県亀山市の「亀山美術館　富永一郎漫画館」、福島県塙町の「富永一郎はなわ漫画館」などがある。父親の出身地である佐伯市には、国道 217 号線の一部に富永作品の陶板を配置、「イチローロード」と称されている。このように、比較的多くの、作品展示施設や関連施設があり、作品に触れる機会が多い作家である。

　川上町は、2004 年（平成 16 年）10 月 1 日に高梁市・成羽町・備中町・有漢町と合併して、高梁市となった。高梁市の人口は、1955 年（昭和 30 年）74,013 人、2015 年（平成 27 年）32,075 人、60 年間の人口減少率は 57％で、半分以下となり、市としては人口減少率が比較的高い。

地形図97：2万5千分の1地形図「地頭」平成27年調製を3倍に拡大・加工　⑯吉備川上ふれあい漫画美術館

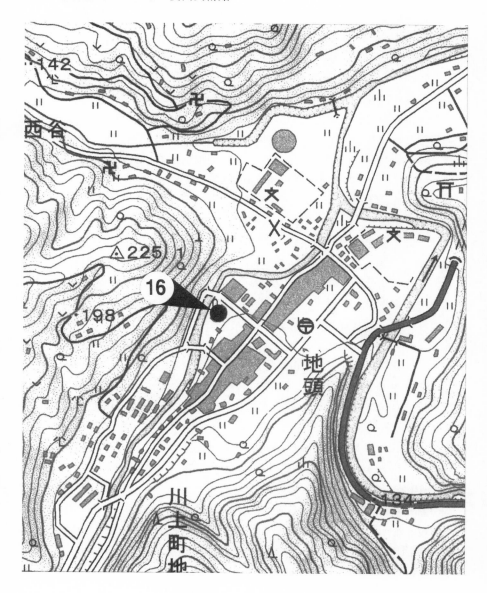

(68) 愛媛県今治市朝倉：銅像設置

設置施設等：タオル美術館ＩＣＨＩＨＩＲＯ、常設展、ムーミン像

作者名：トーベ・ヤンソン、1914 年（大正３年）〜 2001 年（平成 13 年）

作品名：ムーミン

　今治市は、四国四県の県庁所在地に次ぎ、タオルと造船の都市で知られる。1924 年（大正 13 年）予讃線今治駅開業、1966 年（昭和 41 年）急行いよ運転開始、1972 年（昭和 47 年）特急しおかぜ運転開始、1993 年（平成５年）高松〜伊予市間全線電化、1988 年（昭和 63 年）瀬戸大橋線開通、岡山からの特急しおかぜ運転開始となった。1959 年（昭和 34 年）三原・今治国道フェリー開設、1964 年（昭和 39 年）尾道港〜今治港間水中翼船就航、1972 年（昭和 47 年）三原港〜今治港間高速艇就航、1975 年（昭和 50 年）山陽新幹線岡山〜博多間開通に伴い、新幹線三原駅から三原港乗り換えで今治港へのルートが確立された。1999 年（平成 11 年）西瀬戸自動車道（しまなみ海道）開通、三原・今治国道フェリー廃止、せと観光ボートが高速船航路のみを引き継いだが、2007 年（平成 19 年）廃止となった。今治から福山・広島・福岡・大阪・神戸・東京等への高速バスがある。

　ムーミン像は、2011 年（平成 23 年）11 月 20 日に、タオル美術館ＩＣＨＩＨＩＲＯ入口に設置された。2000 年（平成 12 年）４月 29 日に、地元タオルメーカーの一広がタオル美術館ＡＳＡＫＵＲＡを建設、2005 年（平成 17 年）越智郡朝倉村が今治市に合併した際に改称、本館棟とギャラリー棟に、タオルの製造工程・アート・製品、綿のオブジェ、ムーミンの家やキャラクターのぬいぐるみが展示されたムーミンの常設展（2010 年 12 月 29 日より）等があり、レストラン「王府井」前のヨーロピアンガーデンに、ムーミンパパ、リトルメイ、スナフキン、ムーミンとフローレン、スノーク、モラン、トゥーティッキ、めそめそ、フィリフヨンカと子供達、ニョロニョロの 10 体もの銅像が設置されている。

　今治市は、2005 年（平成 17 年）越智郡 11 町村（朝倉村・玉川村・波方町・大西町・菊間町・吉海町・宮窪町・伯方町・上浦町・大三島町・関前村）と合併、今治市の人口は、1955 年（昭和 30 年）197,773 人、2015 年（平成 27 年）158,114 人、60 年間の人口増加率は 20％である。

地形図98：2万5千分の1地形図「壬生川」令和4年調製を加工　⑰タオル
美術館ＩＣＨＩＨＩＲＯ

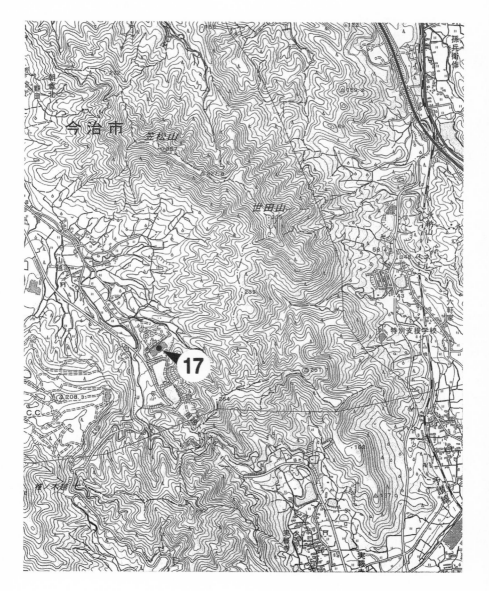

（69）高知県香美市香北町：作者出身地

設置施設等：香美市立やなせたかし記念館

作者名：やなせたかし（本名、柳瀬嵩）、1919年（大正8年）～ 2013年（平成25年）

作品名：アンパンマン

　高知県香北町（現・香美市）は、物部川中流域の中山間町である。1935年（昭和10年）土讃線全通、1925年（大正14年）土佐山田駅が開業した。

　香北町立やなせたかし記念館アンパンマンミュージアムは、1996年（平成8年）7月21日開館、2006年（平成18年）町村合併で「香美市立やなせたかし記念館」となった。土佐山田駅から美良布（アンパンマンミュージアム前）バス停下車、四国初の「アニメミュージアム」が地方町に開設された点で、極めて興味深い。記念館本館以外に、1998年（平成10年）「詩とメルヘン絵本館」開館、2005年（平成17年）2月6日「やなせたかし記念公園」開園、「やなせ兎像」とアンパンマンと仲間たち石像計11体が、2008年（平成10年）「ジャイアントだだんだん像」が、2011年（平成23年）「アンパンマンパンチ像」（アルミ製）が、他に玄関付近にアンパンマン石像・12体のアルミ像、記念館別館前には27体の石像が設置された。やなせたかし氏は、東京生まれだが、父親の実家が高知県在所村（現・香美市香北町）で、2014年（平成26年）4月20日に実家跡地がやなせたかし朴の木公園となり、お墓とアンパンマン・ばいきんまんと仲間たちの像計11体を設置、小中学校時は後免町（現・南国市）の伯父宅に居住、進学のために上京、徴兵を経て、戦後に三越勤務、1953年（昭和28年）専業漫画家に、1969年（昭和44年）にフレーベル館の月刊絵本の一冊で「あんぱんまん」発表、1988年（昭和63年）テレビアニメ「それいけ！アンパンマン」の放映が大人気番組となり、売れ子作家となった。

　香北町は、1961年（昭和36年）に大宮町と在所村が合併して誕生、2006年（平成18年）に土佐山田町・物部村と合併して香美市となった。香美市の人口は、1960年（昭和35年）43,319人、2015年（平成27年）27,513人、55年間の人口減少率は36％である。旧・土佐山田町には、1934年（昭和9年）に国の天然記念物に指定された鍾乳洞の龍河洞がある。

地形図99：2万5千分の1地形図「美良布」平成19年更新を1.3倍に拡大・
加工　⑱香美市立やなせたかし記念館⑲やなせたかし朴の木公園

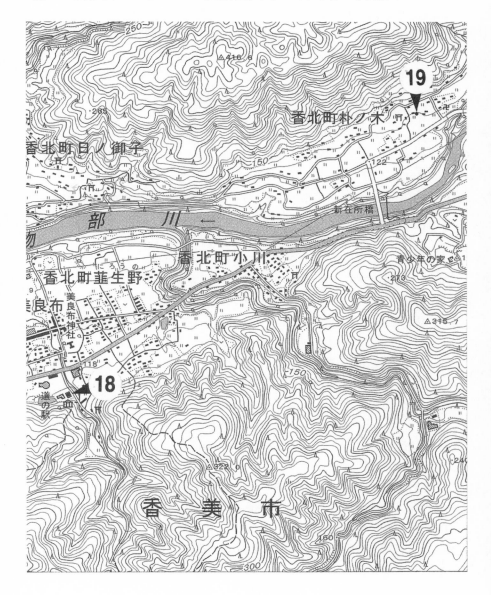

（70）高知県南国市後免・高知市：作者居住地

設置施設等：やなせたかしロード、やなせたかし・ごめん駅前公園

作者名：やなせたかし（本名、柳瀬嵩）、1919年（大正8年）～2013年（平成25年）

作品名：アンパンマン

　南国市は、高知県第二の都市で、鉄道交通の要衝である。1925年（大正14年）土佐電気鉄道（現・とさでん交通）後免線全通、同年土讃線後免駅開業、1930年（昭和5年）高知鉄道（のちの土佐電気鉄道安芸線）後免～安芸間全通、1974年（昭和49年）安芸線廃止、2002年（平成14年）土佐くろしお鉄道阿佐線後免～奈半利間開業、安芸線跡を再利用した。

　やなせたかしロードは、2009年（平成21年）10月3日に、高知県南国市後免町商店街に、7体の石像を設置、命名、他に公園に3体設置したものである。同年が、南国市の市制施行50周年であることから、市街地活性化に、中心商店街の後免町商店街の約400m間、円形台座上に設置された。土讃線後免駅から続く国道195号線の交差点にドキンちゃん像、後免町防災コミュニティーセンターにアンパンマン像とばいきんまん像、小川書店横にしょくぱんまん、続いてカレーパンマン、まつぎ金物店前にメロンパンナちゃん、続いてジャムおじさんと配置され、とさでん交通後免東町電停に至る。ただし、石像は若干、移動することがある。

　やなせたかし・ごめん駅前公園は、2016年（平成28年）6月14日に、高知県南国市駅前町に、開園した。やなせたかし氏が居住した伯父の医院跡地で、アンパンマンのキャラクター石像ベンチ4体（カレーパンマン・メロンパンナ・アンパンマン・しょくぱんまん）が設置された。

　高知市はりまや橋のアンパンマン像4体は、2014年（平成26年）6月25日に設置、高知駅からはりまや橋間や中央公園にも、2019年（令和元年）10月4日に設置、高知市内のアンパンマン像は18体にも及ぶ。

　南国市は、1959年（昭和34年）後免町・香長村・野田村・岡豊村・岩村が合併して、南国市となった。南国市の人口は、1960年（昭和35年）41,798人、2005年（平成17年）50,758人、以後は減少に転じ、2015年（平成27年）47,982人、55年間の人口増加率は15%である。

地形図100：2万5千分の1地形図「後免」令和3年調製を3倍に拡大・加工　①②やなせたかしロード　③アンパンマン像とばいきんまん像　④やなせたかし・ごめん駅前公園

地形図 101：2万5千分の1地形図「後免」昭和40年改測　1954年（昭和29年）
土佐電気鉄道高知市内〜安芸線直通運転開始

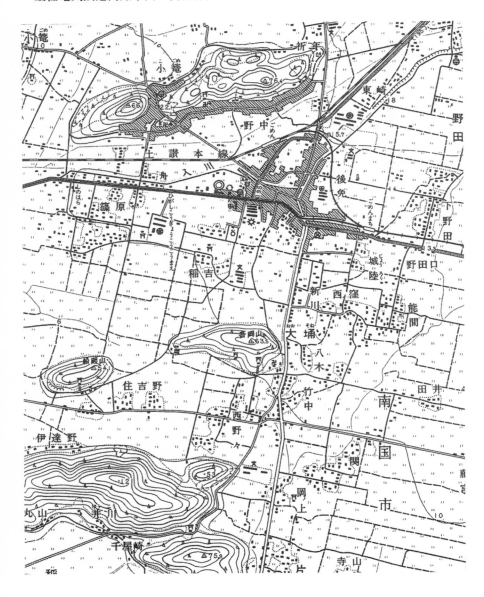

地形図102：2万5千分の1地形図「後免」平成13年修正測量　1974年（昭和49年）安芸線廃止　2002年（平成14年）土佐くろしお鉄道ごめん・なはり線開業

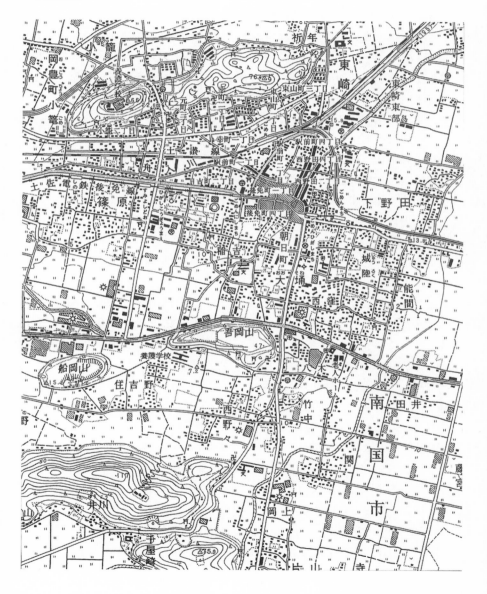

（71）高知県高知市文化プラザ：作者出身地

設置施設等：横山隆一記念まんが館

作者名：横山隆一、1909 年（明治 42 年）～ 2001 年（平成 13 年）

作品名：フクちゃん、デンスケ

　高知市は、高知平野に位置する県庁所在地、高知県中央北端を中央構造線（メジアンライン）が通過、中央構造線沿いにて銅鉱石を産出、高知県内にも土佐藩の白滝銅山があり、架空索道で四国山地を超えて愛媛県の伊予三島港へ輸送された。中央構造線南側では石灰岩地帯が分布、日本三大カルストの四国カルストがあり、鳥形山石灰鉱山は単一鉱山で採掘量日本一、ベルトコンベアーで須崎港まで輸送、高知市内にも土佐山石灰鉱山がある。石灰石採掘は、土佐藩時代から行われ、石灰肥料として使用、米の二期作を可能とし、土佐石灰の白さが際立つ特性を活用して、江戸期に普及した城郭を白く塗装する漆喰原料に用いられた。この銅鉱石・石灰石産出が土佐藩の財政を潤し、幕末雄藩の薩長土肥の一員となったわけである。1904年（明治 37 年）土佐電気鉄道（現・とさでん交通）開業、1924 年（大正 13 年）高知駅開業、1935 年（昭和 10 年）土讃線多度津～須崎間全通、1972 年（昭和 47 年）特急「南風」が運転開始された。

　横山隆一まんが館は、2002 年（平成 14 年）4 月 7 日に、高知県高知市九反田の高知市文化プラザカルポート内に開館、残念ながら横山隆一氏は前年に亡くなった。地元出身の横山隆一氏の記念館で、1936 年（昭和 11 年）朝日新聞掲載の「フクちゃん」関係の資料展示が中心で、「まんがライブラリー」では、高知県出身の漫画家の作品も閲覧できる。高知県は、横山隆一氏以外に、やなせたかし氏・はらたいら氏・西原理恵子氏などの多数の漫画家を輩出し、「まんが王国・土佐」と称され、「全国高等学校漫画選手権大会～まんが甲子園～」を開催、横山隆一まんが館がメイン展示会場、とさでん交通後免線菜園場町電停が最寄り駅である。

　高知市は、1889 年（明治 22 年）高知市に、大正期から 2008 年（平成 20年）に周辺町村を編入、高知市の人口は、1955 年（昭和 30 年）207,533 人、2005 年（平成 17 年）には 348,990 人に増加したが、その後は減少に転じ、2015 年（平成 27 年）337,190 人、60 年間の人口増加率は 62％である。

地形図103：2万5千分の1地形図「高知」令和元年調整を3倍に拡大・
加工　⑤高知市文化プラザカルポート　横山隆一まんが館

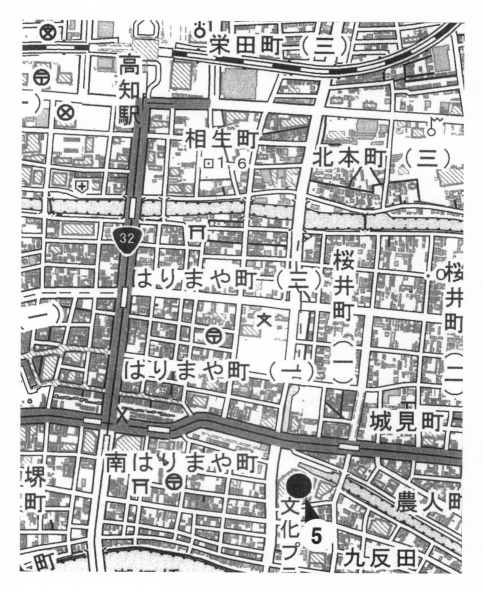

(72) 福岡県北九州市：作者出身地

設置施設等：北九州市漫画ミュージアム

宇宙海賊キャプテンハーロック、銀河鉄道 999 像

作者名：松本零士（本名、松本晟）、1938 年（昭和 13 年）〜 2023 年（令和 5 年）

作品名：宇宙海賊キャプテンハーロック、銀河鉄道 999

　福岡県北九州市は、九州北端の都市で、本州からは九州の玄関口、八幡製鉄所のある鉄の街、小倉が中心で、商工業都市として知られる。1891年（明治 24 年）九州鉄道小倉駅開業、1907 年（明治 40 年）九州鉄道国有化、1958 年（昭和 33 年）小倉駅が現在地に移転、1975 年（昭和 50 年）山陽新幹線全通、1998 年（平成 10 年）モノレール小倉駅が延伸開業した。

　松本零士氏は、福岡県久留米市出身、小学校 3 年生より福岡県小倉市（現・北九州市）に居住、高校卒業後上京、東京都練馬区に在住した。

　宇宙海賊キャプテンハーロックは、1977 年（昭和 52 年）より「プレイコミックス」にて連載開始、1978 年（昭和 53 年）よりテレビアニメ化された。銀河鉄道 999 は、1977 年（昭和 52 年）より「週刊少年キング」にて連載開始、1978 年（昭和 53 年）よりテレビアニメ化された。

　北九州市漫画ミュージアムは、2012 年（平成 24 年）8 月 3 日に、福岡県北九州市小倉駅前の「あるある City」5 階・6 階に開館、同時に小倉駅北口に、宇宙海賊キャプテンハーロック、銀河鉄道 999 のメーテルと星野鉄郎の像が設置された。「あるある City」は、1993 年（平成 5 年）落成の建物に北九州市漫画ミュージアムが入居することとなって、施設名を命名、ビル全体について漫画をコンセプトとすることとなった。アニメやマンガ、ゲーム、コスプレスタジオ、コンセプトカフェなど、ポップカルチャー専門店が入居している。北九州市漫画ミュージアムは、エントランスに等身大のキャプテンハーロックのフィギュアがあって記念撮影可、松本零士氏のコーナーや約 7 万冊の漫画本がある。

　北九州市は、1963 年（昭和 38 年）に小倉市・門司市・戸畑市・八幡市・若松市が合併して発足した。北九州市の人口は、1955 年（昭和 30 年）868,032 人、1980 年（昭和 55 年）1,065,078 人、以後は減少に転じ、2015 年（平成 27 年）961,286 人、60 年間の人口増加率は 11％である。

地形図104：2万5千分の1地形図「小倉」令和元年調整を4倍に拡大・加工　⑥北九州市漫画ミュージアム　⑦宇宙海賊キャプテンハーロック、銀河鉄道999のメーテルと星野鉄郎の像

（73）福岡県福岡市早良区：作者出身地・作品の舞台

設置施設等：サザエさん通り、サザエさん像

作者名：長谷川町子、1920年（大正9年）〜1992年（平成4年）

作品名：サザエさん、いじわるばあさん、エプロンおばさん

　福岡市早良区は、福岡市営地下鉄西新駅を中心とした商店街、海岸の埋め立て地に広がる「シーサイドももち」、その間に西南学院大学や福岡県立修猷館高等学校などのなどの学校がある文教地区でもある。1925年（大正14年）北九州鉄道（現・筑肥線）西新駅開業、1981年（昭和56年）福岡市営地下鉄天神〜室見間開通、西新駅開業、1983年（昭和58年）福岡市営地下鉄博多〜姪浜間全通、筑肥線博多〜姪浜間廃止となった。

　長谷川町子氏は、佐賀県東多久村（現・多久市）の生まれだが、幼少期に福岡市に転居、高等女学校時に東京に転居、戦時中に福岡市百道に疎開、西日本新聞社に勤務した。百道海岸風景から着想、1946年（昭和21年）夕刊「フクニチ」に「サザエさん」を連載、同年上京、出版社「姉妹社」設立、1947年（昭和22年）「サザエさん」第1巻が出版された。1948年（昭和23年）には、「サザエさん」の磯野家の舞台も東京となった。東京世田谷区桜新町には長谷川美術館やサザエさん通りがあり、出身地福岡にも、ゆかりの施設等の設置や通りの命名が行われることとなった。

　サザエさん発案の碑は、2007年（平成19年）4月に、早良区の磯野の広場（作者の長谷川町子氏の旧自宅の傍）に、設置された。サザエさん通りは、2012年（平成24年）5月27日に、早良区の地下鉄西新駅から百道浜への市道に名称が付けられた。サザエさん通りのサザエさん・カツオくん・ワカメちゃん・タラちゃんのシルエット板が添えられた案内板は、2015年（平成27年）3月25日に、地下鉄西新駅から百道浜への7カ所に、町子先生とサザエさん像は、2017年（平成29年）1月28日に、早良区の西南学院横に、サザエさん・カツオくん・ワカメちゃん像は、2021年（令和3年）4月24日に、早良区の磯野広場に、設置された。

　福岡市早良区は、1982年（昭和57年）旧・西区を分区して発足した。早良区の人口は、1985年（昭和60年）176,724人、2020年（令和2年）221,328人、35年間の人口増加率は、25％である。

地形図105：2万5千分の1地形図「福岡西部」令和3年調製を2倍に拡大・加工　⑧サザエさん発案の碑　⑨町子先生とサザエさん像　⑩早良区役所サザエさんコーナー

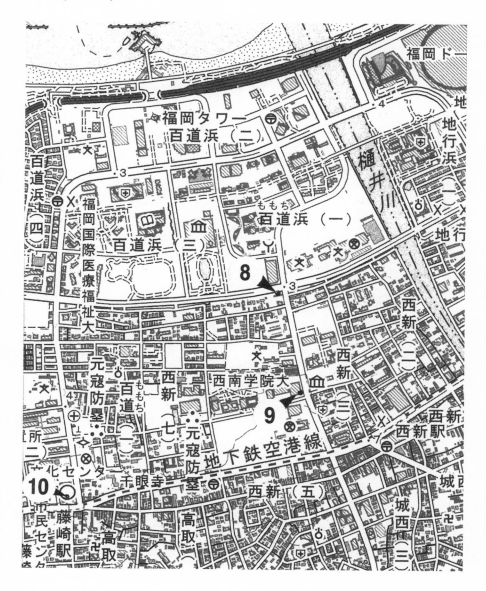

地形図106：2万5千分の1地形図「福岡西部」昭和25年第三回修正・
2万5千分の1地形図「福岡西南部」昭和23年資料修正　サザエさん発案
の地　百道松原

地形図107：2万5千分の1地形図「福岡西部」平成16年更新・2万5千分
の1地形図「福岡西南部」平成17年更新　1983年（昭和58年）筑肥線博多
駅～姪浜駅間廃止

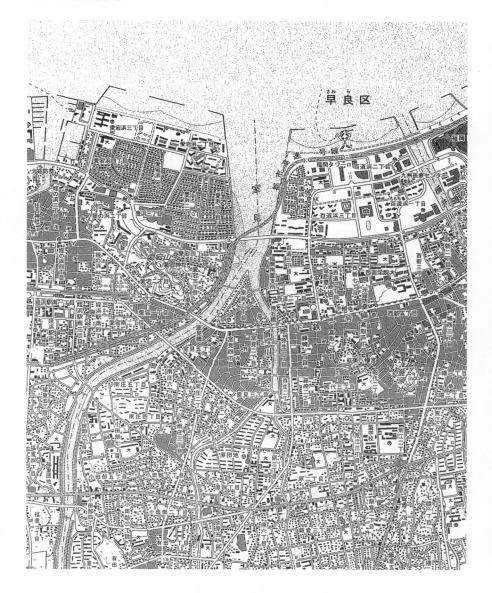

(74) 福岡県福岡市博多区：立像設置

設置施設等：実物大ガンダム立像

原作・総監督：富野由悠季（本名、富野喜幸）、1941 年（昭和 16 年）～

作品名：機動戦士ガンダム

　福岡市博多区は、福岡県庁所在地、博多駅・博多港・福岡空港と陸海空の拠点が集まり、ビジネス街・商業施設・歓楽街も集積している。いわゆる、城下町福岡に対して、那珂川を挟んで、商業町博多である。

　大規模商業施設三井ショッピングパークららぽーと福岡は、2022 年（令和 4 年）4 月 25 日に青果市場跡地に開業した。青果市場は、1968 年（昭和 43 年）に業務開始、2016 年（平成 28 年）西部市場・東部市場とともに廃止されて移転、跡地活用事業として開業したものである。最寄り駅の JR 鹿児島本線竹下駅は、1913 年（大正 2 年）開設、2011 年（平成 23 年）西口通路開設、2013 年（平成 25 年）西口駅前広場が新設されている。

　実物大ガンダム立像（高さ 24.8 m）は、2022 年（令和 4 年）4 月 25 日に、三井ショッピングパークららぽーと福岡に設置、一定時間になると右肩腕部と頭部が可動、夜には本体と連動して建物に特別映像が映し出される。また、ガンダムパーク福岡も開設され、ガンダムサイドエフと称する映像演出とグッズを扱うショップがある。実物大ガンダム立像は、RX-93ffν ガンダムで西日本初の設置、ららぽーとは九州初の開設です。

　機動戦士ガンダムは、日本サンライズ制作による 1979 年（昭和 54 年）から放映されたテレビアニメで、1981 年（昭和 56 年）からは劇場版映画も制作されている。特に、人型機動兵器のモビルスーツの登場と、主人公アムロ・レイのモビルスーツのパイロットとしての心理表現や他の人物像の詳細な描写が人気となった。1980 年代初頭に、バンダイからガンプラ（ガンダムのプラモ）が発売されると、爆発的人気となった。その結果、バンダイナムコグループの代表的知的財産となり、映像・トイ・ゲーム・書籍・アミューズメントなど、多様な分野で展開されている。

　福岡市博多区は、1972 年（昭和 47 年）に福岡市が政令指定都市となるのに伴って発足、博多区の人口は、1975 年（昭和 50 年）163,523 人、2020 年（令和 2 年）252,034 人、45 年間の人口増加率は、54％である。

地形図108：2万5千分の1地形図「福岡南部」令和元年調製を2倍に拡大・
加工　⑪実物大ガンダム立像

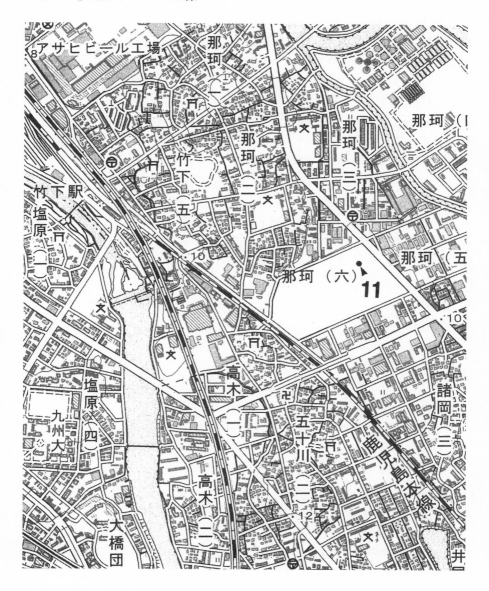

（75）大分県宇佐市四日市：作者出身地

設置施設等：のんきなとうさん像

作者名：麻生豊、1898 年（明治 31 年）～ 1961 年（昭和 36 年）

作品名：ノンキナトウサン、只野凡児

　宇佐市は、旧・宇佐町が宇佐神宮の鳥居前町、旧・四日市町が本願寺別院の門前町、かつて日豊本線の宇佐駅から宇佐八幡へ宇佐参宮鉄道が、日豊本線豊前善光寺から豊前四日市を経て豊前二日市へ日出生鉄道が通り、同じ市内に鳥居前町と門前町があり、それぞれ鉄道も通っていた。1897 年（明治 30 年）豊州鉄道（現・日豊線）四日市駅（現・豊前善光寺）開業、1914 年（大正 3 年）日出生鉄道開業（軌間 762㎜）・四日市町駅（のちに豊前四日市駅）開業、1916 年（大正 5 年）宇佐参宮鉄道（軌間 1067㎜）豊後高田～宇佐～宇佐八幡間全通、1929 年（昭和 4 年）日出生鉄道は豊州鉄道に、1945 年（昭和 20 年）豊州鉄道・宇佐参宮鉄道は大分交通豊州線・宇佐参宮線に、1951 年（昭和 26 年）大分交通豊州線は休止に、1953 年（昭和 28 年）大分交通豊州線は廃止に、1965 年（昭和 40 年）大分交通宇佐参宮線は廃止となった。四日市町は、「四日市」の地名が示すように、市場町でもあり、四日市商店街を形成、2003 年（平成 15 年）に商業基盤整備事業で、街路灯 66 基を整備、中心部道路舗装・側溝改修が行われた。

　麻生豊氏は、大分県横山村（のちの四日市町）出身、1923 年（大正 12 年）報知新聞夕刊で「ノンキナトウサン」の連載開始、代表作となった。1920 年代は、第一次世界大戦の戦後恐慌や関東大震災後の不況期で、就職と失業を繰り返す「ノンキナトウサン」と隣の「タイショウ」が繰り広げる物語を四コマ漫画で描いた作品で、のちに単行本化された。

　麻生豊マンガ資料コレクション（原画や単行本、絵画作品など 374 件）は、2012 年（平成 24 年）に、宇佐市の歴史博物館に寄贈された。

　のんきなとうさん像は、2003 年（平成 15 年）に、宇佐市四日市町の四日市商店街四日市門前広場に、設置された。

　四日市町は、1967 年（昭和 42 年）宇佐町・駅川町・長洲町と合併し、宇佐市となった。宇佐市の人口は、1955 年（昭和 30 年）95,317 人、2015 年（平成 27 年）56,258 人、60 年間の人口減少率は 41％である。

地形図 109：2万5千分の1地形図「宇佐」平成 20 更新を4倍に拡大・加工
⑫のんきなとうさん像

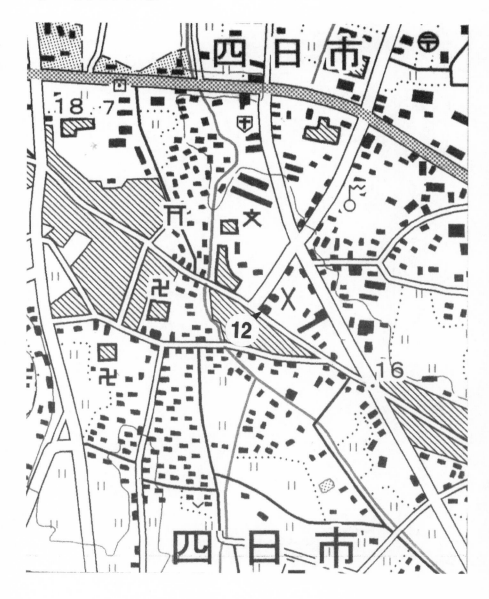

地形図110：5万分の1地形図「宇佐」昭和26年応急修正を1.5倍に拡大
1914年（大正3年）大分交通豊州線開業

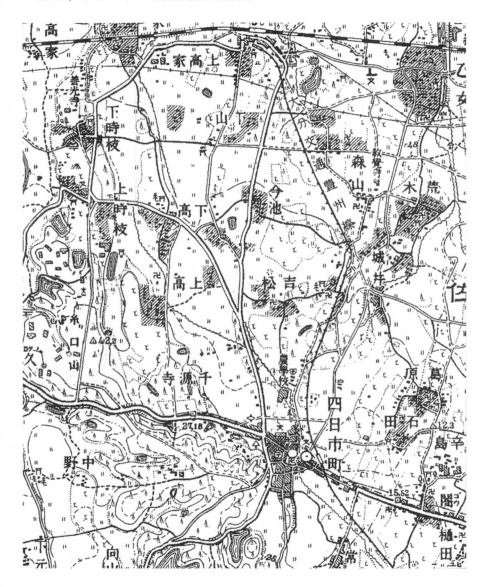

地形図 111：2 万分 5 千分の 1 地形図「宇佐」平成 20 年更新を 0.75 倍に縮小
1953 年（昭和 28 年）大分交通豊州線廃止

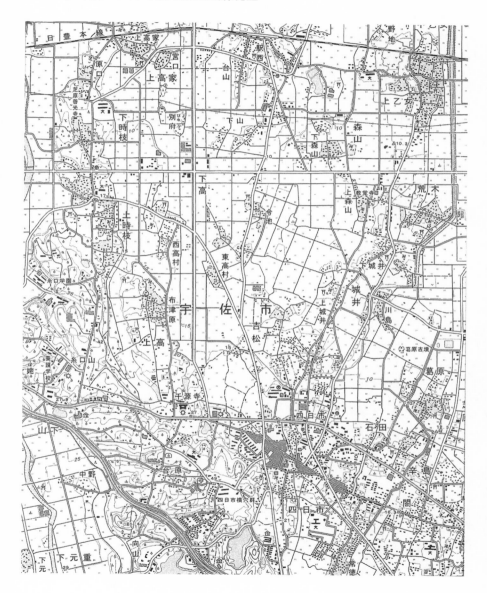

(76) 大分県日田市：作者出身地

設置施設等：進撃の巨人in　HITAミュージアム

進撃の巨人キャラクター像

作者名：諫山創、1986年（昭和61年）～

作品名：進撃の巨人

　日田市は、玖珠川と大山川が合流する山々に囲まれた盆地にあり、江戸期には天領で、古くから林業都市として知られる。旧大山町は、1961年（昭和36年）に「梅栗植えてハワイに行こう」をキャッチフレーズに農家の収益を向上させた。1934年（昭和9年）日田駅開業、久大線全通、1956年（昭和31年）日田線全通、1959年（昭和34年）日田線経由準急「あさぎり」運転開始、1961年（昭和36年）準急由布運転開始、1980年（昭和55年）日田線経由急行廃止、1981年（昭和56年）高速バスひた号運転開始、1989年（平成元年）特急ゆふいんの森運転開始、1990年（平成2年）大分自動車道日田インターチェンジ開業、1992年（平成4年）特急ゆふ運転開始、2023年（令和5年）日田彦山線BRT（バス）運行が開始された。

　諫山創氏は、大分県日田市旧大山町出身、実家は梅農家、大分県立日田林工高等学校卒業、2006年（平成18年）講談社漫画グランプリで「進撃の巨人」が佳作に、2009年（平成21年）別冊少年マガジン「進撃の巨人」連載開始、2013年（平成25年）テレビアニメ「進撃の巨人」放送開始、2014年（平成26年）劇場版が公開された。作者の出身地である大分県日田の情景が、「進撃の巨人」誕生に大きく影響したとされる。

　進撃の巨人のキャラクター像（エレン・ミカサ・アルミンの少年期）は、2020年（令和2年）11月8日に、大山ダム前に設置、進撃の巨人のリヴァイ兵長像は、2021年（令和3年）3月6日に、日田駅前に設置された。進撃の巨人in　HITAミュージアムは、2021年（令和3年）3月27日に、道の駅水辺の郷おおやまに開館した。日田駅構内、日田バスターミナル、日田玖珠地域産業振興センターにパネルが展示されている。

　日田市は、2005年（平成17年）前津江村・中津江村・上津江村・大山町・天瀬町を編入、日田市の人口は、1955年（昭和30年）99,948人、2015年（平成27年）66,523人、60年間の人口減少率は33％である。

地形図112：2万5千分の1地形図「日田」平成27年調製を2.5倍に拡大・加工　⑬進撃の巨人のリヴァイ兵長像　⑭日田玖珠地域産業振興センター

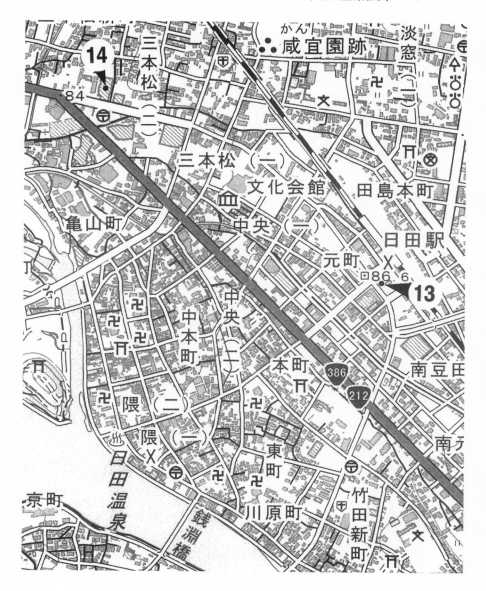

地形図113：2万5千分の1地形図「豊後大野」昭和62年修正測量を1.5倍に拡大　大山ダム建設前

地形図114：2万5千分の1地形図「豊後大野」令和3年調整を1.5倍に拡大・加工　⑮エレン・ミカサ・アルミンの少年期像　⑯進撃の巨人in　HITAミュージアム

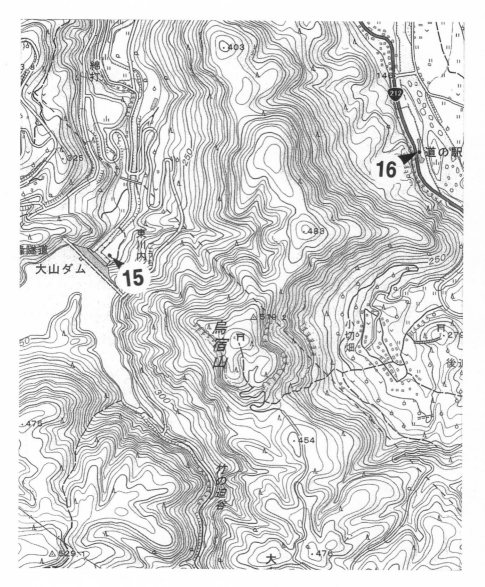

(77) 大分県佐伯市宇目：地名つながり

設置施設等：となりのトトロパネル

監督・脚本・原作：宮崎駿、1941 年（昭和 16 年）～、

作品名：となりのトトロ

　大分県宇目町（現・佐伯市）は、かつて木浦鉱山があった町である。江戸期には銀を産出、戦前期には錫を産出、戦後には探鉱も行われた。1961年（昭和 36 年）にはエメリー鉱鉱床が発見され、1967 年（昭和 42 年）から木浦エメリーが採掘、1999 年（平成 11 年）に採掘は終了した。木浦名水館には、木浦鉱山の錫鉱石や操業当時の写真が展示されている。

　ネコバスパネルは、1997 年（平成 9 年）9 月 21 日に、大分県佐伯市宇目のととろバス停にトトロの絵とともにおかれているのが確認された。轟バス停は、1945 年（昭和 24 年）4 月 5 日に、大分バス佐伯市街地～木浦鉱山間のバス路線の途中に開設、1959 年（昭和 34 年）地元により、木造の待合所が小川の上に設置された。1988 年（昭和 63 年）4 月 16 日に、スタジオジブリ制作の長編アニメーション映画「となりのトトロ」が公開され、昭和 30 年代前半の田舎が舞台である。丁度、バス停待合所が設置された時期である。ネコバスパネル設置後、待合室内にはさつきとメイ姉妹のパネル、トトロのパネルも設置され、「猫バスの停まる里」の標識も設置された。2000 年（平成 12 年）10 月 27 日大分合同新聞に掲載、広く知られるようになった。2004 年（平成 16 年）9 月 7 日に台風で倒壊、同年 9 月17 日に再設置、以前の雰囲気を再現した造りとなった。2003 年（平成 25年）4 月 1 日に木浦鉱山線のバス路線廃止に伴い、このバス停に停車する定期バス路線はなくなった。2015 年（平成 27 年）2 月下旬に 80 m 離れた場所に移設、コミュニティバスのバス停として活用されている。バス停から 150 m 先にトトロの森の小公園が整備され、ネコバスパネルと、木の上に多数のトトロの人形が置かれている。

　宇目町は、2005 年（平成 17 年）に佐伯市・蒲江町・上浦町・鶴見町・弥生町・直川町・本匠村・米水津村と合併して、佐伯市となった。佐伯市の人口は、1955 年（昭和 30 年）118,236 人、2015 年（平成 27 年）72,211 人、60 年間の人口減少率は 39％である。

地形図115：2万5千分の1地形図「中津留」平成29年調製を1.5倍に拡大・加工　⑰トトロの森の小公園

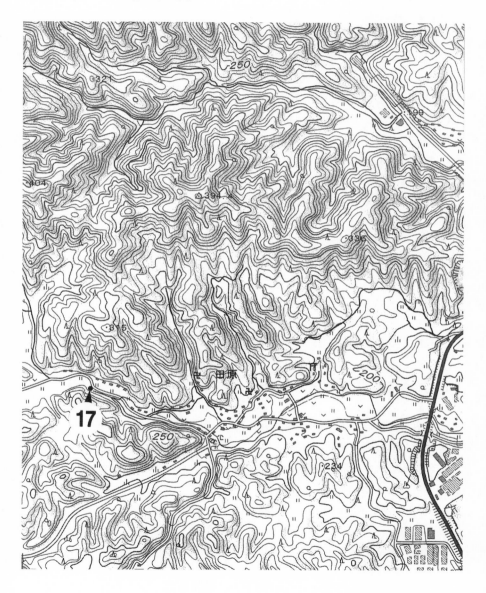

(78) 熊本県合志市：アニメ・マンガを活かしたまちづくり

設置施設等：合志マンガミュージアム

収集者：橋本博、1948年（昭和23年）～

　熊本県合志市は、県庁所在地熊本市の北東に隣接、熊本電気鉄道で熊本市と結ばれており、熊本市の郊外住宅都市として、人口増加が著しい。1913年（大正2年）菊池軌道池田（現・上熊本）～隈府（後の菊地）間開通、軌間914mm（九州でよく採用された軌間）、1923年（大正12年）軌間1067mmに改軌・電化、1942年（昭和17年）軌道法から地方鉄道法に変更、1948年（昭和23年）熊本電気鉄道に、1986年（昭和61年）御代志～菊地間廃止、ワンマン運転となった。車両は、元・東京都交通局や東京メトロ車両が中心で、北熊本から藤崎宮前へ行く藤崎線の併用軌道ともいえる路側軌道を、元・東京の地下鉄車両が走行するのは、熊本ならではの光景で、「道路の補助輸送機関」とされた軌道法準拠の名残である。元・静岡鉄道車両も導入、かつて東急5000系を1981年（昭和56年）～2016年（平成28年）に使用、「青ガエル」の愛称で有名であり、動態保存された。

　合志マンガミュージアムは、2017年（平成29年）7月22日に開館、合志市の「アニメ・漫画を生かしたまちづくり」政策推進で設置、「マンガを読もう！ 観よう‼ 学ぼう‼‼」をコンセプトに、約6万冊を所蔵、約2万冊を開架、特に、妖怪マンガと忍者マンガが充実、地域密着型施設とされる。館内は、壁面に、1960年代から10年刻みで、2020年代まで、年代と作家によって区分され、中央に長編や貸本など、キューブゾーンが設けられている。館長の橋本博氏は、1985年（昭和60年）から熊本市内で漫画専門の古書店「キララ文庫」を経営、その収集資料を、旧・西合志郷土資料館跡を改修、ミュージアム活用することとなった。

　合志市は、2006年（平成18年）合志町と西合志町が合併して合志市となった。合志市の人口は、1955年（昭和30年）19,822人、2015年（平成27年）58,370人、60年間の人口増加率は194％で、約3倍となった。隣接する菊地市は、1958年（昭和33年）市制施行、菊地市の人口は、1960年（昭和35年）58,767人、2015年（平成27年）48,167人、55年間の人口減少率は18％、合志市と人口が逆転、鉄道廃止が大きく影響した。

地形図116：２万５千分の１地形図「植木」令和２年調製を３倍に拡大・加工　⑱合志マンガミュージアム

地形図117：2万5千分の1地形図「植木」「肥後大津」昭和46年改測
1913年（大正2年）菊池軌道（現・熊本電気鉄道）全通

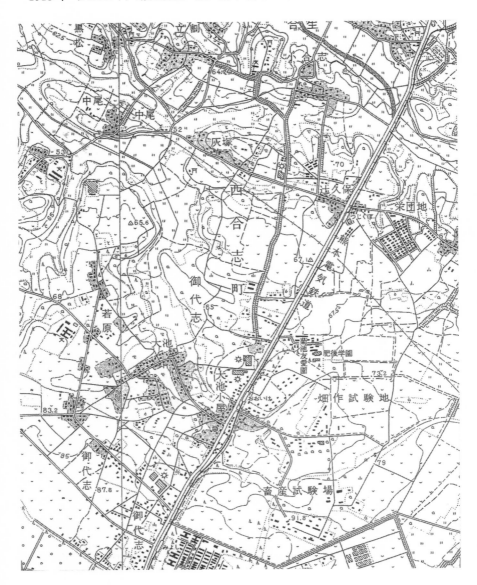

地形図118：2万5千分の1地形図「植木」平成24年更新・2万5千分の1
地形図「肥後大津」平成18年更新　1986年（昭和61年）熊本電気鉄道御代
志駅〜菊池駅間廃止

(79) 熊本県熊本市：作者出身地

設置施設等：ワンピース（ルフィ・チョッパー）像

作者名：尾田栄一郎、1975年（昭和50年）〜

作品名：ワンピース

　熊本市は、かつて肥後国府・肥後国分寺設置、近世は城下町、明治期以降は県庁所在地と、肥後・熊本の中心である。1891年（明治24年）九州鉄道（現・鹿児島本線）熊本駅開業、1924年（大正13年）熊本市電熊本駅前〜水前寺間開通、1945年（昭和20年）熊本市電三菱工場前（現・健軍町）まで延伸、1965年（昭和40年）鹿児島本線熊本駅まで電化、2011年（平成23年）九州新幹線全通、新幹線熊本駅が開業した。熊本県庁は、1967年（昭和42年）現在地に移転（旧・農林省産蚕試験場）、県庁跡は熊本交通センターで、バス交通の要衝となった。熊本動植物園は、1929年（昭和4年）水前寺成趣園東側に熊本動物園として開園、1969年（昭和44年）江津湖畔へ移転、水辺動物園を開園（水前寺の地は閉園）、1986年（昭和61年）グリーンピック'86の植物ゾーンを植物園とし、熊本市動植物園に改称した。熊本県は、中央構造線が通過、活断層が多く、2016年（平成28年）4月の熊本地震など、地震が比較的多く発生する場所である。

　尾田栄一郎氏は、熊本県熊本市出身、1997年（平成9年）「週刊少年ジャンプ」に「ＯＮＥ　ＰＩＥＣＥ」の連載開始、「週刊少年ジャンプ」掲載作品では、「こちら葛飾区亀有公園前派出所」（1976〜2016年）に次ぐ、長期連載である。1999年（平成11年）にテレビアニメ放送が開始、「サザエさん」「ちびまる子ちゃん」に次ぐ、長期放映作品となっている。2015年（平成27年）には「最も多く発行された単一著者によるコミックシリーズ」でギネス世界記録に認定、2022年（令和4年）に更新認定された。

　ワンピース　ルフィ像は、2018年（平成30年）11月30日に、熊本県庁前に設置された。県庁前プロムナードのイチョウ並木の中央である。

　ワンピース　チョッパー像は、2020年（令和2年）11月7日に、熊本市動植物園に設置された。動植物園正門前、公衆トイレ横である。

　熊本市の人口は、1955年（昭和30年）454,514人、2015年（平成27年）740,822人、60年間の人口増加率は63％、約1.6倍となった。

地形図119：2万5千分の1地形図「熊本」平成30年調製を1.5倍に拡大・加工　①ワンピース　ルフィ像　②ワンピース　チョッパー像

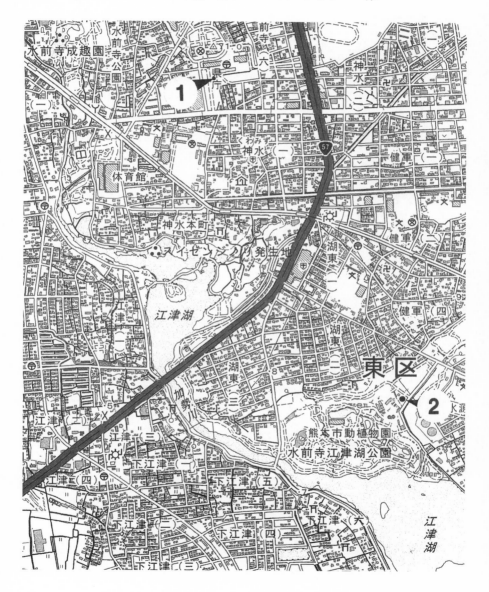

（80） 熊本県大津町：作者出身地

設置施設等：ワンピース（ゾロ）像

作者名：尾田栄一郎、1975 年（昭和 50 年）～

作品名：ワンピース

　大津町は、熊本市と阿蘇山の中間、阿蘇外輪山の西縁、熊本市の郊外住宅都市、本田技研工業熊本製作所の企業城下町である。1914 年（大正 3 年）肥後大津駅開業、1928 年（昭和 3 年）豊肥本線全通、1999 年（平成 11 年）熊本～肥後大津間電化、2011 年（平成 23 年）肥後大津駅南口開設された。肥後大津駅は熊本空港至近駅で、カンデオホテルズ大津熊本空港は、カンデオホテルズが全国展開する前の、初期の第 3 号店である。

　ワンピース　ゾロ像は、2022 年（令和 4 年）1 月 22 日に、大津中央公園に設置された。肥後大津駅の東で、豊肥本線沿いの南側にある。

　大津町の人口は、1960 年（昭和 35 年）21,885 人、1975 年（昭和 50 年）18,086 人、以後は増加に転じ、2015 年（平成 27 年）33,452 人、55 年間の人口増加率は 53％である。

地形図 120：2 万 5 千分の 1 地形図「肥後大津」令和 4 年調製を 4 倍に拡大・加工　③ワンピース　ゾロ像

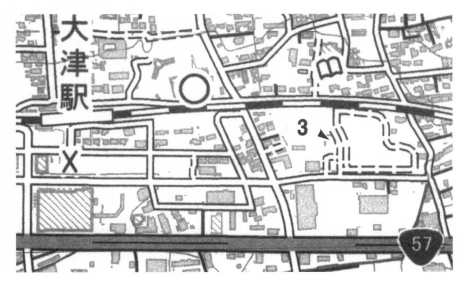

(81) 熊本県南阿蘇村：作者出身地

設置施設等：ワンピース（ロビン）像

作者名：尾田栄一郎、1975年（昭和50年）〜

作品名：ワンピース

　南阿蘇村は、阿蘇山・阿蘇カルデラの南郷谷にあり、白河水源などの湧水群がある名水の里である。東海大学阿蘇キャンパスがあったが、2016年（平成28年）4月の熊本地震で被災、現在は東海大学農学部阿蘇実習フィールドとなるとともに、1号館と地表地震断層が、2020年（令和2年）に公開されている。村内には、1989年（平成元年）開設の「阿蘇猿まわし劇場」、1995年（平成7年）開業の「阿蘇ファームランド」がある。

　ワンピース　ロビン像は、2021年（令和3年）10月9日に、熊本県南阿蘇村の震災ミュージアム（旧・東海大学阿蘇キャンパス）に、設置された。

　南阿蘇村は、2005年（平成17年）長陽村・白水村・久木野村が合併して発足した。南阿蘇村の人口は、1960年（昭和35年）16,485人、2015年（平成27年）11,503人、55年間の人口減少率は30％である。

地形図121：2万5千分の1地形図「立野」令和元年調整を2倍に拡大・加工　④ワンピース　ロビン像

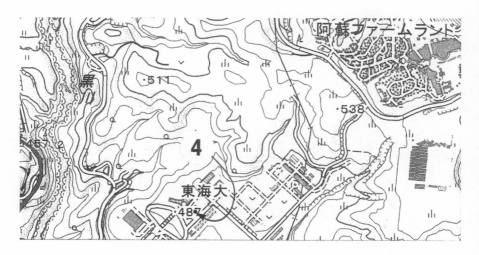

（82）熊本県阿蘇市：作者出身地

設置施設等：ワンピース（ウソップ）像

作者名：尾田栄一郎、1975 年（昭和 50 年）～

作品名：ワンピース

　阿蘇市は、阿蘇山外輪山を含むカルデラ内北部を中心としている。1918 年（大正 7 年）坊中駅開業、1961 年（昭和 36 年）阿蘇駅に改称、1964 年（昭和 39 年）有料道路別府阿蘇道路（愛称：やまなみハイウェイ）開通、熊本～阿蘇～別府の九州横断ルートとなった。1992 年（平成 4 年）特急「あそ」運転開始、2004 年（平成 16 年）特急「九州横断特急」に改称された。

　ワンピース　ウソップ像は、2019 年（令和元年）12 月 8 日に、阿蘇駅前に設置された。阿蘇駅南側の駅前広場、道の駅阿蘇の西側である。

　阿蘇市は、2005 年（平成 17 年）阿蘇町・一の宮町・波野村が合併して発足、阿蘇市の人口は、1955 年（昭和 30 年）41,617 人、2015 年（平成 27 年）27,018 人、60 年間の人口減少率は 35％、約 3 分の 2 となった。

地形図 122：2 万 5 千分の 1 地形図「坊中」令和 3 年調製を 4 倍に拡大・加工　⑤ワンピース　ウソップ像

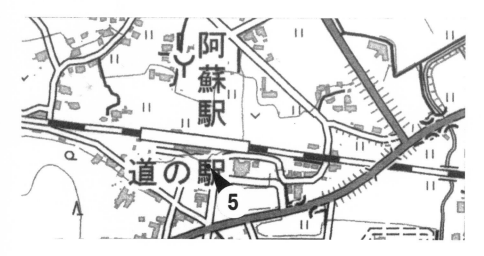

（83） 熊本県高森町：作者出身地

設置施設等：ワンピース（フランキー）像

作者名：尾田栄一郎、1975 年（昭和 50 年）～

作品名：ワンピース

　高森町は、西部が阿蘇カルデラ内の南郷谷で街の中心地、東部が外輪山外側で奥阿蘇とも称される。1928 年（昭和 3 年）高森線開通、高森駅開業、宮崎県高千穂までの延伸が計画されたが中断・凍結された。1986 年（昭和 61 年）高森線は南阿蘇鉄道に転換、2016 年（平成 28 年）熊本地震で南阿蘇鉄道は運転見合わせ、2023 年（令和 5 年）に全線が復旧した。

　ワンピース　フランキー像は、2020 年（令和 2 年）11 月 21 日に高森駅前に設置された。南阿蘇鉄道高森駅舎南側の駐車場敷地内である。

　高森町の人口は、1955 年（昭和 30 年 ）13,792 人、2015 年（平成 27 年）6,325 人、60 年間の人口減少率は 54％、半分以下となった。

地形図 123：2 万 5 千分の 1 地形図「肥後吉田」平成 30 年調製を 4 倍に拡大・加工　⑥ワンピース　フランキー像

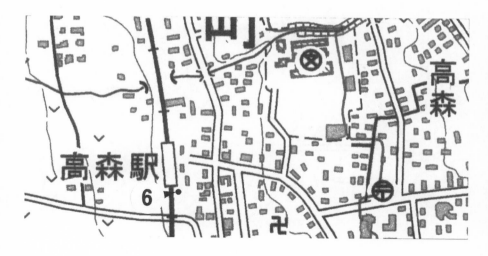

(84) 熊本県西原村：作者出身地

設置施設等：ワンピース（ナミ）像

作者名：尾田栄一郎、1975 年（昭和 50 年）～

作品名：ワンピース

　西原村は、阿蘇外輪山西麓にあり、熊本から高森町に至る熊本県道 28 号線が通過、ロードサイド店が立地、特に 2003 年（平成 15 年）に俵山トンネルの開通で交通量が増大した。俵山交流館萌の里は、2000 年（平成 12 年）設立、2016 年（平成 28 年）に現在地に移転した物産販売所で、地元の特産品である野菜・漬物・加工品・工芸品の販売とレストランがあり、秋には約 100 万本のコスモスが咲き、「コスモス祭」が開催される。

　ワンピース　ナミ像は、2021 年（令和 3 年）7 月 31 日に、「俵山交流館萌の里」に設置された。一段上の駐車スペースとなる場所である。

地形図 124：2 万 5 千分の 1 地形図「立野」令和元年調整を 3 倍に拡大・加工　⑦ワンピース　ナミ像

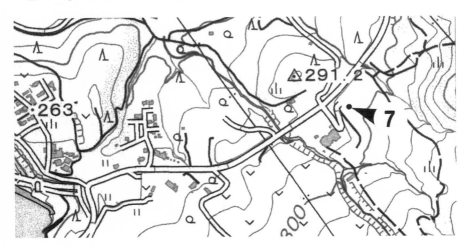

（85）熊本県益城町：作者出身地

設置施設等：ワンピース（サンジ）像

作者名：尾田栄一郎、1975 年（昭和 50 年）〜

作品名：ワンピース

　益城町は、熊本市隣接の住宅都市、1971 年（昭和 46 年）現在地に移転した熊本空港と 1999 年（平成 11 年）開設の九州自動車道益城熊本空港インターチェンジがあり、九州各方面への長距離バスが、阿蘇熊本空港以外に、益城インター口や益城バスストップに停車する。2016 年（平成 28 年）4 月の熊本地震では、活断層通過の益城町は大きな被害を受けた。

　ワンピース　サンジ像は、2019 年（令和元年）12 月 7 日に、総合運動公園に設置された。交流情報センターとグランドトラックの間である。

　益城町の人口は、1955 年（昭和 30 年）21,119 人、1965 年（昭和 40 年）18,757 人、以後は増加に転じ、2015 年（平成 27 年）33,611 人、60 年間の人口増加率は 59％で、約 1.5 倍となった。

地形図 125：2 万 5 千分の 1 地形図「健軍」令和 3 年調製を 4 倍に拡大・加工　⑧ワンピース　サンジ像

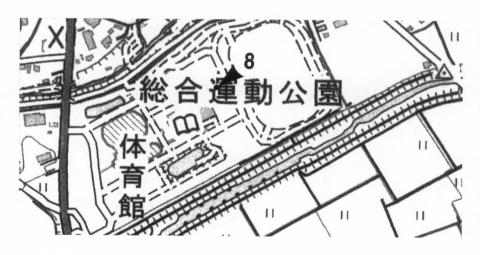

(86) 熊本県御船町：作者出身地

設置施設等：ワンピース（ブルック）像

作者名：尾田栄一郎、1975 年（昭和 50 年）〜

作品名：ワンピース

　御船町は、かつて上益城郡の中心地で、1979 年（昭和 54 年）日本初の肉食恐竜化石発見、1998 年（平成 10 年）御船町恐竜博物館開館、恐竜の里でもある。1976 年（昭和 51 年）九州自動車道御船インターチェンジ開設、同じ上益城郡の益城町が人口増に対して、御船町は人口減、人口数は逆転した。1916 年（大正 5 年）御船鉄道（後の熊延鉄道）南熊本〜御船間開通、1932 年（昭和 7 年）砥用延伸、1964 年（昭和 39 年）廃止となった。

　ワンピース　ブルック像は、2020 年（令和 2 年）11 月 8 日に、ふれあい広場（恐竜公園）に設置された。ふれあい公園西側公衆トイレ前である。

　御船町の人口は、1955 年（昭和 30 年）23,011 人、2015 年（平成 27 年）17,237 人、60 年間の人口減少率は 25％、約 4 分の 3 となった。

地形図 126：2 万 5 千分の 1 地形図「御船」平成 27 年調製を 4 倍に拡大・加工　⑨ワンピース　ブルック像

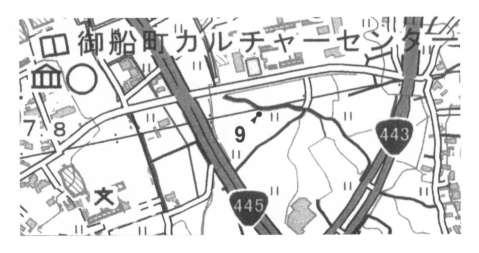

（87）熊本県宇土市：作者出身地

設置施設等：ワンピース（ジンベエ）像

作者名：尾田栄一郎、1975年（昭和50年）～

作品名：ワンピース

　宇土市は、有明海に面し、住吉自然公園にある住吉神社は、1071年（延久3年）摂津住吉宮の分霊を勧招、1673年（寛文13年）熊本藩主が再建した。1895年（明治28年）九州鉄道（現・鹿児島本線）宇土駅開業、1899年（明治32年）宇土駅から三角線三角駅まで開通した。住吉海岸公園の長部田海床路は、1979年（昭和54年）建設、2008年（平成20年）大分むぎ焼酎二階堂のテレビCMで一躍有名となった。

　ワンピース　ジンベイ像は、2022年（令和4年）7月23日に、住吉海岸公園に設置された。海に長く伸びた長部田海床路入口傍である。

　宇土市の人口は、1955年（昭和30年）33,446人、2005年（平成17年）38,023人、以後は減少に転じ、2015年（平成27年）37,026人、60年間の人口減少率は11％で、熊本市の住宅都市だが、人口減少している。

地形図127：2万5千分の1地形図「網津」平成30年調製を1.5倍に拡大・加工　⑩ワンピース　ジンベイ像

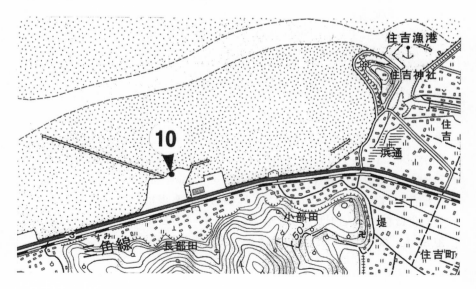

(88) 熊本県湯前町：作者出身地

設置施設等：湯前まんが美術館

作者名：那須良輔、1913年（大正2年）～ 1989年（平成元年）

作品名：毎日新聞の政治漫画

　熊本県湯前町染田の地は、湯前町の中心地、くま川鉄道終点湯前駅がある。かつては木材を中心とした物資集散地で、球磨川上流に五家荘、県境を越えて宮崎県側に米良荘があり、日向と肥後を結ぶ道路交通の要衝でもある。湯前駅横に観光案内と特産品販売の「湯ートピア」、駅南東約2kmに1980年（昭和55年）開設の「ゆのまえグリーンパレス」（キャンプ場等）、ゆのまえ温泉「湯楽里」（ゆらり・温泉宿泊施設）がある。

　湯前まんが美術館は、1992年（平成4年）11月に開館した。戦後、40年にわたって毎日新聞に政治漫画を連載した那須良輔氏の記念館である。那須良輔氏は湯前村（現・湯前町）出身、1932年（昭和7年）上京、児童漫画家となり、一時期郷里に疎開、1949年（昭和24年）再上京、神奈川県鎌倉に居住、同年より1989年（平成元年）まで毎日新聞に政治漫画を掲載、その第一人者であった。1989年（平成元年）2月に逝去、故郷に作品を所蔵・展示するために開館したもので、地元出身者を顕彰する施設である。マンガ・アニメの公立施設では、前述の北澤楽天氏に次ぐ施設であるが、九州の地方町に開設された点で、極めて興味深い。郷里に住んだ期間は短かったが、美術館開館後30年が経過、住んだ期間を上回ることとなった。作品の常設展以外、企画展、風刺漫画大賞も開催される。

　湯前線は、1924年（大正13年）3月30日人吉駅～湯前駅間全線開通、肥薩線が1908年（明治41年）6月1日に人吉駅まで開通、大正期に博多駅までの近代的交通機関が整備された。早期開通の要因は、球磨盆地周辺の九州山地の豊富な木材輸送にあったが、輸送量の減少により、1989年（平成元年）10月1日に第三セクターのくま川鉄道となった。2020年（令和2年）豪雨災害で運休、2021年（令和3年）部分運行を再開した。

　湯前町は、1937年（昭和12年）に湯前村から湯前町となり、以後、町村合併はない。人口は、1955年（昭和30年）8,768人、2015年（平成27年）3,985人、60年間の人口減少率は55％で、半分以下となった。

地形図128：2万5千分の1地形図「多良木」平成10年修正を4倍に拡大・加工　⑪湯前まんが美術館

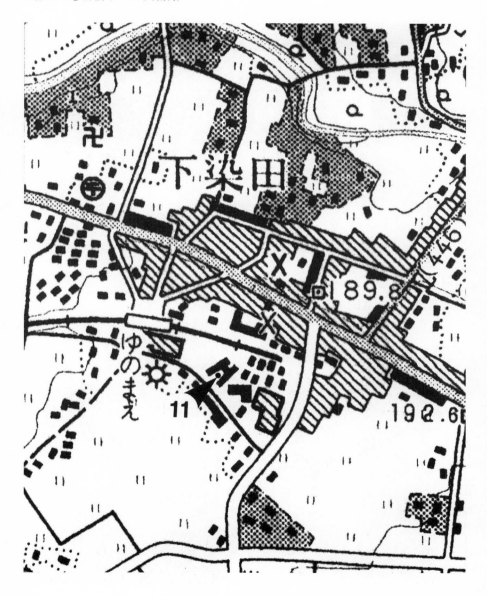

写真 29：久大線　日田駅

写真 30：大分県日田市　大山ダム

写真 31：豊肥本線　阿蘇駅

写真 32：南阿蘇鉄道　高森駅

写真33：九州東海大学阿蘇校舎跡

写真34：熊本県宇土市　長部田海床路

【4】 おわりに

「アニメ」は、長年、温存していた研究テーマであり、いつかは書籍として出版したいテーマでした。特に、以前から、「テーマパーク」に続いて、「アニメ」をテーマにした書籍出版を構想していました。そこで、2022年（令和4年）8月、単著『テーマパーク地域学』（竹林館）を出版した機会に、この単著『アニメ地域学』（竹林館）を、出版させていただいた次第です。「テーマパーク」と「アニメ」に共通した魅力は、集客力ある「コンテンツ」ということに集約されます。すなわち、今まで普通の場所で観光客に注目されず、ほとんど外からの来訪者がなかった場所が、「テーマパーク」「アニメ」によって、一躍、魅力的な場所となり、遠方からの観光客が押し寄せ、観光で盛り上がる場所に「変身」することとなるわけです。但し、「テーマパーク」は、初期投資のハード面で、比較的多額の費用を要し、リピーター客を確保しつつ、施設を維持・継続するためにはさらなる追加投資も必要で、どこでも簡単に地域振興策として行えるものではありません。特に、立地の不利性や追加投資ができなかった結果として、閉園となった「テーマパーク」も多いのです。それに対して、「アニメ」の活用は、比較的「費用対効果」の面で優れ、そこに注目して「アニメ」を活用した地域振興策・商店街振興策が考えられることとなりました。銅像・資料館の設置といった恒久的モニュメント・施設の設置でなくても、パネル・のぼり旗の設置や、ラッピングといった、比較的安価な装飾により、大きな効果をもたらすことがあります。但し、同様の事例が多く出現すると来訪者が分散することや、より再現性の高いモニュメントの追加設置など、さらなる魅力的なコンテンツの発信がリピーター獲得に必要で、すべてが大成功を収めているわけではありません。勿論、「アニメ」作品の魅力と知名度も、必然的に成否を左右します。また、当然ながら、既存の「テーマパーク」が、「アニメ」を取り入れて、集客力向上につなげることがあり、東映太秦映画村やユニバーサルスタジオジャパンが代表例です。いうまでもなく、最初から「アニメ」をテーマとした「テーマパーク」もあり、当然ながら、「テーマパーク」と「アニメ」の両者は極めて関係深く、「ムーミ

ンバレーパーク」や「ジブリパーク」はその典型例です。もっとも、「ア
ニメ」の継続的アトラクションとなると、相当の有力コンテンツである必
要があり、その結果、極めて限られたアトラクションの一部分や、期間限
定となることもあります。このような両者の関係から、本書『アニメ地域
学』(竹林館)とともに、拙著『テーマパーク地域学』(竹林館)も読んでい
ただくと、両者のみならず、両者の関係の理解が深まりますので、僭越な
がら、お勧めさせていただく次第です。さらに言えば、「テーマパーク」
「アニメ」は、「観光」と関係深く、拙著『観光地域学』(竹林館)も併せて
ご参照いただきたい。いわば、『観光地域学』『テーマパーク地域学』『ア
ニメ地域学』は、三冊セットの「観光三部作」というわけなのです。

　単著『テーマパーク地域学』(竹林館)は、2008年(平成20年)8月発行
の単著『新・日本のテーマパーク研究』(竹林館)の改訂版です。前述した
ように、「テーマパーク」の次は「アニメ」ということで、続いての単著『日
本のアニメ研究』(仮称)の出版を、一時は予定しました。特に、本書で
示したように、2007年(平成19年)4月の「らき☆すた」のテレビアニメ
放映開始により、地元の鷲宮町商工会が同年12月にイベントを開催しオ
リジナルグッズを販売・完売、2008年(平成20年)1月の鷲宮神社の初詣
客は倍増以上となり、鷲宮神社の土師祭で「らき☆すた」神輿が登場しま
した。まさしく、2008年(平成20年)は「アニメ」と「地域」が一体となっ
た典型事例が誕生した年で、「アニメ地域充実拡大元年」とも称すべき時
を迎えました。この時すでに、20か所以上の、アニメミュージアム開設や、
アニメを冠した通り・商店街、モニュメント設置の事例があり、一定のま
とめは可能でしたが、今後の増加が確実に予想され、とりあえず「アニ
メ地域充実拡大元年」から10年後の2018年(平成30年)を目指しました。
実際、15年後の本書では約4倍の88カ所を取り上げることができ、予想
どおり「激増」しています。ただ、88カ所を取り上げたため、1カ所に
ついては2～4ページ(一部、1ページ)の割り振りで、特に、解説文は1
ページ(一部、半ページ)となり、詰め込んだ文章となった点は、否めませ
ん。2018年(平成30年)に向けて企画を練っていたところへ、2016年(平
成28年)4月に熊本地震が発生、同年に「ＯＮＥ　ＰＩＥＣＥ　熊本復興

プロジェクト」が始まり、2018 年（平成 30 年）4 月 15 日に、「ワンピース」作者の尾田栄一郎氏が熊本県民栄誉賞を受賞、同年 6 月 31 日に「ワンピース　ルフィ像」設置が決定、同年 11 月 30 日に最初の「ワンピースルフィ像」が設置されました。続いて、熊本県内に計 10 体の「ワンピース像」が設置されるプロジェクトとなったため、再び発行を延期して、続きの「ワンピース像」の完成を待つこととしました。また、2017 年（平成 29 年）5 月 31 日に、愛・地球博記念公園での「ジブリパーク」建設構想が合意されました。そして、昨年の 2022 年（令和 4 年）7 月 23 日に最後の「ワンピース　ジンベイ像」が設置され、同年 11 月 1 日に「ジブリパーク」が開園したので、このたび拙著『アニメ地域学』（竹林館）を出版することとしました。ただ、2018 年（平成 30 年）を目指したことについて、言葉だけでは終わりとせず、2018 年（平成 30 年）3 月 10 日発行の拙著『観光地域学』（竹林館）でアニメツーリズムと日本のアニメ聖地を取り上げ、同年 8 月 5 日に、大阪教育大学で開催の日本地理教育学会第 68 回大会では、「アニメによる地域振興・商店街振興とアニメツーリズム」を報告しました。

　今日、テレビでアニメ番組が毎日のように放映され、アニメは「日常の存在」です。しかし、白黒テレビの全国的普及は 1964 年（昭和 39 年）の「東京オリンピック」開催によって、カラーテレビは 1970 年（昭和 45 年）の「日本万国博覧会」によってと指摘されており、かつてはテレビによる「日常の存在」ではありませんでした。我々の世代は、絵本を「アニメ」としないならば、「アニメ」（漫画）と初めて接するのは、新聞の四コマ漫画です。すなわち、幼いころは、新聞は後ろからめくって左上の四コマ漫画を見るのが常でした。時には紙面の都合で場所が移動、「○○（作品名）は本日休載」表示を見て、「ない」ことを察したものです。親戚の家を訪れた際や理髪店の順番待ちで、他紙の新聞の四コマ漫画を見るのが楽しみでした。讀賣新聞の「轟先生」、毎日新聞の「まっぴら君」、朝日新聞の「サザエさん」が代表例で、線画の妙のみならず、話の展開から自然と「起承転結」が身につくこととなりました。教員となった時に、授業で、「起」（つかみ）で開始、「承」（一般例・過去例）と「転」（例外・未来予測）を生徒・学生に

質問、「結」（まとめ）で終了という流れを、自然と意識することとなりました。また、朝日新聞の「フジ三太郎」、讀賣新聞の「サンワリ君」、毎日新聞の「アサッテ君」などから、将来のサラリーマンを想像したものです。想像と言えば、テレビが普及する前は、ラジオが楽しみで、放送を聞きながら情景を想像し、大学受験時は「ラジオ講座」の授業で、これまた場面を思い浮かべての学習でした。しかし、反対に、情景・場面が描かれた「アニメ」（漫画）によって、想像を加えつつも、基本的には情景・場面を間接的に思い浮かべることなく、そのまま記憶できることとなりました。人間は、両脳を活用することによって、言語・文字情報と、映像・空間情報の両方を、記憶・思考することができ、膨大な情報を獲得することにつながるとされます。さらに、それらを組み合わせることによって、あるいは拡張・展開させることによって、さらなる考察を深めることが出来ると指摘されています。幼い時に、その言語・文字情報と、映像・空間情報の両方に、一端でも、触れることができれば、未来に大いに役に立つでしょう。情報が、片方・一部・一方向に偏らず、「幅広さ」「総合」「包括」が、分析・考察に必要と指摘される所以です。したがって、「私は、○○が専門です。○○のみに詳しい。」は、今日、必ずしも評価される話ではありません。

　現在でも、毎日新聞で2002年（平成14年）〜2017年（平成29年）掲載の「毎日かあさん」を経て、その後の「りえさん手帖」も毎回拝見させていただいています。作者は西原理恵子氏で、出身地である高知県や移り住んだ東京都が作品の舞台としても登場します。2017年（平成29年）には、とさでん交通の路面電車電停に、西原理恵子氏が地元の見どころを描いた観光案内板が8カ所も設置され、観光客にも楽しみとなっています。その前にも清水義範氏と共著で、1998年（平成10年）に『どうころんでも社会科』、1999年（平成11年）に『もっとどうころんでも社会科』（講談社）も描いておられ、作者の意図かどうかは別として、西原理恵子氏の作品は、「アニメ」と「地域」を感じる著作です。ちなみに、筆者の小中学生時代の「愛読書」は、週刊コミック誌（今日での呼称、当時は週刊漫画雑誌）・月刊コミック誌（月刊漫画雑誌）でした。週刊コミック誌の代表である、「週刊少年サンデー」（小学館）と「週刊少年マガジン」（講談社）は、ともに

1959 年（昭和 34 年）3 月創刊、のちにこの 2 誌に加えて 5 大週刊コミック誌とされる、「週刊少年キング」（少年画報社）は 1963 年（昭和 38 年）7 月創刊、「週刊少年ジャンプ」（集英社）は 1968 年（昭和 43 年）7 月創刊、「週刊少年チャンピオン」（秋田書店）は 1969 年（昭和 44 年）7 月創刊があります。但し、小中学校時代は完全に「週刊少年サンデー」と「週刊少年マガジン」の大手出版社 2 大誌時代、高校に入って創刊された「週刊少年ジャンプ」「週刊少年チャンピオン」は、筆者にとって完全に「後発誌」でした。月刊誌の「冒険王」「まんが王」の出版社は秋田書店で、小中学生の読者には憧れの「有名書店（出版社）」でした。

　本書執筆には、以上のような世代的背景があります。のちの、テレビは勿論、ビデオ・DVD とレンタル店、コミック専門書店、コミケ（コミックマーケット）開催、ネット・スマホ配信など、生まれた時から「アニメがあふれていた」世代ではなく、四コマ漫画・週刊少年コミック誌の草創期から始まり、「アニメ聖地」を訪問し、「アニメ地域学」としても、「アニメ」と「地域」を 20 年以上にわたって見続けてきたわけであり、僭越ながら「年季の入った研究」の一端です。このような背景のもと、シニア男性対象の雑誌「サライ」（小学館）の 2022 年 9 月号では、「日本漫画は大人の教養」特集が掲載され、実に、「教養」とされることとなりました。それにとどまらず、かねてより「漫画」「アニメ」に関する、生徒・学生の興味関心は高かったのですが、授業ではあまり取り上げてこなかったことに対し、ようやく、「学問」として「漫画」「アニメ」が本格的に取り上げられる時代が到来したわけです。すなわち、「アニメ」に「学」が付くこととなり、学問研究の時代が到来しました。いわば、筆者にすれば時代がようやく「追い付いてきた」ともいえるのです。ただ、学生の興味を引くことから、シラバス等に示されるように、大学の授業で取り上げられる事例がみられるものの、「マンガ・アニメ」の授業は、教員側の「年季」が必要ということも心しておきたいところです。「浅い」と、学生の方が「詳しく」、逆効果となる恐れもあります。特に、アニメ地域学では、アニメの情報、地域の情報、そしてアニメと地域の相互関係の分析が必要で、当然ながらすぐに取り組めるものではありません。また、本書では地域情報

として、鉄道等の交通情報を盛り込みました。これは、地域振興、すなわち「外」から人を呼ぶために、また「産業振興」に交通の果たす役割が重要であること、そして、「アニメ聖地巡礼」のアクセス情報としての意味合いもあります。鉄道情報には、すでに廃線となった鉄道も紹介しました。かつて、「漫画」「アニメ」の作者が利用したであろうという情景も、想像いただきたい。これも、ここに鉄道があった事実を知っていてこそ、書けるお話です。さらに、新旧地形図も掲載しました。地形図から読み取れる内容は多く、新旧地形図を比較することによって、さらに変化を読み解くことも可能で、文字以上に、得られる情報は多い。このように、地域情報でも、鉄道と地図の情報は極めて重要で、「アニメ」同様、「オタク」レベルの知見が必要です。筆者は、時刻表と地形図を60年以上にわたって収集しており、これらも、「年季」が成せる技です。今日、アニメ作品と作者の数は極めて膨大で、研究対象として、すべて網羅できるものではありません。しかし、長年の取り組みと研究によって、一部の事例にとどまらない、体系的・包括的な研究が可能になることも、「アニメ地域学」研究で感じていただきたい。研究レベルでいえば、アニメの系統的区分、例えば、ちびまる子ちゃん・クレヨンしんちゃん・サザエさんといった、作者の出身地・居住地に基づく地域的ジャンル、ワンピース・鬼滅の刃といった過去の時代に基づく歴史的ジャンル、鉄腕アトム・ドラえもんといった未来的ジャンル、以上のように、地域的区分や歴史的区分も加えた系統的区分から、個々のアニメの事例研究にとどまらない、複数のアニメを取り上げた系統的・比較的研究が考えられ、今後の飛躍的な発展を期待したいところです。

　2018年（平成30年）に『観光地域学』、2021年（令和3年）に『自然地域学』、2022年（令和4年）に『テーマパーク地域学』、2023年（令和5年）に『日本と世界の地域学』と『人文・社会地域学』、以上「地域学シリーズ」5冊を刊行してきたので、それに続いての6冊目として、同年の2023年（令和5年）に本書『アニメ地域学』を発行することとしました。引き続き、「地域学シリーズ」の出版を引き受けていただいている竹林館様に感謝申し上げます。2020年度は、新型コロナ禍の影響で、その年度の大学授業は、

　1年間にわたり、完全双方向のＺｏｏｍを活用したオンライン授業となり、その対応に追われた一年間でしたが、2021年度はすべて対面授業に戻り、ようやく出版が継続できることとなりました。特に、2021～2023年の3年という短期間で5冊もの単著の研究書を続けて出版できることは、個人的に極めて感慨深いものがあり、ご指導いただいた恩師のおかげでもあります。過去にお世話になり、ご逝去された先生方、関西学院大学及び関西学院大学地理研究会でお世話になりました大島襄二先生（2014年ご逝去）・浮田典良先生（2005年ご逝去）、関西学院大学・大阪教育大学及び日本地理学会でお世話になりました白井哲之先生（2006年ご逝去）、大阪教育大学大学院でお世話になりました松田信先生（2007年ご逝去）・前田昇先生（2017年ご逝去）・守田優先生（2021年ご逝去）、大阪教育大学大学院で同窓の西村孝彦先生（1994年ご逝去）、大阪教育大学及び大阪教育大学地理学会地理教育部会でお世話になりました位野木壽一先生（2006年ご逝去）、大阪教育大学地理学会地理教育部会でお世話になりました古川浩先生（2004年ご逝去）・橋本九二男先生（2011年ご逝去）・奈良芳信先生（2013年ご逝去）・磯高材先生（2020年ご逝去）、関西大学大学院でお世話になりました高橋誠一先生（2014年ご逝去）・水山高幸先生（2013年ご逝去）、日本地理学会交通地理研究グループでお世話になりました中川浩一先生（2008年ご逝去）・青木栄一先生（2020年ご逝去）・中牧崇先生（2020年ご逝去）、日本地理学会地理教育専門委員会でお世話になりました中村和郎先生（2022年ご逝去）の各先生方に、改めて感謝申し上げます。

　最後に、筆者の研究の歩みであるフレーズ、「交通地域60年、離島地域50年、テーマパーク地域40年、鉱業地域30年、アニメ地域20年、自然地域10年」を記させていただき、現在では研究が多いが、当時としては、「誰もやらないことをやる」ことで取り組んだ姿勢を、改めて再確認し、さらなる研究を進め、今後も「地域学シリーズ」など、単著単行本を発刊することとしたい。

● 著者略歴

奥野　一生（おくの　かずお）

大阪府立　千里　高等学校　卒業
関西学院大学　法学部　政治学科　卒業　　法学士
大阪教育大学　大学院　教育学研究科
　社会科教育専攻　地理学講座　修士課程　修了　　教育学修士
関西大学　大学院　文学研究科　地理学専攻
　博士課程　後期課程　修了　　博士（文学）学位取得
　　　　　　　　　　（関西大学　文博第五十三号）

現在，大学教員

主著：『日本のテーマパーク研究』竹林館，2003 年発行
　　　『日本の離島と高速船交通』竹林館，2003 年発行
　　　『新・日本のテーマパーク研究』竹林館，2008 年発行
　　　『レジャーの空間』ナカニシヤ出版，2009 年発行（分担執筆）
　　　『観光地域学』竹林館，2018 年発行
　　　『日本ネシア論』藤原書店，2019 年発行（分担執筆）
　　　『自然地域学』竹林館，2021 年発行
　　　『テーマパーク地域学』竹林館，2022 年発行
　　　『日本と世界の地域学』竹林館，2023 年発行
　　　『人文・社会地域学』竹林館，2023 年発行

所属：日本地理学会会員
　　　（1998 ～ 2001 年度役員＜地理教育専門委員会専門委員＞）
　　　人文地理学会会員
　　　日本地理教育学会会員
　　　日本クルーズ＆フェリー学会会員（役員＜理事＞）
　　　日本島嶼学会会員（設立発起人，2005 ～ 2021 年役員＜理事＞）

観光地域学

Tourism Regionology

奥野一生著

新ソフィア叢書No.1
ISBN978-4-86000-377-7・A5判・本体1800円＋税

旧版帝国図・地勢図・地形図計50点掲載！
観光学総論・観光学概論テキストに最適！

◆日本各地の観光地など各20選も表・分布図で掲載

世界遺産／世界ジオパークと離島を含む国立公園／国立公園／特別名勝・絶景／アニメの聖地／おもな火山／おもな温泉／おもな神社／おもな寺院／おもな城／おもな祭り・踊り／おもな歴史的観光地／東北地方のおもな新幹線駅と空港／おもな観光地による地域振興事例／北海道の空港と道内航空路線／おもな私鉄と観光地／おもな船会社と離島観光地／関東・中部・近畿地方の空港／中国・四国・九州地方の空港／離島空港／「加森観光」「星野リゾート」のリゾート・宿泊施設／鉱山実物坑道見学観光施設／テーマパーク・高級遊園地・国際博

―目次より―

観光地理学・交通地理学と観光地域動向／観光地域と観光資源／地域振興政策と観光／鉄道資本と観光地域／船会社と観光地域／航空企業と観光地域／観光業界と地域社会、宿泊業界を中心として／産業観光と地域社会、鉱業地域を中心として／テーマパークと地域社会／日本の観光地域

テーマパーク地域学

Theme Park Regionology

奥野一生著

テーマパーク論・総論・概論テキストに！
『新・日本のテーマパーク研究』改訂版！

新ソフィア叢書No.3
ISBN978-4-86000-481-1・A5判・本体2800円＋税

本書では、日本においてテーマパークと称される主要な施設を実際に調査し、筆者の同一の視点から代表的かつ本格的なテーマパークを厳選して提示するとともに、それぞれのテーマパークの開園前後の地形図やテーマパークの文献（筆者所蔵文献）を数多く掲載することにした。その文献の表題および副題を見ることによって、文献の内容のみならず、当時の状況や関心ごと、時代の流れを理解することもできる。（略）本書は、日本のテーマパークの地理的展開・歴史的発展について、系統的・体系的にまとめることを意図したものである。

（「Ⅰ．はじめに」より）

―目次より―

Ⅰ．はじめに〈文献14点〉／Ⅱ．日本のテーマパーク文献〈文献117点〉／Ⅲ．テーマパークと観光動向〈文献61点〉／Ⅳ．テーマパークの立地と展開〈文献62点〉／Ⅴ．立地型別テーマパーク地域とその文献〈文献468点〉／Ⅵ．おわりに／国土地理院発行掲載地形図索引〈117点〉

アニメ地域学　*Animation Regionology*　新・ソフィア叢書 No. 6

2023 年 12 月 25 日　第 1 刷発行
2024 年 8 月 20 日　第 2 刷発行

著　者　奥野一生
発行人　左子真由美
発行所　㈱ 竹林館
〒 530-0044 大阪市北区東天満 2-9-4 千代田ビル東館 7 階 FG
Tel　06-4801-6111　Fax　06-4801-6112
郵便振替　00980-9-44593
URL http://www.chikurinkan.co.jp
印刷・製本　モリモト印刷株式会社
〒 162-0813 東京都新宿区東五軒町 3-19

ⓒ Okuno Kazuo　2024 Printed in Japan
ISBN978-4-86000-512-2　C3325